U0838934

学者书屋系列

实时嵌入式系统软件设计方法

刘利强　戴运桃　编著

哈尔滨工程大学出版社

内容简介

本书主要介绍了实时嵌入式系统软件设计开发的相关知识。本书以实时嵌入式操作系统 VxWorks 为对象，详细讨论了开发环境建立、任务调度与管理、内核对象操作、中断与时间管理、I/O 系统操作、网络通信、软件框架设计等内容。全书深入浅出，很好地将设计开发方法与实际应用相结合，大量引入实例程序，方便读者对所介绍内容的理解。

本书可作为高等院校相关专业的本科生、研究生教材，也可作为将要和正在从事实时嵌入式系统软件开发设计的工程技术人员的参考书。

图书在版编目(CIP)数据

实时嵌入式系统软件设计方法/刘利强，戴运桃编著.
—哈尔滨:哈尔滨工程大学出版社，2012.4
ISBN 978-7-5661-0353-6

Ⅰ.①实… Ⅱ.①刘… ②戴… Ⅲ.①系统软件-软件设计 Ⅳ.①TP311.5

中国版本图书馆 CIP 数据核字(2012)第 079599 号

出版发行 哈尔滨工程大学出版社
社　　址 哈尔滨市南岗区东大直街 124 号
邮政编码 150001
发行电话 0451-82519328
传　　真 0451-82519699
经　　销 新华书店
印　　刷 哈尔滨市石桥印务有限公司
开　　本 787mm×960mm　1/16
印　　张 14.25
字　　数 298 千字
版　　次 2012 年 4 月第 1 版
印　　次 2012 年 4 月第 1 次印刷
定　　价 31.00 元
http://press.hrbeu.edu.cn
E-mail:heupress@hrbeu.edu.cn

前　言

目前,计算机技术已经发展到“无处不在的计算机”阶段,这一阶段计算机的最典型特征就是嵌入式。据统计,计算机与使用者的比例已经超过100:1,嵌入式系统在所有类型计算机中所占的比重已经超过了95%。现如今,在与人们日常生活息息相关的衣、食、住、行、学习、工作、娱乐等任一环节都随处可见嵌入式系统的身影,它们在人们的生活中扮演着越来越重要的角色。

随着嵌入式产品市场的不断增长,各相关企业对嵌入式系统开发人员的需求也不断扩大,这其中尤其以对嵌入式系统软件开发人员的需求最为迫切。软件的实现从某种意义上来说决定了产品的功能。随着嵌入式产品功能和复杂度的提高,嵌入式软件已经成为实现嵌入式系统功能的核心部分,是嵌入式系统设计创新和增值的关键因素,是未来市场竞争力的重要体现。

嵌入式系统软件设计开发的方法、技术、过程与通用计算机系统软件的设计开发有很大的不同,需要开发人员至少掌握交叉开发环境建立、实时嵌入式系统工作原理、多任务应用程序设计、编译调试等技术。这对嵌入式软件开发人员提出了较高的要求,尤其对初学者更为困难。本书编者多年来一直从事实时嵌入式系统软件的开发设计和相关教学工作。为了对学习和从事实时嵌入式系统软件开发设计的初学者提供帮助,编者根据多年科研和教学中的工作经验和体会,参考嵌入式系统相关的书籍和参考资料撰写了本书。希望读者能够分享我们的知识经验,尽快跳出嵌入式系统软件设计开发的起步阶段。

本书的第1,2,3,4章由戴运桃撰写,第5,6,7,8章由刘利强撰写。刘利强负责全书的内容安排、程序编写和测试、文稿修改等工作。在本书的撰写过程中得到了哈尔滨工程大学郝燕玲教授、袁赣南教授、周卫东教授的大力支持,他们为本书提出了许多宝贵的意见和建议;哈尔滨工程大学自动化学院的汪相国、顾海超、杨裕杰等研究生为本书做了校对工作;哈尔滨工程大学出版社的编辑为本书的出版做了大量辛苦细致的编辑工作。在此对各位老师、同学和出版社编辑表示衷心感谢。本书的一些内容引用并参考了相关书籍、文献及互联网上的文章,这是书中所讲述内容所需,无侵权意图,在此向相关作者一并表示感谢!

在本书的撰写过程中,我们力求精益求精。但由于时间仓促,编者水平有限,加之嵌入式技术更新很快，书中难免有错误和疏漏之处，敬请广大读者见谅并提出批评指正意见。读者在使用本书的过程中，如有任何建议、纠错或其他问题，请发 Email 到 liuliqiang@ hrbeu. edu. cn。

编著者
2012 年 1 月

目　　录

第1章　实时嵌入式系统概述

实时嵌入式系统就是具有实时性要求的嵌入式的系统。它包含“实时”和“嵌入式”两方面含义。一般认为,嵌入式系统大多是实时系统,而实时系统则全部是嵌入式系统。本章将分别从嵌入式系统和实时系统这两方面进行介绍。

1.1　嵌入式系统

1.1.1　什么是嵌入式系统

什么是嵌入式系统,如何定义嵌入式系统,这是一个看似简单但又十分困难的问题。

国际电气和电子工程师协会(IEEE)对嵌入式系统的定义是:“用于控制、监视或者辅助操作机器和设备的装置(devices used to control, monitor, or assist the operation of equipment, machinery or plants)”;微机学会对嵌入式系统的定义是:“嵌入式系统是以嵌入式应用为目的的计算机系统,可分为系统级、板级、片级”;许多学者和嵌入式系统从业人员认为“嵌入式系统是以应用为中心,以计算机技术为基础,软硬件可裁剪,适用于应用系统对功能、可靠性、成本、体积和功耗有严格要求的专用计算机系统。”如果将这些定义放在十年前,甚至更早,那么它们可能是准确的。但是在今天看来,这些定义却略显片面,并不能给嵌入式系统一个全面的概括。

在我们的日常生活中,嵌入式系统随处可见,如图1.1所示。例如,与“食”相关的电脑版电饭锅、微波炉、电烤箱、酒店点菜机,与“住”相关的楼宇门禁装置、智能抄表装置、电梯控制装置,与“用”相关的电视机、洗衣机、手机,与“行”相关的汽车、火车、飞机、轮船,与“娱乐”相关的MP3播放器、游戏机、平板电脑……可以说,嵌入式系统在人们的周边随处可见、数不胜数。据统计,平均每个家庭使用的嵌入式处理器超过40个;嵌入式处理器的市场份额占整个处理器市场的95%以上。

施乐公司Palo Alto研究中心主任Mark Weiser认为:“从长远来看,PC机和计算机工作站将衰落,因为计算机将变得无处不在:例如在墙里、在手腕上、在手写电脑中等,随用随取、伸手可及。”全世界的计算机科学家正在形成一种共识,即“计算机将变得小巧玲珑,无处不在。它们藏身在任何地方,又消失在所有地方,功能强大,却又无影无踪。人们将这种思想命名为无所不在的计算机。”

嵌入式系统是面向用户、面向产品、面向应用,并且不断创新的知识集成系统。它是一个

图 1.1 无处不在的嵌入式系统

外延极广的名词,凡是与产品结合在一起的具有嵌入式应用特点的控制系统都可以叫嵌入式系统,很难给它下一个准确的定义;而且随着科技发展和人类社会进步,嵌入式系统也是不断发展的;它是一个与时俱进的概念。

1.1.2 嵌入式系统的发展历史

早在 20 世纪 60 年代,嵌入式系统就已经产生。第一个被大家认可的现代嵌入式系统是美国麻省理工学院仪器研究室的查尔斯·斯塔克·德雷珀开发的阿波罗导航计算机。第一款大批量生产的嵌入式系统是 1961 年发布的民兵 I 导弹上的 D－17 自动导航控制计算机。同时,在通信领域嵌入式系统也被用于对电子机械电话交换的控制,当时被称为“存储式程序控制系统”。

20 世纪 70 年代,随着微处理器的问世,嵌入式系统开始了全面发展。这一时期的嵌入式系统大多应用在专业性很强的工业控制和武器系统当中,系统结构和功能相对简单,处理效率较低,存储容量较小。嵌入式系统中没有真正的操作系统,仅仅是使用一些汇编语言编写的监控程序,实现对应用的简单监视。

20 世纪 80 年代,随着微电子工艺水平的提高,集成电路制造商开始把嵌入式应用中所需要的微处理器、I/O 接口、A/D 转换、D/A 转换、串行接口以及 RAM,ROM 等部件统统集成到一个 VLSI 中,从而制造出面向 I/O 设计的微控制器,这成为嵌入式计算机系统异军突起的一支新秀。与此同时,由于 C 语言的出现和嵌入式系统应用的日趋复杂,出现了一些通用的嵌入式操作系统,如 VRTX32 系统、MTOS 系统、VxWorks 系统、PSOS 系统、QNX 系统等。嵌入式微控制器和嵌入式操作系统的出现大大缩短了嵌入式系统的开发周期,提高了开发效率。

20 世纪 90 年代，在分布控制、柔性制造、数字化通信和信息家电等巨大需求的牵引下，嵌入式系统进一步加速发展。面向实时信号处理算法的 DSP 产品向着高速、高精度、低功耗发展。在应用方面，掌上电脑、手持 PC 机、机顶盒技术相对成熟，发展也较为迅速。在嵌入式系统硬件发展和应用领域不断扩大的同时，嵌入式操作系统也有了长足的进步。此时的操作系统已具备了高度的模块化和可扩展性，可以运行在各种不同类型的硬件环境上，具备了文件管理、设备管理、多任务、网络支持、图形用户界面开发等功能，可以提供大量的应用程序接口和友好的集成开发环境，大大简化了应用软件的开发难度。

21 世纪，嵌入式系统进入了网络化、数字化、信息化时代。随着嵌入式硬件技术的发展和成本的降低，嵌入式系统在消费类电子产品中得到了迅速普及和广泛应用。同时，随着苹果公司产品给消费者带来的震撼体验，嵌入式操作系统也开始向着提供更友好的人机交互和更便利的操作使用方向发展。在人们的日常生活中，嵌入式系统真正变得无处不在。

1.1.3　嵌入式系统的特点

与通用计算机系统能够完成诸多任务不同，嵌入式系统是面向用户、面向产品、面向应用的，如果独立于应用自行发展，则会失去市场。相对于通用计算机系统来说，嵌入式系统具有以下几个特点。

1. 嵌入式系统具有专用性

嵌入式系统与通用计算机系统的最大区别就是嵌入式系统是面向某一具体应用的，它的功能也是特定的。一般来说，嵌入式系统一旦设计完成就不再改变，它的升级换代也和具体产品同步进行。

2. 嵌入式系统通常结构紧凑

嵌入式系统的体积和功耗一般都有较严格的要求，因此其硬件与通用计算机系统的硬件相比具有体积小、功耗低、集成度高等特点，能够把通用计算机系统中由许多板卡完成的任务集成在单个板卡或芯片内部。但这种要求同时也导致了嵌入式系统的硬件能力要明显低于通用计算机系统。

3. 嵌入式系统通常十分关注成本

对于大批量生产的系统来说，成本问题通常需要重点考虑，这是产品竞争和获利的关键因素之一。嵌入式系统（特别是消费类数字化电子产品）往往需要简化去除不需要的功能以降低成本，设计师通常选择刚刚满足所需功能的硬件，从而尽可能地降低成本。

4. 嵌入式系统是多种技术的结合体

嵌入式系统是将先进的计算机技术、半导体技术和各个行业的具体应用相结合的产物。这一点就决定了它必然是一个技术密集、资金密集、不断创新的知识集成系统。

5. 开发需专门的环境和开发工具

通用计算机系统的开发一般都是在通用计算机系统上直接完成的，并且有着非常丰富的开发工具。但对于嵌入式系统来说,由于其软硬件资源有限,往往无法在嵌入式系统上直接进行开发操作。开发过程主要是在通用计算机上进行模拟开发,或者使用通用计算机系统和嵌入式系统进行交叉开发。根据嵌入式系统开发平台的不同,往往需要搭建专门的开发环境,并使用专用的开发工具。

1.1.4 嵌入式系统分类

根据不同的标准,嵌入式系统有不同的分类方法。比较常用的有以下几种分类方式。

1. 按嵌入方式分类

(1)整机式嵌入。整机式嵌入是将一个带有专用接口的计算机系统嵌入到设备中,使其成为整个设备的核心部分。这种计算机系统一般功能比较强,用来完成系统中的关键工作,且有完善的人机界面和外部输入设备。

(2)部件式嵌入。部件式嵌入是将计算机系统以部件的方式嵌入到设备中,用以实现某一种功能。这种方式使计算机与其他硬件耦合得更加紧密。

(3)芯片式嵌入。芯片式嵌入是将一个具有存储器、输入/输出接口等完整计算功能的芯片嵌入到设备中,实现某种专门的功能。

2. 按实时性分类

(1)实时嵌入式系统。实时嵌入式系统是对外部事件响应时间和事务处理时间有时限要求的嵌入式系统。

(2)非实时嵌入式系统。非实时嵌入式系统是没有实时性要求的嵌入式系统。

3. 按嵌入式软件结构分类

(1)循环轮询模式。循环轮询模式是一种最简单的嵌入式软件结构。整个系统工作由一个循环轮询的程序调度,依次检查每一个判断条件,并且在条件成立时执行相应的操作。对于简单的嵌入式系统应用而言,这种软件结构便于编程,程序可控性好,不会出现随机的问题;但同时也有着响应不实时、对于有大量 I/O 服务的应用不易实现、应用领域有限等缺点。循环轮询模式如图 1.2 所示。

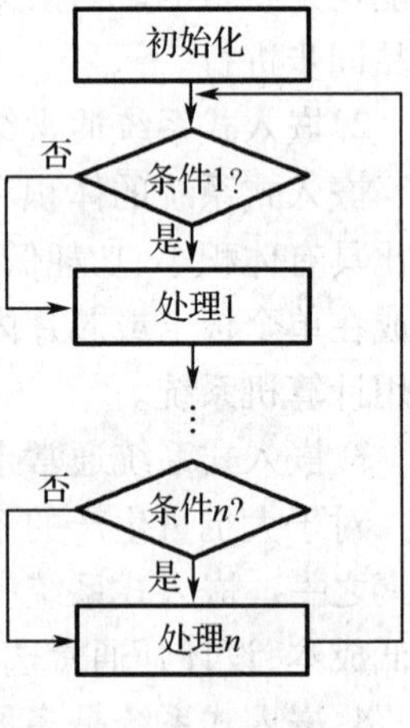

图 1.2 循环轮询模式

(2)中断驱动模式。中断驱动模式是在循环轮询模式的基础上引入中断处理而实现的。在无中断的情况下,中断处理模式以循环轮询方式调度系统工作;当中断到来时,中断驱动模式停止循环轮询操作,转而执行相应的中断处理程序,并在中断处理结束后返回循环轮询操作中之前停止的位置继续执行。中断驱动模式如图 1.3 所示。

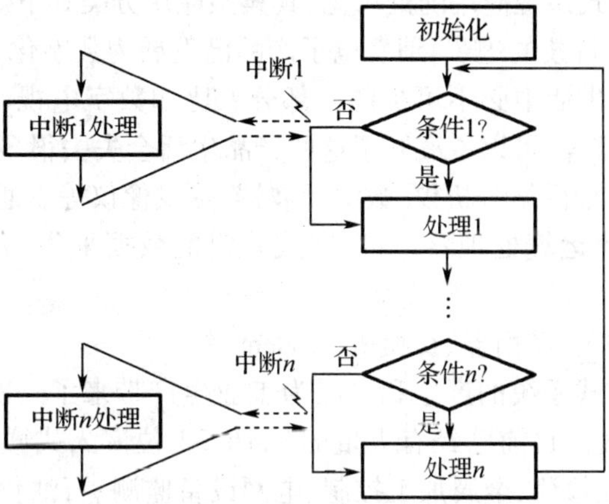

图1.3 中断驱动模式

(3)多任务处理模式。多任务处理模式是由多个并发任务和多个中断处理过程组成的。每个任务以事件触发方式执行,任务间的并行执行由操作系统来实现。多任务处理模式将复杂的嵌入式系统应用分解为相对独立的多个任务,达到"分而治之"的目的,从而降低开发难度和系统的复杂性,保证系统的实时性。多任务处理模式如图1.4所示

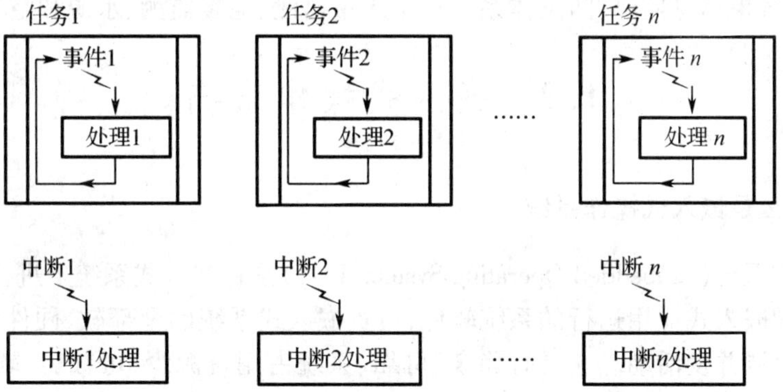

图1.4 多任务处理模式

1.1.5 嵌入式系统应用

嵌入式系统应用是指嵌入式系统作为一个独立装置或一个安装于某一专用设备中的智能部件而被用户所使用。一般来说,这种设备都是实现某一专用功能,用户并不知道内置计算机的存在,也不能对设备进行编程。

在实际生活中，嵌入式系统应用随处可见，其典型应用分类如下。

(1)消费电子。随着科技的进步，消费电子产品已发展为数字化、网络化、娱乐化、多功能化，并逐渐成为人们现实生活中必不可少的一部分。比如数字电视、智能冰箱、手机、数码相机、MP3 播放器、平板电脑等，可以说离开了这些产品生活会失去很多的色彩。

(2)智能仪器仪表。如网络分析仪、数字示波器、热成像仪等。通常这些嵌入式设备中都有一个应用处理器和一个运算处理器，可以完成一定的数据采集、分析、存储、打印、显示等功能。

(3)通信产品。如网关、路由器、交换机、Modem 等。

(4)工业控制。嵌入式系统的产生和发展为工业生产带来了一次深刻的变革，大大提高了工业控制的自动化程度。目前已经有大量的 8,16,32 位嵌入式微控制器应用于工业控制领域，如数字机床、流水线检测、金属加工控制、电网设备监测、石油化工系统等。随着技术的发展和工业控制要求的提高，还将有越来越多的嵌入式系统应用于工业控制领域。

(5)军事国防。军事国防历来就是嵌入式系统的重要应用领域。早在 20 世纪 60 年代，武器控制就开始采用嵌入式系统，随后又应用于指挥控制和通信系统。随着信息化装备的研制和普及使用，如今在各种武器控制(如火炮控制、导弹控制)和陆、海、空各种军用电子装备中都可以看到嵌入式系统的影子。

(6)环境工程。在很多环境恶劣、地况复杂的地区使用嵌入式产品用于环境监测，如用于水文资料监测、气象信息监测、防洪体系及水土质量监测、地震监测、水源和空气污染监测等。

1.2 嵌入式操作系统

1.2.1 什么是嵌入式操作系统

嵌入式操作系统(Embedded Operating System,EOS)是在嵌入式系统上进行嵌入式应用开发的支持平台和嵌入式应用运行的系统软件，负责嵌入式系统的全部软、硬件资源的分配、调度工作，控制、协调并发活动。它具有稳定、可靠、系统占用资源少、可裁剪、软件固化存储等特点。

1.2.2 典型的嵌入式操作系统

1. iOS 操作系统

iOS 操作系统是由苹果公司开发的手持设备操作系统。该系统于 2007 年 1 月 9 日的 Macworld 大会上公布，最初设计给 iPhone 使用，后来陆续推广到 iPod touch，iPad 以及 Apple TV 等苹果产品上。iOS 与苹果的 Mac OS X 操作系统一样属于类 Unix 的商业操作系统，以 Darwin 为基础。该系统的最大特点就是封闭性，它只能运行在苹果自己的产品上，其他厂商一律无法使用。截至2011年11月,根据Canalys的数据显示,iOS已经占据了全球智能手机系统市场份额的30%,在美国的市场占有率为43%。

2. Android操作系统

Android是一种以Linux为基础的开放源码操作系统,主要使用于便携设备,支持多种编程语言进行应用开发。Android系统最初由Andy Rubin设计开发,主要支持手机应用。2005年由Google收购注资,并组建开放手机联盟进行开发改良,随后逐渐扩展到平板电脑及其他领域上。2012年2月数据显示,Android已占据全球智能手机操作系统市场52.5%的份额,中国市场占有率为68.4%。

3. Windows CE与Windows Phone操作系统

Windows CE是微软公司嵌入式、移动计算平台的基础,它是一个基于掌上电脑类电子设备的开放式、可升级的32位嵌入式操作系统。该操作系统最早于1996年问世,继承了传统的Windows图形界面风格和类似的开发环境,目前已广泛应用于嵌入式手持终端产品上。

Windows Phone操作系统是微软公司在Windows CE操作系统基础上开发的一款手机操作系统。该操作系统于2010年发布,它将微软旗下的Xbox LIVE游戏、Zune音乐与独特的视频体验整合至手机中,具有桌面定制、图标拖拽、滑动控制等一系列功能,力图打破人们与信息和应用之间的隔阂,提供适用于人们工作和娱乐的方方面面最优秀的端到端体验。

5. 嵌入式Linux操作系统

嵌入式Linux操作系统是将Linux操作系统进行裁剪修改,使之能在嵌入式计算机上运行的一种操作系统。该操作系统既继承了Internet上无限的开放源代码资源,又具备嵌入式操作系统的特性,具有性能优异、软件移植容易、代码开放、有许多应用软件支持、应用产品开发周期短、新产品上市迅速等特点。目前,嵌入式Linux操作系统已被广泛应用在消费类电子产品、通信、船舶以及航空航天等领域中。

1.3 实时系统

1.3.1 什么是实时系统

实时系统是指:“能够在限定的响应时间内提供所需水平服务的系统”。系统的正确性不仅取决于计算的逻辑结果,还取决于产生结果所花费的时间。也就是说,系统必须在一个可预测、可保证的时间段内作出对外部事件的反应,否则就会引起故障或错误。一般来说,实时系统都具有时间约束性、可预测性和可靠性的特点。

1.3.2 实时系统分类

根据实时系统应用目的的不同,一般可分为实时控制系统和实时信息处理系统。实时控制系统通过实时采集现场数据,并对采集的数据进行及时处理,从而完成对被控对象的控制;实时信息处理系统主要用于响应外部请求,根据用户提出的请求向用户提供相应的服务。

根据实时系统应用特点的不同,一般可分为集中式实时系统和分布式实时系统,在集中式实时系统中,处理器被放在单个系统节点上,所有的响应处理都由单一处理器完成;在分布式实时系统中,处理器被分布在系统的各节点上,各处理器协同完成系统工作。

根据实时系统中时限对效益影响程度的不同,一般可分为软实时系统和硬实时系统,如图 1.5 所示。软实时系统是指若任务在时限到来之前未能完成,则使系统效益降低,但无严重后果的系统;硬实时系统是指若任务在时限到来之前未能完成,则会产生无法预测的灾难性后果的系统。

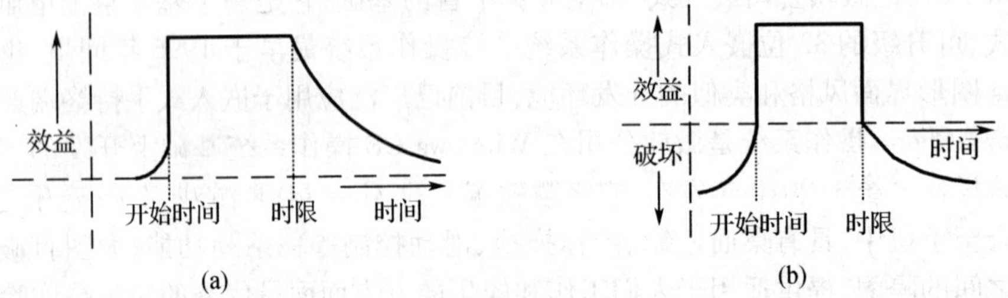

图 1.5　软实时系统与硬实时系统

(a)软实时系统;(b)硬实时系统

1.4　实时操作系统

1.4.1　什么是实时操作系统

实时操作系统(Real Time Operation System,RTOS)是指当外部事件或数据产生时,能够以足够快的速度响应、处理,并控制所有实时任务协调一致运行的操作系统。一般来说,RTOS 都是多任务系统。

RTOS 是实时系统应用软件的基础和开发平台,是一段嵌入目标代码中的系统软件。如图 1.6 所示,实时操作系统一般由系统内核和系统工具两部分组成。系统内核将 CPU、中断、I/O、定时器、任务调度管理等资源和操作全部封装起来,提供给系统工具和用户一套应用接口,并可根据系统内核调度策略和任务优先级在不同任务之间分配 CPU 时间。系统工具是基于系统内核实现的一些管理和服务机制,如内存管理、文件系

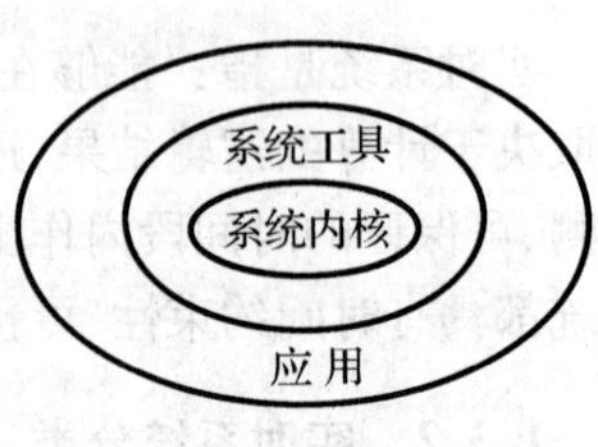

图 1.6　实时操作系统组成

统、I/O 系统、设备驱动、网络协议栈等。开发人员使用系统内核和系统工具提供的应用接口调用相关服务，在 RTOS 之上实现相应的实时应用。

1.4.2 实时操作系统的特点

根据 IEEE 的 UNIX 委员会的规定，实时操作系统应具备以下几个特点。

(1)支持异步事件响应。实时操作系统为了对外部事件在规定的时间内进行响应，需具有中断和异步处理的能力。

(2)中断和任务的优先级机制。为区分用户的中断和任务的轻重缓急，需具有中断和任务的优先级机制。

(3)支持抢占式调度。为保证高优先级的中断(或任务)的响应时间，实时操作系统必须提供一旦高优先级的中断(或任务)准备好，就能马上抢占低优先级的中断(或任务)的 CPU 使用权的机制。

(4)确定的任务切换时间和中断延迟时间。

(5)内存锁定功能。实时操作系统必须具备将程序或部分程序锁定在内存的能力，以减少读盘时间，保证快速的响应。

(6)连续文件数据存储支持。为了减少程序中获取磁盘数据的时间，应把数据存储在连续的文件上。

(7)提供同步和协调共享数据的机制。

1.4.3 典型的实时操作系统

1. VxWorks 操作系统

VxWorks 操作系统是美国 WindRiver(风河)公司于 1983 年设计开发的一种嵌入式强实时操作系统。该操作系统具有高性能的内核、友好的用户开发环境、较强的硬件支持能力和良好的持续发展能力，几乎支持现有市场上的所有嵌入式 CPU，并且不断推出升级版本。目前，VxWorks 操作系统在嵌入式实时操作系统领域已经占据重要地位，凭借着其卓越的实时性和良好的可靠性，已被广泛应用于军事国防、通信、工业控制等对实时性和可靠性有着严格要求的领域。在 F-16 战斗机、F/A-18 战斗机、B-2 隐形轰炸机、爱国者导弹、火星探测器和 F1 赛车上都使用了 VxWorks 操作系统。

2. QNX 操作系统

QNX 操作系统是由加拿大 QNX Software System Ltd.(QSSL)公司开发的一款分布式实时嵌入式操作系统。它最特别之处就是在一个操作系统中结合了多种类别操作系统的特性。它是分布式操作系统，比网络系统使用更灵活、更方便；它是实时操作系统，具有较快速触发事件的响应能力；它是嵌入式操作系统，提供灵活的定制机制，便于满足各种不同的嵌入式应用。目前，QNX 操作系统已广泛应用于自动化、控制、数据通信、航空航天、计算机网络、医疗仪器设备、交通运输、安全防卫系统等任务关键型应用领域,并且在信息家电及掌上电脑等领域也得到了广泛应用。

3. RT - Linux 操作系统

RT - Linux 操作系统是由美国新墨西哥矿业科技学院(New Mexico Institute of Mining and Technology)的 Michael Barabanov 和 Victor Yodaiken 于 1996 年共同开发的一款源码开放的实时多任务操作系统。该操作系统在 Linux 系统内核的下层实现了一个简单的实时内核,而标准的 Linux 内核则作为这个实时内核的优先级最低的任务被执行,并与其他用户任务一起被实时内核调度。正常的 Linux 进程仍可以在 Linux 内核上运行,这样既可以使用标准 Linux 系统的各种服务,又能提供低延时的实时环境。目前,RT - Linux 操作系统已经成功地应用于航天飞机的空间数据采集、科学仪器测控和电影特技图像处理等领域。

第2章　开发环境建立

2.1　软件开发调试方法

2.1.1　桌面系统与 VxWorks 系统的软件开发方法对比

在进行桌面系统(例如 Windows 系统)软件的开发时,我们首先需要准备一台安装好桌面系统的计算机,然后在桌面系统上安装相应的软件开发工具(例如 Visual C ++),之后就可以进行软件设计、软件开发调试、软件测试等工作。在整个开发过程中,所有的工作都可以在桌面系统上完成,并且软件的开发平台和最终的运行平台是一致的。

VxWorks 系统的软件开发调试方法与上述介绍的桌面系统软件的开发方法有较大区别,采用交叉开发模式,如图 2.1 所示。

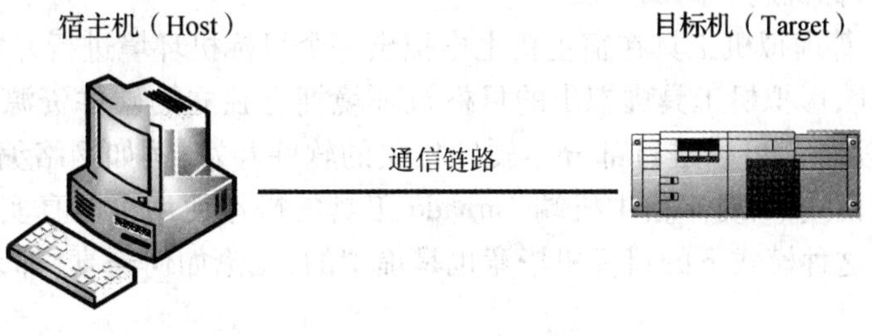

图 2.1　交叉开发模式

宿主机为通用计算机,安装有桌面系统和 Tornado 集成开发环境,主要用于完成编码、调试、编译等工作;目标机启动后进入"空 VxWorks 系统"(不包含应用),主要用于 VxWorks 系统软件的运行。在进行一次交叉开发调试时,首先在宿主机的 Tornado 工具下进行编码、编译,然后下载到目标机端运行,进行软件调试,并观察运行情况。完成一次调试后,根据调试结果在宿主机端修改代码,再进行下一次交叉开发调试。如此往复,直到完成整个开发工作。

桌面系统与 VxWorks 系统的软件开发调试方法可总结如下。

(1)桌面系统是一套安装程序,可以安装在计算机上,可独立运行;VxWorks 系统以源文件或目标文件(由源文件编译生成)的形式内嵌在 Tornado 集成开发环境中,需要经过配置和编译才能生成 VxWorks 系统映像文件(即 VxWorks 系统文件)。

(2)桌面系统提供了较丰富的工具,在系统启动后向用户呈现一个友好的人机交互平台;VxWorks 系统只提供系统内核和各种系统服务机制,与桌面系统相比,它是“看不见”的、“不能用”的。

(3)桌面系统的软件开发使用相应的开发工具在桌面系统上进行,并且开发的软件也运行在该桌面系统上;VxWorks 系统的软件开发通过安装在桌面系统上的 Tornado 工具进行,软件的运行测试在目标机端的 VxWorks 系统上进行。

2.1.2 VxWorks 系统常用的软件开发调试模式

根据图 2.1 所示的交叉开发模式中目标机的实现方法不同,可以将常用的 VxWorks 系统软件开发调试模式分为以下三种。

1. 使用目标机仿真器进行调试开发

使用 Tornado 工具自带的目标机仿真器 VxSim,在宿主机上虚拟出一个目标机环境进行开发调试,这种开发调试模式将所有的工作都在一台计算机上完成,方便易用。但由于 VxSim 提供的目标机模拟功能较简单,无法模拟出硬件环境,因此无法进行与硬件相关的开发调试工作。一般来说,使用目标机仿真器进行调试开发的模式只用于 VxWorks 系统初期学习或与硬件无关的简单软件开发使用。

2. 利用虚拟目标机进行调试开发

利用 VMware 等虚拟机工具在宿主机上虚拟出一个目标机环境进行开发调试。与目标机仿真器 VxSim 相比,虚拟机工具虚拟出的目标机环境拥有独立的硬件资源(内存、硬盘、网卡等),因此更具真实性。可以进行部分与硬件相关的软件开发,例如网络编程、文件系统操作等。此外,在这种模式下,对于宿主机端 Tornado 工具的操作使用也与真实情况下基本一致。但需要说明的是,这种模式下的目标机毕竟也是虚拟的,无论如何逼真,都无法与真实的目标机一致。

3. 使用真实目标机进行调试开发

使用嵌入式软件最终运行的硬件平台作为目标机,进行真正的交叉开发。这种开发模式确保了开发时的目标系统与发布后的系统之间具有最小可能的不同之处。若条件允许,建议使用这种软件开发调试模式。

2.2 系统启动流程

在 VxWorks 系统中,开发环境的启动是通过引导盘、引导文件 bootrom. sys 和操作系统映像文件 VxWorks 共同完成的。其中,引导盘是一个经过处理的,专门用于加载 bootrom. sys 文件的目标机端的存储介质;bootrom. sys 是操作系统加载前执行的一个引导文件,需要存储在引导盘的根目录下,用于初始化目标机上的硬件,建立 VxWorks 系统的运行环境,并从指定位置(在引导行中指定)上加载 VxWorks 操作系统映像;VxWorks 是操作系统映像文件,可能是一个“空操作系统”,也可能是含有用户应用程序的操作系统,可以存放于目标机端或主机端的存储介质上(存放位置与引导行设置有关)。

VxWorks 系统启动流程可以简单描述如下:

(1)启动目标机,进行自检操作;

(2)从引导盘指定位置读取并执行引导代码;

(3)采用默认方式或使用 vxload 加载引导文件 bootrom. sys 到内存;

(4)执行 bootrom. sys,并加载操作系统映像文件 VxWorks;

(5)执行 VxWorks 系统映像,将 CPU 的控制权交给操作系统,启动成功。

2.3 交叉开发环境建立方法

交叉开发环境的建立就是进行宿主机端和目标机端的相应设置操作,并实现两端的互连,为 VxWorks 系统的软件开发调试搭建环境。根据宿主机与目标机之间的连接方式不同,建立交叉开发环境所需完成的工作也不同。目前,以太网连接已成为最常用的宿主机与目标机互连的方式。本节所介绍的交叉开发环境建立方法将主要针对这种连接方式进行说明。

2.3.1 目标机设置与互连

目标机设置与互连主要是对目标机端的硬件进行设置,并使用以太网链路连接宿主机与目标机,主要设置操作有:

(1)连接目标机的外部接口(如键盘、鼠标、硬盘、显示器等);

(2)明确目标机网络芯片型号;

(3)根据使用需要和硬件说明书进行硬件跳线等设置操作(如板卡中断号、基地址等);

(4)使用以太网线(也可能需要交换机)连接宿主机与目标机。

2.3.2 主机环境变量设置

Tornado 工具提供了一些命令操作供开发人员使用。这些命令存放于命令目录 WIND_BASE\host\WIND_HOST_TYPE \bin 中(WIND_BASE 为 Tornado 的安装目录,WIND_HOST_TYPE 与宿主机类型相关),每个命令操作对应一个可执行文件。命令操作的执行必须在控制台命令行方式下进行。

当要执行某一命令操作时,一般可以通过以下三种方法实现:

(1)在命令目录下执行相应命令操作;

(2)把所需的命令操作执行文件拷贝到某一目录下,在该目录下执行;

(3)在命令目录下先执行批处理操作 torvars. bat,将命令目录设置到环境变量 Path 中,然后在任意目录下均可执行所需的命令操作。

由上述三种方法可知：方法(1)和方法(2)的操作相对繁琐；方法(3)虽然允许在任意目录下执行命令操作，但当关闭控制台后，之前的环境变量设置将无效，再次开启控制台时还需再次执行批处理操作 torvars. bat。

为了能够方便地实现在任意目录下对各种命令操作进行调用，可以将批处理操作 torvars. bat 中所设置的环境变量内容设置到宿主机操作系统的用户环境变量或系统环境变量中，所需设置的变量与值见表 2.1。

表 2.1 环境变量设置内容

变 量	值
WIND_BASE	Tornado 的安装目录，详见 torvars. bat 文件
WIND_HOST_TYPE	与宿主机类型相关，详见 torvars. bat 文件
Path	增加路径% WIND_BASE% \host\% WIND_HOST_TYPE% \bin

2.3.3 配置文件更改

在进行引导文件 bootrom. sys 和操作系统映像文件 VxWorks 的制作之前，首先需要根据目标机的网络芯片类型、目标机与宿主机的 IP 地址、目标机加载 VxWorks 文件的位置等信息修改相应的配置文件，在 Tornado 工具中，每个 BSP 目录下都含有对应该 BSP 的配置文件。一般需要修改的配置文件主要有 config. h 和 configNet. h。其中，config. h 文件用于配置引导行、文件系统、存储设备配置、网络设备驱动等相关内容；configNet. h 文件用于配置与 END 网络设备相关的内容。下面对建立交叉开发环境过程中需要更改的常用配置内容进行分别说明。

1. 控制台设置

在 Tornado2. 2 工具中，默认情况下不会将键盘作为标准的输入设备，也不会将显示器作为标准的输出设备。如果在开发过程中需要将键盘和显示器作为标准的输入输出时，则需要在 config. h 文件中作以下宏定义：

```
#define INCLUDE_PC_CONSOLE
```

2. 网络驱动设置

在交叉开发环境启动过程中，目标机通过网络从宿主机加载 VxWorks 文件。在开发调试过程中，目标机与宿主机之间需要通过网络进行各种通信交互。因此，在引导文件 bootrom. sys 启动目标机时需要对所使用的网络芯片进行驱动。这就需要根据目标机的网络芯片类型更改配置文件的相应设置。在 Tornado2.2 中，系统默认支持的网络芯片类型见表2.2。

表2.2　系统默认支持的网络芯片类型

网卡芯片类型	宏定义	字符标志
DEC 21×40	INCLUDE_DEC21X40_END	dc
3Com Fast EtherLink XL	INCLUDE_EL_3C90X_END	elPci
3Com EtherLink III	INCLUDE_ELT_3C509_END	elt
Eagle/Novell NE2000	INCLUDE_ENE_END	ene
Intel 8255[7/8/9]	INCLUDE_FEI_END	fei
Intel 82543/82544	INCLUDE_GEI8254X_END	gei
AMD 79C97x	INCLUDE_LN_97X_END	lnPci
SMC Elite16 Ultra	INCLUDE_ULTRA_END	ultra

（1）百兆/千兆网络芯片驱动设置。百兆/千兆网络芯片采用的是 PCI 总线标准，其中断号和基地址会在启动过程中自动分配，因此只需根据目标机上所使用的网络芯片类型，在 config.h 文件中定义相应的宏定义即可。系统在启动过程中会自动完成驱动操作。例如，假设目标机使用采用 Intel 82559 网络芯片的百兆 PCI 网卡，则需在 config.h 中作以下定义：

```
#define INCLUDE_FEI_END
```

（2）十兆网络芯片驱动设置。十兆网络芯片采用的是 ISA 总线标准，其中断号和基地址一般都需要硬件跳线设置，而不会自动分配。因此，在 config.h 中除需要定义相应的宏定义之外，还需要将网络芯片中断号和基地址所对应的宏设置为与硬件跳线对应值一致。例如，假设目标机使用采用 8019 芯片的 NE2000 兼容网卡，网卡的基地址和中断号分别通过跳线设置为 0x300 和 5，则需要在 config.h 中作以下定义：

```
#define INCLUDE_ENE_END
#define IO_ADRS_ENE   0x300
#define INT_LVL_ENE   0x05
```

在进行网络驱动设置时需要注意，对于实际使用的网络芯片需要设置相应的宏定义，而对于目标机硬件上不存在的网络芯片类型，则一定要取消其宏定义；否则，在系统引导时可能会出错。

3. 引导行设置

在目标机执行引导文件 bootrom.sys 过程中，需要进行目标机 IP 地址设置、从指定位置加载 VxWorks 文件等诸多操作。所有这些操作的详细信息都是在 config. h 文件中的引导行 DEFAULT_BOOT_LINE 中设定的。引导行是一个按指定格式填写的字符串，其通用格式如下：

dev(unitNum, procNum)hostName:/filePath [*h* = # *e* = # *u* = # *pw* = # *o* = # *tn* = # *f* = # *s* = #]

其中，正体表示的部分为引导行的必备设置项，中括号内的斜体表示部分为可选设置项。对于可选设置项来说，其等号前的字符为标志，等号后的内容为具体设置值。引导行中的设置项和对应的功能见表 2.3，常用的引导设备及其对应的宏定义见表 2.4，启动标志取值及功能见表 2.5。

表 2.3 引导行设置项和对应的功能

设置项	功能描述
dev	加载 VxWorks 文件所使用的引导设备。例如，若使用采用 Intel 82559 芯片的网卡作为引导设备，则引导行的 dev 更改为 fei；若采用连接到主硬盘控制器的主 ATA 硬盘作为引导设备，则引导行的 dev 改为 ata = 0,0。其中，等号后面的第一个数字代表 ATA 控制器，0 代表主控制器，1 代表从控制器；等号后面的第二个数字代表控制器上的主盘或从盘，0 代表主盘，1 代表从盘
unitNum	单元号。当使用网络作为引导设备时，unitNum 的值代表用于作为引导设备的网卡在系统中的序号，0 代表第 1 块网卡，1 代表第二块网卡，依此类推
procNum	处理器编号，对于单处理器的目标机系统填 0
hostName	主机名称，可设置为任意的字符
filePath	待引导的 VxWorks 映像文件的位置及名称。对于使用串口或网口作为引导设备的形式，filePath 可填写 VxWorks 的绝对路径或相对路径（与主机端的设置有关）；对于其他的引导设备，filePath 一般填写 VxWorks 的绝对路径
h	点分十进制形式的宿主机 IP 地址
e	点分十进制形式的目标机 IP 地址
u	目标机登录到宿主机端 FTP 服务器时所使用的用户名
pw	目标机登录到宿主机端 FTP 服务器时所使用的密码
o	系统引导时还需附加启动的设备的标志。例如，使用 ATA 硬盘作为引导设备，但在启动时还希望加载采用 Intel 82559 芯片的网卡，则可在引导行中加入 o = fei
tn	目标机名称，可设置为任意的字符
f	启动标志。启动过程中的附加设置，不同的宏定义代表不同的设置
s	系统启动后执行的脚本文件。该文件类型为文本文件，其设置值为文件的路径及文件名。当 VxWorks 系统启动后，targetShell 会打开该文件，并逐行解释执行

表2.4　常用的引导设备及其对应的宏定义

标　志	设备宏定义	设　备	备　注
fd	INCLUDE_FD	软盘	VxWorks映像存储在引导设备上
ata	INCLUDE_ATA	ATA硬盘	
ide	INCLUDE_IDE	IDE硬盘	
scsi	INCLUDE_SCSI	SCSI硬盘	
tffs	INCLUDE_TFFS	DOC	
pcmcia	INCLUDE_PCMCIA	PCMCIA卡	
tsfs	INCLUDE_TSFS	串口	VxWorks映像存储在宿主机上
fei等	INCLUDE_FEI_END	网口	

表2.5　启动标志取值及功能

宏　定　义	取　值	功能描述
SYSFLG_NO_SYS_CONTROLLER	0x01	不使能系统控制器为处理器0
SYSFLG_DEBUG	0x02	调试选项,用所有符号装载内核符号表
SYSFLG_NO_AUTOBOOT	0x04	不进行自动引导
SYSFLG_QUICK_AUTOBOOT	0x08	快速引导,不进行倒计时
SYSFLG_NO_STARTUP_SCRIPT	0x10	不读取启动脚本
SYSFLG_NO_SECURITY	0x20	安全登陆无效,在网络注册时无需密码
SYSFLG_AUTOCONFIG	0x40	使用bootp或DHCP得到引导参数
SYSFLG_TFTP	0x80	使用TFTP获得启动映像
SYSFLG_PROXY	0x100	使用代理ARP
SYSFLG_WDB	0x200	使用WDB代理

4. 多网络支持设置

在默认情况下,VxWorks系统对于同一类型的网络芯片只支持一个(最先搜索到的那个)。当需要在目标机上使用多个同一类型的网络芯片时,则除了要进行网络驱动中的设置外,还需要对configNet.h文件进行相应修改。

configNet.h文件中定义了一个END_TBL_ENTRY类型的结构体数组endDevTbl,用于存储系统启动时所需加载的网络设备。默认情况下,在该结构体数组中,对应每一种类型的网络芯片只含有一组配置项。也就是说,对于一种类型的网络芯片默认只支持一个。若需要支持多个时,只需在 endDevTbl 结构体数组中对应的网络芯片类型下增加配置项即可。

例如,假设在目标机上有两个采用 Intel 82546 网络芯片的网卡需要驱动,则需要修改 configNet. h 文件中的 endDevTbl 结构体数组,具体如下:

```
#ifdef INCLUDE_GEI8254X_END
    {0, GEI8254X_LOAD_FUNC, GEI8254X_LOAD_STR, GEI8254X_BUFF_LOAN,NULL,FALSE},
    {1, GEI8254X_LOAD_FUNC, GEI8254X_LOAD_STR, GEI8254X_BUFF_LOAN,NULL,FALSE},
#endif
```

在增加配置项时需要注意,每个配置项的第一个成员 unitNum(网卡的单元号)需要按顺序增加,而其他成员保持不变。

上述介绍的对于同类型多网络芯片的驱动设置方法只适用于采用 PCI 标准的百兆/千兆网络芯片。对于采用 ISA 标准的十兆网络芯片来说,除需要修改 endDevTbl 结构体数组外,还需要修改加载网络芯片驱动之前的过渡代码 XXXEndLoad( )函数,此处不作详细介绍。

2.3.4 引导盘制作

引导盘是一个经过处理的,专门用于存储 bootrom. sys 文件,并且能够在系统启动过程中自动加载 bootrom. sys 文件的存储介质。常用作引导盘的存储介质有软盘、硬盘、CF 卡、DOC 等。Tornado 工具在命令目录中提供了一个命令操作 vxsys 用于制作 VxWorks 系统的引导盘,其命令调用格式为:

```
vxsys [盘符]
```

例如,当需要将软驱 A 中的软盘做成 VxWorks 系统引导盘时,则需要在控制台命令行方式下键入以下命令操作:

```
vxsys a:
```

若需要将硬盘、CF 卡、DOC 等存储介质做成引导盘时,其制作方法同上,只需将盘符更改为对应存储介质即可。需要特殊注意的是,用于作为 VxWorks 系统引导盘的存储介质必须采用 FAT16 格式,并且必须设置为活动的主引导区。

2.3.5 引导文件制作

1. 使用 mkboot 命令操作生成引导文件

Tornado 工具在命令目录中提供了一个批处理操作文件 mkboot. bat 用于生成引导文件

bootrom. sys，其命令调用格式为：

mkboot［盘符］［bootrom 映像文件］

其中，"盘符"为 VxWorks 系统引导盘，bootrom 映像文件为使用 Tornado 工具生成的某一映像格式的文件，如 bootrom，bootrom. bin，bootrom_uncmp 等。假设使用 Tornado 工具生成的 bootrom 映像文件为 bootrom. bin，并且使用软驱 A 中的软盘作为 VxWorks 系统引导盘，则使用 mkboot 命令生成引导文件的操作如下：

mkboot a：bootrom. bin

为了详细了解批处理操作文件 mkboot. bat 的执行过程，可以使用编辑工具打开文件，查看其执行操作。详细内容如下：

```
@echo off
if "%1" == "" goto usage
if "%2" == "" goto usage

vxsys %1
if errorlevel 1 goto sysfail
if exist %1bootrom.sys del %1bootrom.sys

rem Check files with known names
rem Customers using unique file names should make modifications below.
if "%2" == "bootrom.dat"          goto omf
if "%2" == "bootrom"              goto omf
if "%2" == "bootrom_uncmp"        goto omf
if "%2" == "vxWorks_rom"          goto omf
if "%2" == "bootrom.bin"          goto binext
if "%2" == "bootrom_uncmp.bin"    goto binext
if "%2" == "vxWorks_rom.bin"      goto binext

echo Warning, Unrecognized file name %2. Assuming .bin extension.

:binext
copy %2 %1bootrom.sys
if errorlevel 1 goto copyfail
goto chkdsk
```

```
:omf
objcopypentium  -O binary  --gap-fill=0 %2 %1bootrom.sys
if errorlevel 1 goto omffail

:chkdsk
echo System tranferred. Checking %1BOOTROM.SYS is contiguous
echo chkdsk %1bootrom.sys
chkdsk %1bootrom.sys
goto end

:omffail
echo Failed to objcopy %2 to %1BOOTROM.SYS!
goto usage

:sysfail
echo Failed to install boot sector on drive %1!
goto usage

:copyfail
echo Failed to copy %2 to %1BOOTROM.SYS!

:usage
echo Usage: mkboot drive: bootfile (e.g. mkboot a: bootrom.bin)
echo Installs VxWorks boot sector on drive, and copies over bootfile
echo as boot image BOOTROM.SYS. If the bootrom file is named bootrom.dat
echo as documented in older literature, then the file is assumed to be
echo an object module and is converted to binary before copied.
echo Note: BOOTROM.SYS must be contiguous or the boot will fail. This can
echo be verified with CHKDSK.

:end
```

由 mkboot. bat 文件的内容可以看到,该操作主要完成了三项工作:

(1)调用 vxsys 命令操作将指定的存储介质制作成 VxWorks 引导盘;

(2)将指定的 bootrom 映像文件转换为引导文件 bootrom. sys,并存储到该介质上;

(3)使用 chkdsk 命令操作检查生成的 bootrom. sys 文件的连续性。

当将 bootrom 映像文件转换为引导文件 bootrom. sys 时,根据映像文件的格式不同,转换的方法也不同。对于 bootrom. dat, bootrom, bootrom_uncmp 和 vxWorks_rom 这四种映像文件,调用 objcopypentium 命令操作进行转换;对于 bootrom. bin, bootrom_uncmp. bin 和 vxWorks_rom. bin 这三种映像文件,调用 copy 命令操作进行转换。

2. 直接生成引导文件

通过上述方法讨论的批处理文件 mkboot. bat 的执行过程可以发现,若使用 Tornado 工具生成的 bootrom 映像文件是 bootrom. bin, bootrom_uncmp. bin 或 vxWorks_rom. bin,则将其转换为引导文件 bootrom. sys 的方法是使用 copy 操作,也就是说相当于直接更改文件名。

因此,若只是为了生成 bootrom. sys 文件,而不需要同步地进行 VxWorks 系统引导盘制作的话,则可以直接生成上述三种映像文件之一,然后直接更改文件名即可。

2.3.6 操作系统映像文件制作

对于操作系统映像文件 VxWorks 的制作,既可以在控制台命令行方式下使用 make 操作命令完成,又可以使用 Tornado 工具在图形操作界面下完成。本书只给出使用 Tornado 工具生成 VxWorks 文件的两种常用方法。

(1)使用 Tornado 工具建立一个 bootable 类型的工程,在图形化界面下完成组件的裁剪和参数的设置,并编译该工程,生成 VxWorks 系统映像文件。采用这种方法生成的 VxWorks 系统映像文件存储在工程目录下的 default 子目录内。

(2)打开 Tornado 工具,点击菜单栏 Build 下的"Standard BSP Builds…",在弹出的对话框中选择相应的 BSP,并将生成的映像设置为 VxWorks,按下 OK, Tornado 工具即开始编译生成 VxWorks 映像。采用这种方法生成的 VxWorks 系统映像文件存储在所选定的 BSP 文件夹下。

对于上述给出的第 2 种方法需要作两点说明:第一,在生成 VxWorks 系统映像文件之前进行的参数配置和组件配置等操作是通过更改选定的 BSP 文件夹下的". h"文件实现的;第二,默认情况下在 Tornado 工具的菜单栏 Build 下没有"Standard BSP Builds…"项,需要使能 Tools -> Options… -> Project 中的"Enable extended Build Options"选项后才可以。

2.3.7 FTP Server 配置

在交叉开发环境启动过程中,若目标机通过网络加载宿主机端的 VxWorks 映像文件,则目标机在启动时会通过 FTP 方式登录宿主机端的 FTP Server,并从宿主机的指定位置下载 VxWorks 系统映像文件,这就需要在宿主机端配置并启动一个 FTP Server。

Tornado 工具提供了一个 FTP Server 工具 WFTPD,如图 2. 2 所示。

FTP Server 的设置工作主要是设置用户名、密码和主机目录。用户名、密码是 FTP 客户端登录服务器的身份认证标志,其设置值要与引导行中设置的用户名和密码一致;主机目录是指目标机通过 FTP 方式登录到宿主机 FTP Server 后所进入的默认的宿主机目录,其具体设置

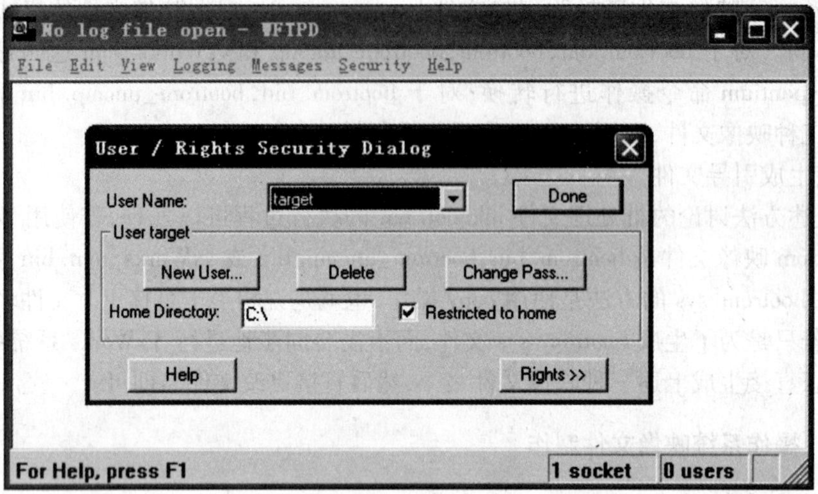

图 2.2　FTP Server 工具 WFTPD

内容可参考引导行中 VxWorks 映像的相对路径和宿主机中 VxWorks 映像的绝对路径进行设置。

2.3.8　Target Server 配置

Target Server 是运行在宿主机端的一个服务,用于管理 Tornado 主机工具和目标机系统之间的通信。在交叉开发环境启动后,进行交叉开发操作之前,需要在宿主机端通过 Tornado 工具启动 Target Server,建立宿主机与目标机之间的通信链路。

在启动 Target Server 之前需要根据交叉开发环境实际情况进行相应的设置。若使用以太网实现宿主机与目标机之间的互连,则一般只需将 Back End 属性中的 Available Back 项设置为 wdbrpc,并且在 Target Name/IP Address 一栏内填入目标机的名称或 IP 地址即可。对于 Target Server 的详细配置方法本书不作介绍,可参考《Tornado User's Guide》。

第3章　任务调度与管理

在现实生活中，当人们进行一项工作时，往往会将其划分为多个相对独立的小任务分别完成，进而最终完成整个工作。例如，拍摄影视剧需要有编剧、导演、摄影、音效、剪辑等，每项工作相对独立，每个团队各司其职，在大家共同努力下才会顺利完成整部影片。与此类似，在实时嵌入式系统中，整个系统的工作也往往被分解成多个任务，在系统多任务机制的管理下协同工作。可以说，多任务机制是实时嵌入式操作系统的基础，一个多任务的环境允许将实时应用构造成一套独立的任务集合，每个任务拥有各自的执行线程和系统资源，完成不同的功能。在 VxWorks 系统中，实时内核 Wind 提供了基本的多任务环境，使得系统的应用可以控制响应多重的、离散的现实世界中的事件。本章将主要讨论 VxWorks 系统的任务调度与管理。

3.1　任务基础

3.1.1　任务定义

任务是一个完成某一功能或操作的、动态的抽象对象，从系统的角度看，任务是多任务环境中竞争系统资源的最小运行单元，是实时内核调度的最基本单位。

任务组成如图3.1所示，在 VxWorks 系统中，任务由一块堆栈空间和一个任务控制块（Task Control Block，TCB）组成，每个任务拥有各自的上下文（Context），即拥有各自的 CPU 环境和系统资源（主要是当前处理器各个运算与状态寄存器的值）。

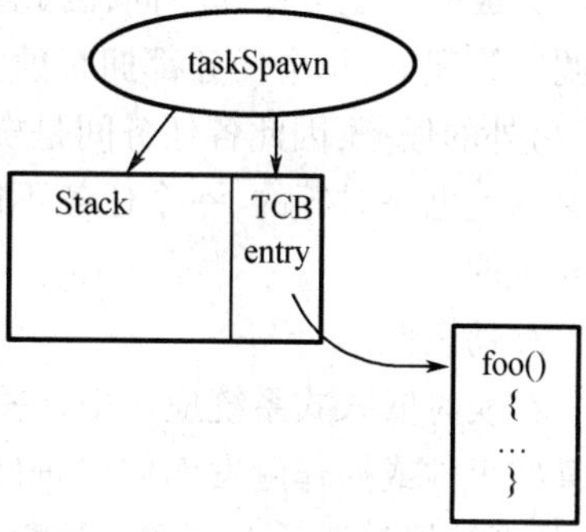

图3.1　任务组成

系统使用堆栈空间存储自动分配的内存空间和传递到函数中的参数，使用 TCB 结构来描述任务、管理调度任务、存储各任务的轨迹和状态。TCB 中存放了任务的上下文信息，主要包括程序计数器 PC、CPU 内部寄存器、浮点寄存器、动态变量和函数调用所需的堆栈、任务信息、内核控制结构等。

每一个任务都与一个 TCB 关联，当由于某些原因发生任务切换时，系统当前执行的任务被停止,当前运行的任务的上下文信息被写入其 TCB 结构中,将要被执行的任务的上下文从它的 TCB 中取出,放入各个寄存器中。系统转而执行新的任务,其执行的起点是前次该任务运行时被中止的位置。任务切换如图 3.2 所示。

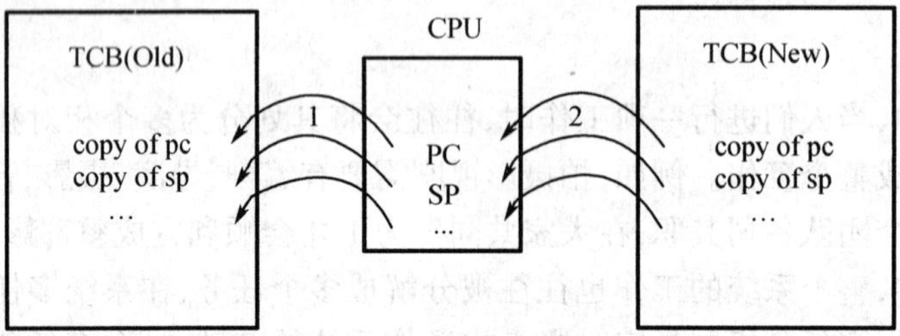

图 3.2 任务切换

任务切换包括同步切换和异步切换。其中,同步切换发生在任务与任务之间,而异步切换发生在任务与中断服务程序之间。由于同步切换相对于异步切换需要存储更少的寄存器信息,因此会更快。

3.1.2 任务特性

任务是完成某一功能或操作的、动态的抽象对象,具有独立性、动态性和并发性。

1. 独立性

任务的独立性主要体现在功能的独立、资源的独立和逻辑关系的独立三个方面。

在实时嵌入式系统应用中,每个任务一般都被设计成完成一项或一类功能或操作,各任务所完成的功能或操作不同,因此各任务间是功能独立的;在系统运行过程中,在多任务机制的调度管理下,每个任务都拥有独立的 CPU,都认为自己是独占系统资源的,一个任务“看不见”另外的任务,因此各任务间是资源独立的;由于功能独立和资源独立,进而各任务间在逻辑关系上也是对等的,一个任务不能像调用子程序一样调用其他的任务,任务间的信息交互是异步的。

2. 动态性

在实时嵌入式系统应用中,一个任务可以在系统启动时创建,也可以在系统运行过程中由某些事件或操作触发而创建。任务可以在创建的同时被激活,也可以在创建之后的任意时刻、任意位置被激活。创建并被激活的任务即处于生存状态,在任务的整个生存过程中,任务的状态是随着内核的调度管理而动态变化的。当一个任务没有存在的必要时,可调用相应的操作删除任务,从而使任务消亡。

由此可见,任务的发起、生存、消亡过程是动态的,任务生存过程中的状态也是不断变化的。

3. 并发性

在相同的时间段内，多个任务均可以得到运行并完成各自的操作，这种运行方式称为“并发运行”。在多 CPU 系统中，并发运行的任务可以真正地同时运行在不同的 CPU 上，而在单 CPU 系统中，“并发运行”的任务实际上是通过实时多任务内核的调度而分时使用 CPU 的，只是因为各任务之间的调度特别快，所以从宏观上看（t_1 到 t_2 时间段）感觉是多个任务并发执行。任务的并发运行如图 3.3 所示。

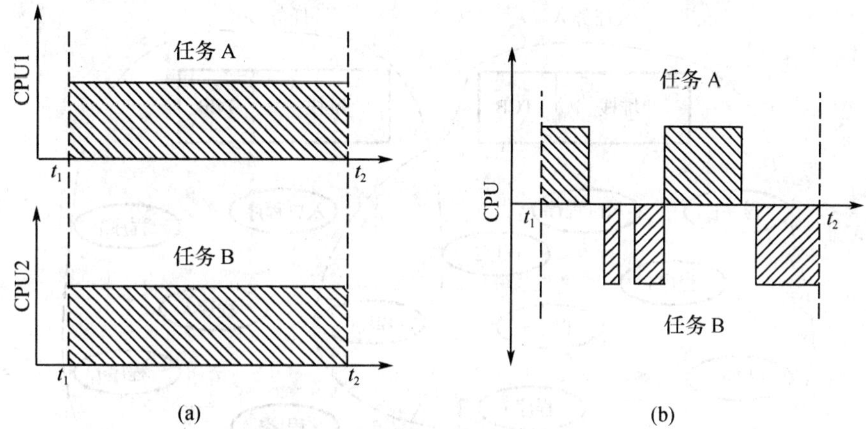

图 3.3 任务的并发运行

(a) 多 CPU 系统；(b) 单 CPU 系统

因此，对于多 CPU 系统来说，各任务间具有真正的并发性；而对于单 CPU 系统来说，各任务间在微观上是串行的，在宏观上是并行的。

3.1.3 任务与函数的关系

任务与函数是两个不同的概念，它们之间的区别主要体现在以下几个方面。

(1) 函数是一组指令的有序集合，它本身没有任何运行的含义，只是一个静态实体。

(2) 函数的创建、删除是通过程序员编辑源文件完成的，经过编译、链接后成为一些可执行的二进制代码，是物理上存在的。

(3) 函数执行时会占据内存中指令段的一部分空间，基本上函数被执行的时候一定是属于某个任务。

(4) 任务是函数在某个数据集上的执行，是进行资源分配和调度的一个独立单元，是一个动态实体。它因创建而产生，因调度而运行，因等待资源或事件而被处于等待状态，因完成任务而被撤销，反映了程序在一定的数据集上运行的全部动态过程。

(5) 任务的入口是函数，而且一般是一个“死循环”函数。

(6)任务一般都是无限循环执行的,在执行过程中通过调用一组函数来实现某一特定功能。

(7)一个函数可以对应多个任务,一个任务也可以包含多个函数。

(8)几个任务可以同时执行相同的函数,我们称这样的函数为共享代码。在程序设计时要求共享代码是可重入的。

任务与程序如图3.4所示。

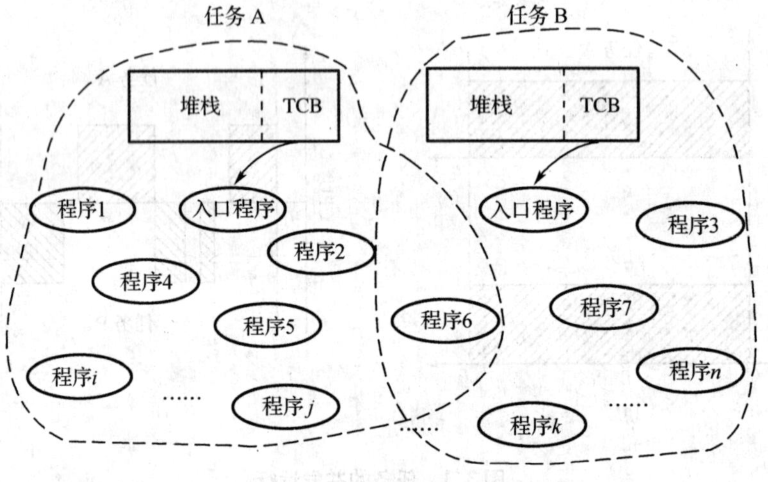

图3.4　任务与程序

3.1.4　任务分类

在实时嵌入式系统应用中,根据不同的原则可对任务进行分类。

1. 按功能分类

按任务功能不同,实时嵌入式系统应用中的任务一般可分为采样任务、数据接收处理任务、数据发送任务、显示任务、键盘任务、计算任务等。

2. 按任务执行的可预测情况

按任务执行的可预测情况,一般可以将任务划分为周期任务和非周期任务。周期任务是指任务执行的频度是相对固定的,这类任务一般是定时执行或受周期事件触发执行的;非周期任务是指任务执行没有固定的频度,在整个系统运行过程中属于单次或偶发运行,一般包括单次执行的任务和受非周期事件触发而执行的任务。

3. 按任务的重要程度

按任务的重要程度,一般可以将任务划分为关键任务和非关键任务。关键任务是指其实现的功能或执行的操作至关重要,若这种功能或操作在需要的时候不能正常实现,则会造成重大影响,甚至引起灾难性的后果。关键任务在系统应用的必要时机必须得到运行的机会,即使遗漏一次也不行。相对应的,非关键任务是指那些在需要执行的时机即使偶尔遗漏没有执行也不会造成严重影响的任务。

需要说明的是,对于关键任务和非关键任务而言,注重的是在需要其运行的那一时机是否能够得到执行,但并没有强调执行的实时性。

4. 按任务的实时性要求

按任务的实时性要求,一般可以将任务划分为实时任务(也称紧迫任务)和弱实时任务。

实时任务通常是指那些在需要其执行的时刻可以立即响应,并在规定的时间内完成指定的功能或操作,不允许出现响应不及时或执行超时的情况,否则将会产生无效的结果或对系统造成不可估量的损失。例如,在航空航天、军事、核工业等一些关键领域中,应用时间需求应能够得到完全满足,否则就造成如飞机失事等重大安全事故,造成重大生命财产损失和生态破坏。

弱实时任务通常是指允许任务响应不及时或任务执行超时,其造成的影响并不会引起重大的经济损失或安全事故,但随着响应时间或执行时间的延长,会引起该任务执行效果的下降。例如,视频点播系统就是一个典型的弱实时例子。系统只需保证绝大多数情况下视频数据能够及时传输给用户即可,偶尔的数据传输延迟对用户不会造成很大影响。

3.1.5 任务优先级

任务的优先级代表了任务的重要程度,是多任务内核进行任务调度的主要依据。在VxWorks系统中提供了0~255共256个优先级。其中,0为最高优先级,255为最低优先级。在实际使用时,系统级任务的优先级一般都低于100,而用户应用程序的任务优先级一般都定义在100~255之间。

3.1.6 任务状态与变迁

在实时嵌入式系统应用中,由于多个任务间优先级的差别和各任务占用资源情况的变化,从而导致在多任务内核的调度下各任务不断地进行着状态的变迁。一般来讲,大多数实时多任务内核都拥有三个主要的状态。

(1)就绪(Ready)。就绪是任务已具备执行条件的状态。处于这种状态的任务除了等待CPU外,不需要等待其他资源。在此状态中,任务积极地与所有其他就绪态的任务竞争CPU。

(2)阻塞(Pended)。阻塞是请求的资源不可用,请求等待某一事件发生或自身延迟一段时间等。处于就绪状态的任务不能直接地变迁到阻塞状态,首先该任务必须被运行。

(3)运行(Running)。运行是占用CPU执行任务。

三种任务状态间的变化如图3.5所示。

在VxWorks系统中,任务状态被细分为就绪、阻塞、延迟(Delayed)、挂起(Suspended)四种基本状态。其中,就绪状态与前面提到的状态定义一致,而这里的阻塞状态和延迟状态是

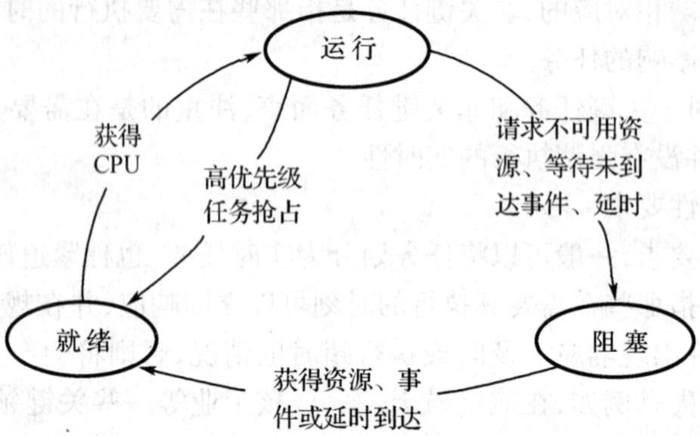

图 3.5 任务状态变化示意图

前面提到的阻塞状态的两种子状态。

(1)阻塞(Pended)。阻塞是由于请求的资源不可用或请求等待某一事件发生而被阻塞的任务状态。

(2)延迟(Delayed)。延迟是等待一段延迟时间到达的任务状态。

(3)挂起(Suspended)。挂起是该状态时任务不能执行,主要用于调试。挂起仅仅约束任务的执行,并不约束状态的转换。

除上述四个基本状态外,任务还可能处于混合状态,例如 Pended + Delayed, Delayed + Suspenede, Pended + Suspended, Pended + Delayed + Suspended 等。表 3.1 和图 3.6 分别给出了 VxWorks 系统任务状态变化及其执行的系统操作。

表 3.1 VxWorks 系统任务状态变迁及执行的系统操作

状态变迁	执行的操作
ready→pended	semTake( )/msgQReceive( )
ready→delayed	taskDelay( )
ready→suspended	taskSuspend( )
pended→ready	semGive( )/msgQSend( )
pended→suspended	taskSuspend( )
delayed→ready	延时达到
delayed→suspended	taskSuspend( )
suspended→ready	taskActivate( )/taskResume( )
suspended→pended	taskResume( )
suspended→delayed	taskResume( )

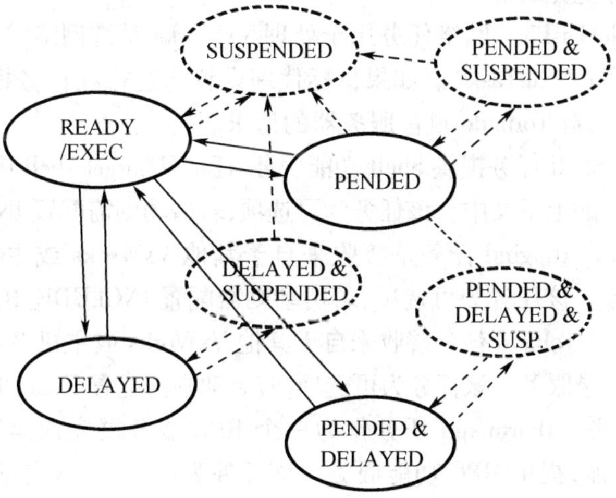

图 3.6　VxWorks 系统中任务状态变化示意图

3.1.7　任务的错误状态

VxWorks 使用一个 4 字节全局整型变量 errno 来存储当前运行任务的错误信息，同时，在每个任务的上下文中也包含一个存储该任务当前错误信息的 errno 变量。在每一次上下文切换时，任务的错误状态被存储和恢复。对于要执行的任务，将其任务上下文中的错误值存储到全局变量 errno 中。对于不执行的任务，将错误值存储到其任务上下文中。

在 errno 的 4 字节数据中，高 16 位用于表示模块号（Module Number），低 16 位用于表示错误号（Error Number）。其中，模块号在 vwModNum. h 文件中被定义，错误号在各模块自身的头文件中被定义。例如，errno 等于 0x110001；module number 为 0x11，代表 memLib；error number 为 0x01，代表"没有足够的内存"。

在程序开发时，可以使用 printErrno( ) 函数或 perror( ) 函数打印错误提示信息。

3.1.8　系统任务

根据配置不同，VxWorks 可提供多种系统任务的服务，详细介绍如下。

(1) 根任务（tUsrRoot）。根任务是由内核执行的第一个任务，其入口函数为…/target/config/all/usrConfig. c 文件中的 usrRoot( ) 函数。该任务负责初始化系统的各项服务（例如发起日志任务、异常处理任务、网络任务等），并在初始化完成后终止并被删除。

(2) 日志任务（tLogTask）。日志任务的功能是记录系统信息。

(3) 异常处理任务（tExcTask）。异常处理任务提供 VxWorks 系统的异常处理包，完成不能在中断级和当前任务的上下文执行的操作。该任务必须具备最高的优先级，并且不能被挂起、删除或改变其任务优先级。

(4)网络任务(tNetTask)。网络任务用于处理 VxWorks 系统网络需要的任务级功能。

(5)目标代理任务(tWdbTask)。如果目标代理设置为运行在任务模式,则目标代理任务被创建。该任务处理来自 Tornado 目标服务器的请求。

(6)tShell 任务。tShell 任务提供 Shell 功能服务,任何从 target shell 中调用而非发起的程序或任务均运行于 tShell 的上下文中。该任务为可选项,若启动则需配置 INCLUDE_SHELL 组件。

(7)tRlogind 任务。tRlogind 任务是接收来自于其他 VxWorks 或主机系统的远程登录请求,提供远程登录服务。该任务为可选项,若启动则需配置 INCLUDE_RLOGIN 组件。

(8)tTelnetd 任务。tTelnetd 任务接收来自于其他 VxWorks 或主机系统的远程登录请求,提供 telnet 方式的远程登录服务。该任务为可选项,若启动则需配置 INCLUDE_TELNET 组件。

(9)tPortmapd 任务。tPortmapd 任务作为一个 RPC 服务器完成运行在同一台机器上的 RPC 服务中心注册功能,提供 RPC 功能服务。该任务为可选项,若启动则需配置 INCLUDE_RPC 组件。

3.2 任务管理

3.2.1 任务创建与激活

VxWorks 系统提供了四个与任务创建相关的函数,其功能与函数间关系分别见表 3.2 和如图 3.7 所示。

表 3.2 任务创建相关函数及功能

函数操作	功能描述
taskSpawn( )	发起一个新任务(创建并激活)
taskCreat( )	创建一个新任务
taskInit( )	初始化一个新任务
taskActivate( )	激活一个已创建任务

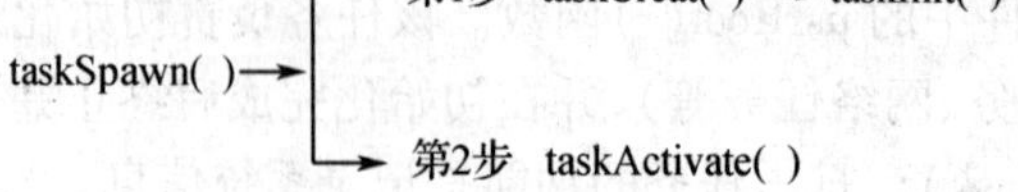

图 3.7 任务创建相关函数关系

任务发起函数 taskSpawn 会首先调用任务创建函数 taskCreat 创建一个新任务，然后再调用任务激活函数 taskActive 激活这个已被创建的任务。任务创建函数 taskCreat 在其执行过程中会调用任务初始化函数 taskInit。因此，在实际使用时可以采用两种方法创建新任务。

1. 任务创建方法 1

使用 taskSpawn 函数发起新任务，任务直接被激活。taskSpawn 函数原型如下：

```
int taskSpawn
(
    char        *name,        /* 新任务的名称 */
    int         priority,     /* 新任务的优先级 */
    int         options,      /* 任务创建的选项 */
    int         stackSize,    /* 任务堆栈大小 */
    FUNCPTR     entryPt,      /* 新任务的入口函数地址 */
    int         arg1,         /* 传进任务入口函数的 10 个参数 */
    int         arg2,
    int         arg3,
    int         arg4,
    int         arg5,
    int         arg6,
    int         arg7,
    int         arg8,
    int         arg9,
    int         arg10
)
```

参数 1：任务名

任务名 * name 是一个任务的字符串形式的标志，在任务创建时指定。它的作用是方便开发者开发、调试使用。任务名可以是任意长度、任意内容且不要求唯一，但 VxWorks 系统一般将任务名限制在 10 字节内，并且以 t 为前缀，例如“tUsrRoot”。若任务创建时不指定任务名，则系统会为任务自动分配一个独一无二的名字 tN，其中 N 是一个随未命名任务递增的一个十进制整数。

任务 ID 是任务创建时由系统内核分配的一个 32 位的任务句柄，用于指向任务数据结构。每个任务的 ID 都是独一无二的。

管理任务名和任务 ID 的函数见表 3.3。

表 3.3 管理任务名和任务 ID 的函数

函数操作	功能描述
taskName( )	由任务的 ID 得到任务的名称
taskNameToId( )	由任务的名称得到任务的 ID
taskIdSelf( )	得到正在调用的任务的 ID
taskIdListGet( )	得到所有被激活任务的 ID 的列表
taskIdVerify( )	检验一个任务 ID 是否有效

参数 2:任务优先级

任务优先级 priority 代表了任务的重要程度。VxWorks 系统提供了 0 ~ 255 共 256 个优先级。其中,0 为最高优先级,255 为最低优先级。在实际使用时,用户应用程序的优先级一般都定义在 100 ~ 255 之间。

管理任务优先级的函数见表 3.4。

表 3.4 管理任务优先级的函数

函数操作	功能描述
taskPriorityGet( )	得到指定任务 ID 的任务优先级
taskPrioritySet( )	设置指定任务 ID 的任务优先级

参数 3:任务选项

任务选项 options 是任务创建的可选设置项,其值可以是表 3.5 中给出的任意选项或者多个选项的"按位或"组合。

表 3.5 任务创建可选项

宏 定 义	数 值	选项功能描述
VX_SUPERVISOR_MODE	0x0001	任务处于超级用户模式(默认)
VX_UNBREAKABLE	0x0002	禁止断点
VX_DEALLOC_STACK	0x0004	任务退出时释放堆栈和 TCB
VX_FP_TASK	0x0008	浮点运算协处理器支持
VX_STDIO	0x0010	不需设定 stdio(默认)
VX_ADA_DEBUG	0x0020	VADS 调试器支持

表3.5(续)

宏定义	数值	选项功能描述
VX_FORTRAN	0x0040	NKR FORTRAN 支持
VX_PRIVATE_ENV	0x0080	在私有环境中执行
VX_NO_STACK_FILL	0x0100	不使用 0xee 填充堆栈
VX_DSP_TASK	0x0200	DSP 协处理器支持
VX_ALTIVEC_TASK	0x0400	ALTIVEC 协处理器支持

系统提供的任务选项操作函数见表3.6。

表3.6 任务选项操作函数

函数操作	功能描述
taskOptionsSet( )	重新设置任务选项
taskOptionsGet( )	得到任务选项的设置

参数4:任务堆栈

任务堆栈 stackSize 为该任务分配的可用堆栈的大小,每一个任务都有自己的堆栈,并在任务创建时进行初始化,默认情况下堆栈中的每一个字节使用 0xee 填充。任务堆栈是从系统内存池中分配出的一块空间,其大小是固定的。由于系统内核会占用堆栈空间的一部分,这使得实际可用的任务堆栈比分配的要小。

由于任务运行过程中并不对堆栈的使用进行限制,有可能出现栈顶超越了原定的值后而越界,这样操作系统中该任务堆栈以外的内存区域就可能被改写,会造成难以预料的结果,甚至可能造成任务的上下文区域被改写而任务消失。造成越界的原因主要是在函数中定义了比较大的数组,以致进栈时越界。这样在编写程序时,就要求在堆栈许可的范围内定义数组。如果确实需要比较大的内存空间,可以使用操作系统的内存分配函数来获得内存。

参数5:任务入口函数

参数 entryPt 为任务所指定函数的入口地址。一旦任务资源及环境创建结束,系统将调用该函数。函数的参数通过 taskSpawn 的参数 arg1,…,arg10 传入。若函数实际输入参数大于10个,则可以考虑将参数存入结构中,把结构地址作为参数传给函数。

taskSpawn 函数的返回值为 int 型数。若任务发起成功,则函数返回任务 ID 号;若任务发起失败,则函数返回相应的错误值。taskSpawn 函数返回的可能错误值见表3.7。

表 3.7 taskSpawn 函数返回的可能错误值

错误值	说明
S_intLib_NOT_ISR_CALLABLE	不能在中断服务程序中调用
S_objLib_OBJ_ID_ERROR	对象 ID 错误
S_smObjLib_NOT_INITIALIZED	没有共享内存对象被初始化
S_memLib_NOT_ENOUGH_MEMORY	没有足够的内存
S_memLib_BLOCK_ERROR	内存区错误
S_taskLib_ILLEGAL_PRIORITY	不合理的任务优先级

2. 任务创建方法 2

使用 taskCreat 函数创建新任务，在程序适当的位置调用 taskActivate 函数激活任务。taskCreat 函数的参数及返回值与 taskSpawn 函数一致，taskActivate 函数的原型如下：

```
STATUS taskActivate
(
    int tid                    /* 待激活任务的 ID 值 */
)
```

taskActivate 函数的返回值为 STATUS 类型。若激活成功则返回 OK，若激活失败则返回 ERROR。

3.2.2 任务信息

除上述任务管理函数外，VxWorks 系统还提供以下几个任务信息函数，见表 3.8。

表 3.8 任务信息函数

函数操作	功能描述
taskInfoGet( )	获取一个任务的描述信息
taskRegsGet( )	检查一个任务的寄存器
taskRegsSet( )	设置一个任务的寄存器
taskIsSuspended( )	检查一个任务是否处于挂起状态
taskIsReady( )	检查一个任务是否处于就绪状态
taskTcb( )	获取一个任务的任务控制块 TCB 指针

3.2.3 任务删除与删除安全

VxWorks 系统允许任务被动态地从系统中删除，提供了任务删除与删除安全操作函数，见表 3.9。

表 3.9 任务删除与删除安全操作函数

函数操作	功能描述
exit( )	终止调用该函数任务的执行
taskDelete( )	删除一个指定任务
taskDeleteForce( )	强制删除一个指定任务
taskSafe( )	保护调用任务不被删除
taskUnsafe( )	解除任务删除保护

exit( )函数用于任务杀死自身。若任务创建时指定的入口函数执行结束或返回，则任务隐含调用 exit( )函数。taskDelete( )函数和 taskDeleteForce( )函数用于删除其他任务。

在调用任务删除操作函数删除任务时，系统会释放任务本身占用的系统资源，但并不会释放任务执行过程中某些操作申请的系统资源（例如 malloc 操作），这些资源必须由任务在被删除前自行编程释放。删除一个没有完全释放其所占用资源的任务将可能造成系统不可预期的错误。因此在任务删除之前，该任务必须释放其所持有的所有资源。

如图 3.8 所示，两个任务 task1 和 task2 访问同一临界区资源，使用信号量实现对临界区资源的互斥操作。假设任务 Task A 在访问临界区资源时被其他任务删除，则其持有的信号量 semId 将永远不会被释放。任务 Task B 因为永远无法获取到信号量 semId 而被永久阻塞，Task B 由于 Task A 的不安全删除而不再可用。

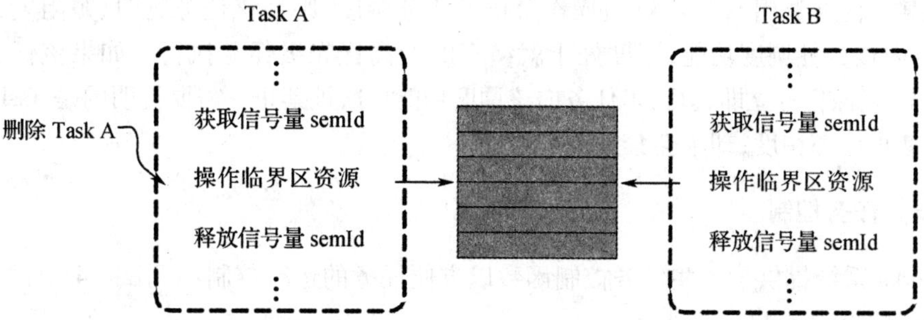

图 3.8 任务错误删除的示例图

为避免上述情形的出现，系统提供了删除安全操作函数 taskSafe( )和 taskUnsafe( )实现对任务的删除保护。当任务调用 taskSafe( )时，从调用的那一刻起，该任务就被保护起来而不会被其他任务删除。如果某一任务 1 试图删除已经调用 taskSafe( )的任务 2，则任务 1 被阻塞，直到任务 2 调用 taskUnsafe( )解除删除保护，任务 1 解除阻塞状态，而任务 2 被删除。taskSafe( )和 taskUnsafe( )支持嵌套模式。如果有嵌套发生，一个计数器将开始工作，每有一个 taskSafe( )被调用则计数器加 1，每有一个 taskUnsafe( )被调用则计数器减 1。只有当计数器为 0 时才能删除该任务。

对于上述例子，在任务 Task A 和 Task B 获取信号量执行临界区操作之前，调用taskSafe( )函数保护任务不被删除。在临界区操作完毕，释放信号量之后，调用 taskUnsafe( )函数解除任务删除保护。这样就确保了任务 Task A 和 Task B 在进行临界区操作时不会被意外删除。

需要特别说明的是，删除安全操作只对 taskDelete( )的删除能够起到保护作用，对于 taskDeleteForce( )的删除无用。

3.2.4 任务上锁与解锁

在实时嵌入式应用中，为提高执行效率或由于某些其他原因，在执行任务的某段操作时可能不希望被其他任务所打断，即要求禁止多任务内核进行任务调度。为了满足这一应用需求，VxWorks 系统提供了任务上锁与解锁操作，见表 3.10。

表 3.10 任务上锁与解锁操作函数

函数操作	功能描述
taskLock ( )	任务上锁，禁止任务调度
taskUnLock ( )	解除任务上锁

如果某一任务调用 taskLock( )操作禁止了任务调度，则当该任务延时、被阻塞或被挂起时，多任务内核恢复调度功能，调度处于就绪态的最高优先级任务执行。如果该任务状态又转为就绪态，则该任务立即运行，多任务内核调度功能再次被禁止。需要说明的是，taskLock ( )操作只能禁止任务调度，却不会禁止中断响应。

3.2.5 任务控制

VxWorks 系统提供了一些任务控制函数以方便任务的运行控制和调试。4 个常用的任务控制操作函数见表 3.11。

表 3.11 任务控制操作函数

函数操作	功能描述
taskSuspend( )	挂起任务
taskResume( )	恢复任务
taskRestart( )	重新启动任务
taskDelay( )	任务延时

在程序开发中,有时需要在任务创建、上下文切换或删除时增加相应的处理。VxWorks系统提供了任务创建、上下文切换和删除的钩子函数,可以满足这种需要,见表3.12。这些函数允许当任务创建、上下文切换或删除进行时调用附加的函数。

表 3.12 任务创建、切换、删除操作的钩子函数

函数操作	功能描述
taskCreateHookAdd( )	增加一个每次任务创建时调用的函数
taskCreateHookDelete( )	删除一个先前增加的任务创建时调用的函数
taskSwitchHookAdd ( )	增加一个每次任务切换时调用的函数
taskSwitchHookDelete( )	删除一个先前增加的任务切换时调用的函数
taskDeleteHookAdd ( )	增加一个每次任务删除时调用的函数
taskDeleteHookDelete ( )	删除一个先前增加的任务删除时调用的函数

3.3 任务调度

任务调度就是对于一组给定的实时任务和系统资源,确定每个任务何时何地执行。在非实时系统中,调度的主要目的是缩短系统平均响应时间,提高系统资源利用率,或优化某一项指标;而实时系统中调度的目的则是要尽可能地保证每个任务满足它们的时间约束,及时对外部请求作出响应。

在单CPU硬件系统中,VxWorks的实时内核Wind构造出多个任务并发执行的假象。事实上,系统是根据特定的调度策略,分时地调度各个任务分别执行。只是因为各任务之间的调度特别快,所以从宏观上看,感觉是多个任务并发执行。Wind内核默认采用基于优先级抢占调度算法,也可以选用基于时间片轮转调度算法。

3.3.1 不同优先级任务间的调度

在 VxWorks 系统中，不同优先级任务间的调度策略为基于优先级的抢占式调度。“抢占”是指正在执行的任务可以被另一个任务打断，让另一个任务运行，它可以提高应用程序对异步事件的响应能力。基于优先级的抢占调度是最常见的任务调度机制，用户任务被分配一个优先级，操作系统内核总是将 CPU 分配给处于就绪态的所有任务中优先级最高的那个任务运行。如果系统内核发现有一个比当前正在运行的任务优先级更高的任务转变为就绪态了，则系统内核会立即保存当前任务的上下文，切换到高优先级任务的上下文执行。如果高优先级的任务不被阻塞或延时，低优先级的任务将永远不会被执行。这种基于优先级的抢占式调度算法能够更好地满足紧迫作业的要求，可优先保证高优先级任务的时间约束。

如图 3.9 所示，Task A，Task B，Task C 三个任务的优先级依次增高。任务 Task B 等待某一事件触发执行，任务 Task C 等待延时到达触发执行。在事件和延时都没有到达时，任务 Task B 处于阻塞状态，任务 Task C 处于延迟状态，任务 Task A 获得 CPU。当任务 Task B 等待的事件产生后，任务 Task B 立即阻塞任务 Task A 开始执行。当任务 Task C 延时到达后，任务 Task C 立即阻塞任务 Task B 开始执行。当任务 Task C 运行结束后释放 CPU，任务 Task B 继续执行。

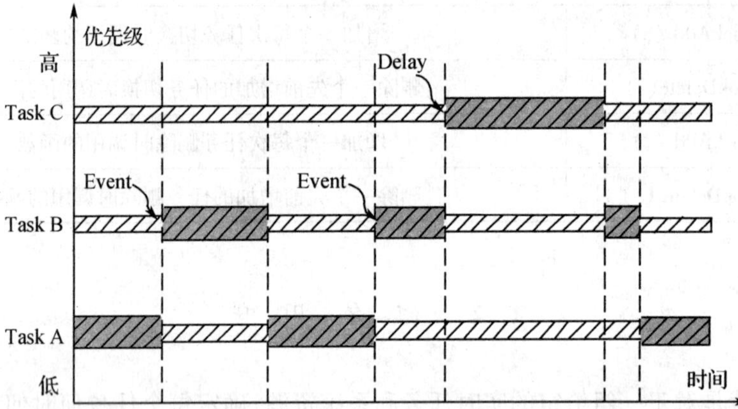

图 3.9 基于优先级抢占调度示意图

基于优先级的抢占式调度是优先级驱动的，每个任务根据其重要程度的不同被赋予不同的优先级，调度器在每次调度时总选择优先级最高的任务开始执行。对于任务优先级的分配可以采用静态和动态两种方式。

静态优先级分配是在创建任务时根据任务的功能、属性等确定任务优先级，且在系统的整个运行期间保持不变。动态优先级分配是指在创建任务时所赋予的优先级可以随任务的推进、等待时间的增加或资源需求情况而改变,以便获得更好的调度性能。例如,可以规定在就绪队列中的任务随其等待时间的增长而提高任务优先级,若所有任务都具有相同的优先级初值,则显然是最先进入就绪队列的任务将因其动态优先级变得最高而优先获得 CPU。

VxWorks 系统中的任务有 256 个优先级,编号从 0 到 255,优先级 0 为最高,优先级 255 为最低。在任务创建时均带有一个指定的初始任务优先级,在系统运行过程中可以使用 taskPrioritySet( )函数动态地更改任务的优先级。

下面通过一个程序示例给出基于优先级抢占调度策略的任务执行过程。

程序示例 3.1 基于优先级抢占调度方法测试

程序启动后首先创建了一个优先级为 100 的任务 tTask1,然后创建了一个优先级为 99 的任务 tTask2。在任务 tTask2 中会首先延时 5 tick(tick 为 VxWorks 系统中的计时单位,默认为 1/60 秒),使得任务 tTask1 可以先执行。延时时间到达后,任务 tTask2 又抢占任务 tTask1 执行。

```
#include "vxWorks.h"
#include "taskLib.h"
#include "stdlib.h"

void myApp(void);
void task1(void);
void task2(void);

int task1Id = 0;
int task2Id = 0;

int num1 = 9999999, num2 = 9999999;

void myApp(void)
{

    if((task1Id = taskSpawn("tTask1", 100, VX_FP_TASK, 2000, (FUNCPTR)task1,
                            0, 0, 0, 0, 0, 0, 0, 0, 0, 0)) == ERROR)
    {
        perror("spawn task1 failed!\n");
        exit(0);
    }
```

```
    if((task2Id = taskSpawn("tTask2", 99, VX_FP_TASK, 2000, (FUNCPTR)task2,
                            0, 0, 0, 0, 0, 0, 0, 0, 0, 0)) == ERROR)
    {
        perror("spawn task2 failed!\n");
        exit(0);
    }
}

void task1(void)
{
    double ix0 = 1.0;

    /* taskLock(); */
    while(--num1 >0)
    {
        ix0 = ix0 * ix0;
        ix0 = ix0 * ix0;
    }
    /* taskUnlock(); */
}

void task2(void)
{
    double iy0 = 1.0;

    taskDelay(5);

    while(--num2 >0)
    {
        iy0 = iy0 * iy0;
        iy0 = iy0 * iy0;
    }
}
```

编译并下载程序示例 3.1,在 shell 中键入 sp myApp,程序执行结果如图 3.10 所示。

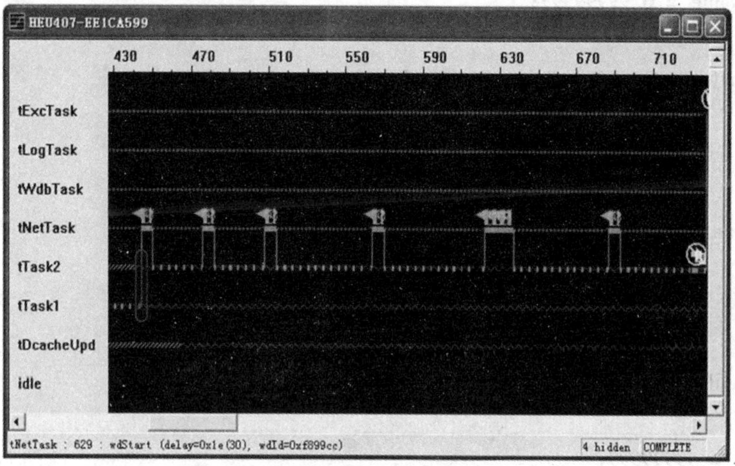

图 3.10　优先级抢占调度执行结果

由图 3.10 可以看到,程序执行过程与预期结果一致,图中的矩形区域即为任务 tTask2 抢占任务 tTask1 的位置。

3.3.2　同优先级任务间的调度

1. 独占 CPU 调度

独占 CPU 调度是最古老、最简单且使用最广的一种调度策略。在该策略的作用下,所有同优先级的任务按其在就绪队列中的排队次序依次获取 CPU。每个任务获取 CPU 后,则可以独占使用,直到该任务转为延时状态或阻塞状态为止。

VxWorks 系统在默认情况下就采用独占 CPU 调度策略调度同优先级任务的执行。下面通过一个程序示例给出在该调度策略下的任务执行过程。

程序示例 3.2　独占 CPU 调度方法测试

程序启动后依次创建了优先级为 100 的两个任务 tTask1 和 tTask2。在任务 tTask1 中会首先延时 1 tick,使得任务 tTask2 可以先执行。

```
#include "vxWorks.h"
#include "stdio.h"
#include "taskLib.h"

void task1(void)
{
    int num = 99999999;
```

```
    double value = 0.99999999;

    taskDelay(1);

    while(--num > 0)
    {
        value = value * 1.000000001;
    }
}

void task2(void)
{
    int num = 99999999;
    double value = 0.99999999;

    while(--num > 0)
    {
        value = value * 0.99999999;
    }
}

void myApp(void)
{
    int task1Id = 0, task2Id = 0;

    /* kernelTimeSlice(1); */

    if((task1Id = taskSpawn("tTask1", 100, VX_FP_TASK, 2000, (FUNCPTR)task1,
                                    0, 0, 0, 0, 0, 0, 0, 0, 0, 0)) == ERROR)
    {
        perror("spawn task1 failed!\n");
        exit(0);
    }

    if((task2Id = taskSpawn("tTask2", 100, VX_FP_TASK, 2000, (FUNCPTR)task2,
                                    0, 0, 0, 0, 0, 0, 0, 0, 0, 0)) == ERROR)
    {
```

```
        perror("spawn task2 failed!\n");
        exit(0);
    }
}
```

编译并下载程序示例 3.2，在 shell 中键入 sp myApp，程序执行结果如图 3.11 所示。

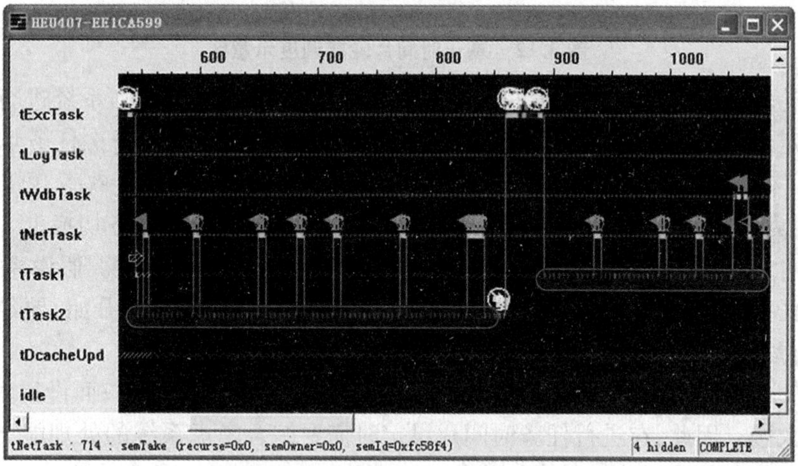

图 3.11 独占 CPU 调度执行结果

由该执行结果可以看到，任务 tTask2 首先获得 CPU 并执行。当其执行结束后，任务 tTask1 才可以获得 CPU。图中矩形区域即为任务获取 CPU 执行的过程。

2. 时间片轮转调度

时间片轮转调度是一种公平对待各任务的调度策略。在该策略的作用下，系统为每个相同优先级的任务分配一段时间段，称作它的时间片，即该任务允许运行的时间。如图 3.12 所示，所有同优先级的任务排队依次执行，如果在时间片结束时任务还在运行，则 CPU 将被剥夺并分配给队列中的下一个任务；如果任务在时间片结束前阻塞或结束，则 CPU 当即进行切换。这种策略保证了一个优先级组中，在所有任务得到一个时间片之前，不会有任务得到第二个时间片。若不使用轮转调度策略，则多个同优先级的任务中，第一个获得 CPU 的任务可以不被阻塞地独占 CPU，从不会给其他同优先级任务执行的机会。在 VxWorks 系统中，启用轮转调度策略后，系统为每个任务启动一个运行时间计数器，这个计数器在其相关联的任务运行过程中随系统时钟增加而增加。当达到设定的时间片值时，计数器清零，系统调度器将该任务放到任务队列的尾部，将 CPU 交给队列头部的任务执行。

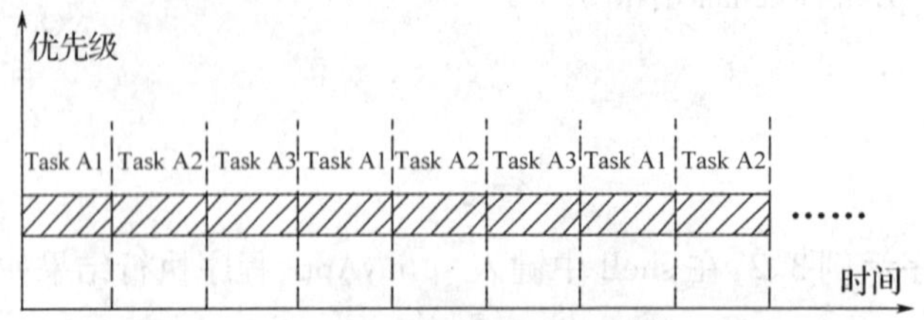

图 3.12 基于时间片轮转调度示意图

时间片轮转调度中时间片长度的设定是一个值得讨论的问题。当系统进行任务间切换时是需要一定的切换时间的，假设任务执行的时间片设置为 20 ms，每次任务切换的时间为 5 ms，则 CPU 有 20% 的时间会浪费在任务切换上。为了提高 CPU 执行效率，可以延长时间片的时长，假设为 200 ms，则此时 CPU 有不超过 2.5% 的时间花费在任务切换上。虽然延长时间片的长度可以提高 CPU 执行效率，但同时也影响了任务的响应速度。假设系统一共有 10 个同优先级任务采用时间片轮转调度方式执行，则从第 1 个任务执行开始，要经过 1 845 ms 才会开始执行第 10 个任务，严重影响了任务的响应速度。

由此可知，时间片设的太短会导致过多的任务切换，降低 CPU 效率；而设得太长又可能引起任务响应太慢。因此，在进行任务时间片设定时需要综合考虑系统的处理能力、处理速度、任务的数量以及各任务对响应时间的要求。

VxWorks 系统默认不使能时间片轮转调度策略，当调用 kernelTimeSlice( ) 函数后才启用该策略。kernelTimeSlice( ) 函数的参数为时间片轮转调度策略中任务执行的时间片的长度，其单位为 tick。

对程序示例 3.2 进行更改，在创建任务之前调用 kernelTimeSlice( ) 函数启用时间片轮转调度策略，并设置时间片为 1tick。再次运行程序示例 3.2，其执行结果如图 3.13 所示。

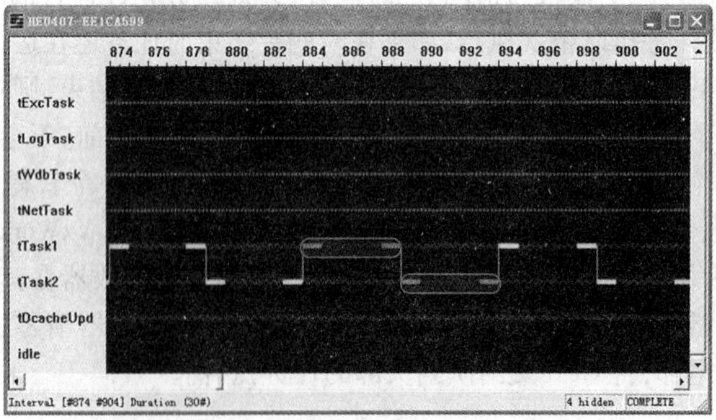

图 3.13 时间片轮转调度执行结果

3.3.3　混合调度

混合调度就是指同时存在同优先级任务之间的调度和不同优先级任务之间的调度。基于优先级的抢占调度策略和时间片轮转调度策略相结合使用的混合调度过程如图 3.14 所示。任务 Task A1, Task A2, Task A3 具有相同的优先级,按时间片进行轮转调度;任务 Task B 具有中等优先级,可以抢占低优先级任务的执行;任务 Task C 具有最高优先级,可以抢占所有其他任务的执行。

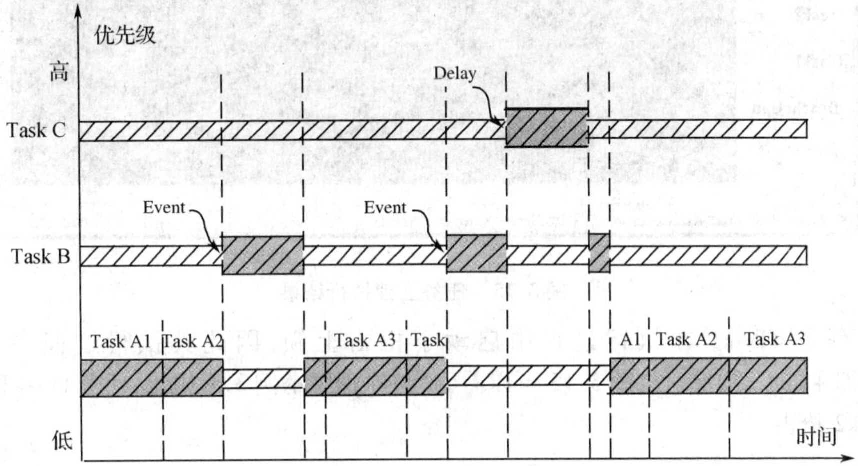

图 3.14　混合调度示意图

需要说明的是,由于时间片轮转调度策略是在时间片到达时刻进行任务切换,而时间片的单位是 tick,所以时间片轮转调度中的任务切换发生在 tick 计时到达的时刻;而由独占 CPU 调度、基于优先级的抢占调度和中断引起的任务切换可以发生在系统运行的任何时刻。

3.3.4　抢占上锁

在实时嵌入式系统应用中,并不是每次任务抢占都是合理的。某个任务的某段操作在执行过程中可能是不允许被打断的。若出现抢占可能会导致系统出现意想不到的情况。

VxWorks 系统提供了禁止和恢复任务调度功能的函数操作。taskLock( )操作禁止任务调度器进行抢占调度,taskUnlock( )操作恢复任务调度器进行抢占调度。抢占上锁只能防止任务上下文切换,并不能阻止中断。

对程序示例 3.1 进行更改,在任务 tTask1 的执行过程中启动抢占上锁,禁止高优先级任务 tTask2 的抢占;再次运行程序示例 3.1,其执行结果如图 3.15 所示。

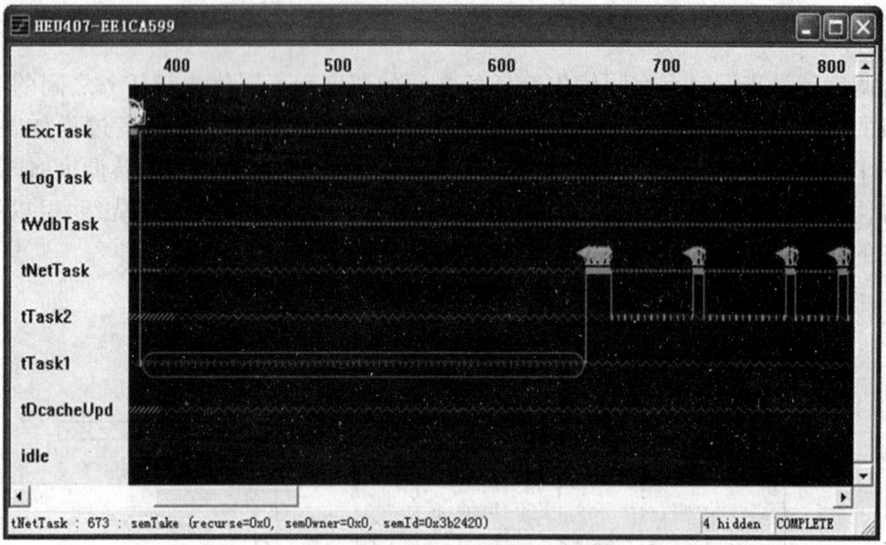

图 3.15 任务上锁执行结果

由于任务 tTask1 在执行过程中启动了抢占上锁，因此其执行过程中的状态为“RUNNING + LOCKED”。由图 3.15 可以看到，与原程序示例 3.1 相比，任务 tTask1 可以不被任务 tTask2 抢占。

第4章　内核对象操作

4.1　任务间的通信

实时嵌入式系统应用是由多个任务和多个中断服务程序(ISR)组成的,各任务和ISR在存在形式上相互独立,在逻辑关系上相互关联,通过系统提供的任务间通信机制实现任务与任务之间、任务与ISR之间的各种关联操作,从而共同实现系统功能。

任务间通信是多任务、多ISR之间协同工作完成系统功能的主要手段。它包含三层含义:

(1)行为同步;

(2)资源互斥共享;

(3)数据通信。

VxWorks系统提供的主要任务间通信机制及其功能见表4.1。

表4.1　主要任务间通信机制及其功能

通信机制	主要功能
共享内存	数据的简单共享
信号量	行为同步与资源互斥共享
消息队列	数据通信、行为同步
管道	数据通信、行为同步
异步信号	行为同步
事件	行为同步
socket和远程调用	数据通信,任务间透明的网络通信

4.1.1　行为同步

同步是指两个或两个以上随时间变化的量在变化过程中保持一定的相对关系。在多CPU系统中,同步这一概念可以理解为多个CPU之间的多个过程同时进行,或以相同的速率同步进行;而在单CPU系统中,同步的概念可以理解为多个过程在各自的某一位置代码的执行几乎是同时的、多个过程的执行速率是一致且同步的,或者在多个过程之间存在触发和被触发的关系。本节仅讨论单 CPU 系统下的行为同步。

行为同步往往是由某种条件或操作而触发,“触发方”一般为任务或 ISR,“被触发方”一般为任务,触发的时刻可以称为“同步时刻”,而“触发方”的触发位置和“被触发方”的被触发位置可以称为“同步点”。在“同步时刻”,由“触发方”使用系统提供的机制告知“被触发方”某一条件或操作满足。在 VxWorks 系统中,可以使用信号量的同步功能、消息队列、管道、异步信号和事件等机制来实现行为同步。

1. ISR 与任务间的同步

在实时嵌入式系统中,ISR 是级别最高的应用处理。当执行 ISR 操作时,系统无法进行任务的调度执行。因此,在 ISR 设计时一般都要求其所含操作尽可能精简,将一些不必要的操作放在任务中处理。所以,对于一个中断的处理一般都是由一个 ISR 和一个与其相关联的任务共同完成的,这就需要在 ISR 与任务之间进行行为同步。

ISR 与任务间的行为同步是单向同步,其执行流程如下:

(1)由于外部事件引发中断,调用 ISR 执行;

(2)ISR 作为“触发方”在其某一执行步调用系统操作向其相关联的任务发出触发信息;

(3)ISR 继续执行直到中断结束;

(4)系统进行多任务调度。若与中断相关联的任务得到 CPU,则该任务可以执行,并可在同步点接收到 ISR 发出的触发信息。

由于无法确定本次调度之前该任务的执行情况,所以该任务不一定从同步点开始执行。

2. 两任务间的同步

两任务间的同步所包含的情况较多。例如,在两任务间可以进行单向同步或双向同步,“触发方”任务优先级可以低于、等于或高于“被触发方”任务优先级。由于“触发方”与“被触发方”任务优先级相同的情况对于行为同步这种操作来说没有意义,一般不会使用。下面仅就其他情况的执行过程进行讨论,并假设无其他行为同步操作,且不考虑 ISR 和其他任务的影响。

(1)单向同步。单向同步是指两任务的一方为触发信息发送方(即“触发方”),而另一方为触发信息接收方(即“被触发方”)。

当“触发方”的任务优先级高于“被触发方“的任务优先级时,两任务的执行流程如下:

①“触发方”任务执行,在其某一执行步调用系统操作发出触发信息;

②“触发方”任务继续执行,直到其释放 CPU;

③“被触发方”任务执行,并可在同步点接收到触发信息。

对于这种情况来说,瞬时同步的效果较差,“被触发方”任务的执行完全是受“触发方”任务的触发信息控制,常常会用于“被触发方”任务为周期定时执行或事件触发执行,且对任务的实时性要求不高的场合。

当“触发方”的任务优先级低于“被触发方“的任务优先级时,两任务的执行流程如下:

①“被触发方”任务执行,当其执行到接收触发信息的代码时被阻塞,释放CPU;

②“触发方”任务执行,在其某一执行步调用系统操作发出触发信息,“触发方”任务立即被“被触发方”任务抢占,“触发方”任务转为就绪态;

③“被触发方”任务继续执行,并重复第①步过程。

这种情况的瞬时同步效果较好,往往用于“被触发方”任务为事件触发执行,且对任务的实时性要求较高的情况。

(2)双向同步。在两任务单向同步的情况下,无论“触发方”和“被触发方”之间的任务优先级为何种关系,都无法确保两任务在“同步点”位置进行任务切换,也无法确保两任务的执行速率相同(即一个任务执行一次循环,另一个任务也执行一次循环)。也就是说,两任务既做不到执行位置(即“同步点”)的同步,也做不到执行速率的同步。然而,在某一些应用场合下是希望可以在两个任务之间实现执行位置的同步或执行速率的同步,从而达到一种平衡,这就需要双向同步。

双向同步是指两任务的任意一方既作为“触发方”又作为“被触发方”。例如,任务Task A先作为“触发方”发送触发消息,而另一任务Task B则作为“被触发方”接收该触发消息;待任务Task B接收到触发消息后,其又转变为“触发方”向任务Task A发送触发消息(可认为是对之前任务Task A触发消息的回复),而任务Task A也转变为“被触发方”。

当任务Task A的优先级高于任务Task B时,两任务的执行流程如下:

①任务Task A执行,在某一执行步向任务Task B发送触发消息,继续执行,接收任务Task B回复的触发消息,因当前无任务Task B回复的触发消息,任务Task A被阻塞,释放CPU;

②任务Task B执行,接收到任务Task A发送的触发消息,并随后向任务Task A发送回复的触发消息,任务Task B被任务Task A抢占,转为就绪态;

③任务Task A接收到任务Task B回复的触发消息,继续执行。

当任务Task A的优先级低于任务Task B时,两任务的执行流程如下:

①任务Task B执行,接收任务Task A发送的触发消息,因当前无该触发消息,任务Task B被阻塞,释放CPU;

②任务Task A执行,在某一执行步向任务Task B发送触发消息,任务Task A被任务Task B抢占,转为就绪态;

③任务Task B执行,接收到任务Task A发送的触发消息,继续执行,向任务Task A发送回复的触发消息;

④待任务Task B再次释放CPU时,任务Task A执行。

由上述分析可以看到,无论双向同步的两个任务之间的优先级关系如何,均可以做到在两个任务之间实现执行位置的同步和执行速率的同步。

3. 多任务间的同步

在上一小节进行两任务间的同步操作讨论时,共分为四种情况进行了详细分析。由此可见,在多任务间的同步操作将会是一种更为复杂的情况。一般来说,在多任务系统平台下进行应用开发设计时要尽可能地降低任务间的耦合度,也就是说要减少任务间的关系。当设计人员发现所设计的应用系统需要在多个任务间进行复杂的操作时,首先要考虑的不是采用哪种模式或机制实现,而是要考虑一下是否可以重新进行任务的划分和设计,从而降低复杂度。

对于多任务间的同步,这里不对可能出现的各种情况均进行详细深入的讨论,仅对应用系统中可能出现的三种常见情况加以说明。

一种情况是存在多个(大于 1 个)上一小节讨论的两任务间同步的情况,并且相互嵌套,即任务 Task A 既与任务 Task B 构成两任务间同步的关系,又与任务 Task C 构成两任务间同步的关系。对于这种情况,只需分别独立地看作多个两任务间同步的情况进行分析即可。

另一种情况是多个任务同步一个任务。也就是说,多个任务均作为“触发方”,向同一个任务发送触发信息;接收触发信息的这个任务作为“被触发方”,只有在所有其他任务的触发信息全部接收到的情况下才继续执行相应操作。这种同步模式可以看作是一种“逻辑与”的形式。多个“触发方”任务相互并联,其触发信息作为输入,“被触发方”任务对所有输入进行“逻辑与”,执行操作并输出。

第三种情况是一个任务同步多个任务。也就是说,一个任务作为“触发方”,多个任务作为“被触发方”。当条件或操作满足时,“触发方”任务会同时向多个“被触发方”任务发送触发信息。

4.1.2 资源互斥共享

资源互斥共享包括“共享”和“互斥”两个操作,“共享”是目的,而“互斥”是资源共享的要求。

在实时嵌入式系统应用中,“共享资源”是指在两个以上的并发单元(任务或 ISR)中均要使用的资源(信息或设备等),共享资源一定是全局资源,但全局资源未必是共享资源;“互斥”是指某些操作不允许被打断,对某些资源的访问不允许同时进行。

在实时嵌入式系统应用中,由于多个并发单元之间可以相互抢占调度,因此当存在多个并发单元需要共享某一资源时,若对于该资源的操作不是原子操作,则可能出现某一并发单元 A 在对该共享资源进行读写操作过程中被另一并发单元 B 抢占的情况,造成了资源的不完整性,从而使对该资源的操作不可靠。

例如,假设定义一 TIME 类型存储系统日历时间:

```
typedef struct
{
```

```
        unsigned short    year;
        unsigned char     mon;
        unsigned char     day;
        unsigned char     hour;
        unsigned char     min;
        unsigned char     sec;
    }TIME;
    TIME calendar;
```

如图4.1所示,存在两个任务Task A和Task B,任务Task A对calendar进行写操作,更新日历信息,任务Task B对calendar进行读操作,使用日历信息。假设任务Task A先执行,在更新完calendar的"日"信息时被任务Task B抢占,任务Task B执行并使用完calendar信息后释放CPU,任务Task A再次执行,继续更新calendar的其余信息。

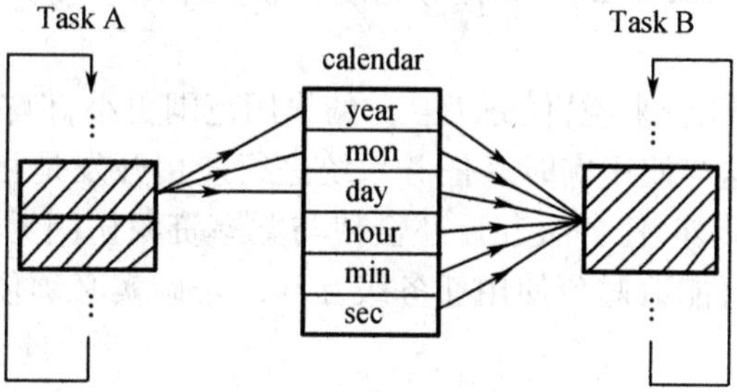

图4.1 出现在两任务间的共享资源访问冲突

由于任务Task B在使用calendar信息时,任务Task A只对calendar信息更新了一半,导致calendar信息的不完整,所以任务Task B中使用的calendar信息是错误的、不可靠的。在某些情况下,由于共享资源对于系统的正确执行和决策至关重要,不允许出现对于不完整共享资源的访问,否则会引起十分严重的后果,因此在实时嵌入式系统设计和实现中需要对共享资源加以保护,不允许出现多个并发单元对于共享资源访问冲突的情况。

对于共享资源的保护可以通过"互斥"操作实现。当然,并不是所有的共享资源都需要互斥保护。例如,若对于共享资源的操作是原子操作,则不需要进行互斥保护;此外,若所有并发单元对于共享资源都只进行只读操作,不会改写信息,不会引起信息的不完整,也无需进行互斥操作。

根据互斥的范围和程度不同,互斥可以分为中断级互斥、任务级互斥和共享资源级互斥三种。

1. 中断级互斥

中断级互斥是一种最简单的互斥方法,通过关闭中断响应来实现互斥操作。中断关闭后,CPU 无法响应外部中断,也无法进行任务调度,从而保证了对共享资源的互斥访问。这种互斥方法是一种绝对的互斥保护,所有中断和任务均不响应,实现了对 CPU 的独占访问。在 VxWorks 系统中可以通过调用中断上锁操作函数 intLock( )和中断解锁操作函数 intUnlock( )来实现中断级的互斥。

虽然中断级互斥方法操作简单,但由于该方法会阻止系统对外部事件的响应,互斥范围为整个 CPU(包括中断和任务),严重影响系统的实时性,因此对于实时嵌入式系统应用来说不能作为一种通用的互斥手段。只有当参与共享资源访问的并发单元包括 ISR 时才允许使用,并且要求互斥操作的时间尽可能短。

2. 任务级互斥

任务级互斥是指通过关闭任务调度的方法来实现互斥操作。这种互斥方法的互斥范围为任务级别,实现对任务操作的保护,其他任务不能抢占被保护任务的执行。但这种操作并不会影响中断,系统对各种外部异步事件仍然可以及时响应。在 VxWorks 系统中可以通过调用任务调度上锁操作函数 taskLock( )和任务调度解锁操作函数 taskUnlock( )来实现任务级的互斥。

虽然与中断级互斥相比较来说,任务级互斥的作用范围更小,但在任务级互斥过程中,系统不再支持多任务机制,这与使用实时多任务系统进行应用开发是相违背的(在应用中正需要多任务机制的支持)。此外,任务级互斥还会使与共享资源访问无关的任务受到牵连。因此,在实际应用中也要尽可能地避免使用任务级互斥。若确实必须使用,也要求互斥操作的时间尽可能短。

3. 共享资源级互斥

共享资源级互斥是指使用操作系统提供的具有互斥功能的内核对象对共享资源进行互斥保护。在具体实现时,只在对共享资源操作的前、后调用内核对象操作进行互斥。这种互斥方法不会影响系统对于中断的响应和对于多任务的调度,互斥的范围在所有对该共享资源进行操作的任务之间,并且只有当任务执行到共享资源操作的代码时才会受到互斥保护的影响。在 VxWorks 系统中可以使用信号量的互斥功能来实现对共享资源的保护。

在上述介绍的三种互斥方法中,若共享资源操作发生在任务和 ISR 中,则使用中断级互斥;若共享资源操作仅发生在任务间,则可以使用任务级互斥或共享资源级互斥。无论具体使用哪一种方法,都要求互斥操作的时间尽可能短,以避免对系统实时性造成影响。

4.1.3 数据通信

数据通信是指在实时嵌入式系统应用中,在 ISR 和任务之间、任务和任务之间进行数据的发送和接收,这是一种最简单的任务间关联模式。数据的内容可以是数值、信息、控制指令等。一般来说,数据的发送方称为“生产者”,数据的接收方称为“消费者”。在 VxWorks 系统中,可以使用共享内存、消息队列、管道、网络通信等机制来实现数据通信。网络通信是系统提供的一种独立功能,本章不作讨论,将在后续章节中详细介绍。

共享内存并不是操作系统提供的内核对象,但却是实现数据通信的最简单、最直接、最明显的方法。在 VxWorks 系统中,所有任务均运行在超级用户模式,共存于单一的线性地址空间,因此在 ISR 和任务间、任务和任务间共享数据是非常容易的,也是非常快速的。

共享内存可以使用任何全局定义的数据来实现,例如,全局定义的变量、全局定义的数组、全局定义的线性缓冲、全局定义的环形缓冲、全局定义的链表、全局定义的结构体等。由于共享内存是全局共享资源,因此在对其操作时一般都需要进行互斥保护。

4.2 信 号 量

4.2.1 工作机制

信号量是操作系统提供的一种内核对象,它提供了最快的任务间通信机制,是实现行为同步和资源互斥共享的最优选择。当用于行为同步时,可以将信号量看作一个触发信号。信号量的发送方释放触发信号告知接收方,信号量的接收方获取触发信号并执行相应操作。此时,信号量可用于协调外部事件与任务之间、任务与任务之间的同步执行。当用于资源互斥共享时,可以将信号量看作一把钥匙。一个任务若想进行共享资源访问,必须首先从管理者手中拿到钥匙,然后打开存放共享资源的大门,对其内部的共享资源操作;当操作结束后,该任务再关上大门,并将钥匙返还给管理者。信号量的互斥功能提供了比中断上锁和任务上锁更精确的互斥粒度。

根据功能和具体应用不同,实时嵌入式系统一般提供三种类型的信号量。

(1)二进制信号量:最快最常用的信号量,用于一般的行为同步和资源互斥。

(2)互斥信号量:为解决特殊的互斥问题而优化设计的信号量。

(3)计数信号量:可跟踪释放次数的信号量。

系统定义一个信号量控制结构体实现对信号量的各种操作和管理。在 VxWorks 系统中,信号量控制结构定义为以下形式:当信号量创建时,系统会分配一块信号量控制结构类型的内存,存储该信号量的各种相关信息,并将返回的指针作为信号量 ID;同时,系统还依据信号量的选项设置情况(阻塞在该信号量的任务的排队方式)创建一个任务等待队列,用于存储由于对该信号量操作而被阻塞的所有任务的 TCB;当对该信号量执行 Take,Give,Flush 等操作时,会根据等待队列中的阻塞任务情况进行相应操作。

4.2.2 控制函数

对于信号量的操作使用,VxWorks 系统提供了 Create,Delete,Take,Give 和 Flush 共五个典型的操作函数。针对二进制信号量、互斥信号量和计数信号量这三种不同类型的信号量,

VxWorks 系统提供了三个不同的 Create 函数,但其他的操作函数的接口完全一致。

实际在系统内部,三种信号量拥有各自的操作函数,只是系统经过二次调用仅对外提供了一种统一接口,系统会根据需要处理的信号量的类型自动完成相应的操作。例如,针对信号量的 Take 操作,二进制信号量的实际操作函数为 semBTake( )、互斥信号量的实际操作函数为 semMTake ( )、计数信号量的实际操作函数为 semCTake ( )。但在具体应用时,系统提供的统一接口为 semTake( )。

1. 二进制信号量创建

二进制信号量创建函数完成信号量控制结构的内存分配和初始设置等操作,其函数原型如下:

```
SEM_ID semBCreate
(
    int             options,
    SEM_B_STATE     initialState
)
```

其中,函数的返回值为信号量 ID(用于标志信号量)或 NULL(代表无可分配内存,信号量创建失败);参数 options 可以设置为 SEM_Q_FIFO(当多个任务阻塞在该信号量上时,阻塞任务按先入先出顺序排队)、SEM_Q_PRIORITY(各阻塞任务按任务优先级顺序排队)或 SEM_EVENTSEND_ERR_NOTIFY(信号量发送事件 events 失败时,semGive( )操作返回 ERROR);参数 initialState 用于初始化二进制信号量的初始可用状态,其参数允许值为 SEM_EMPTY (数值 0,代表信号量不可用)或 SEM_FULL (数值 1,代表信号量可用)。

2. 互斥信号量创建

互斥信号量创建函数的功能与二进制信号量创建函数基本一致,其函数原型为 SEM_ID semMCreate(int options)。其中,参数 options 除了可以设置为上述给出的选项外,还可以设置为 SEM_DELETE_SAFE(启动删除安全功能)或 SEM_INVERSION_SAFE(启动优先级继承功能)。

3. 计数信号量创建

计数信号量创建函数的功能与二进制信号量创建函数基本一致,其函数原型如下:

```
SEM_ID semCCreate
(
    int options,
    int initialCount
)
```

其中，参数 options 与二进制信号量创建函数中的相应参数一致；参数 initialCount 用于初始化计数信号量的初始计数值，其参数允许值为非负整数，代表计数信号量的初始可释放次数。

4. 信号量删除

信号量删除函数的功能是终止并释放该信号量，其函数原型为 STATUS semDelete(SEM_ID semId)。其中，函数的返回值为 OK 或 ERROR，代表删除操作的成功或失败；参数 semId 是由信号量创建函数返回的信号量 ID 值，为系统分配的信号量控制结构的内存地址，用于标志该信号量。

5. 信号量获取

信号量获取函数的功能是当前任务获取对该信号量的所有权，其函数原型如下：

```
STATUS semTake
(
    SEM_ID          semId,
    int             timeout
)
```

其中，函数的返回值为 OK 或 ERROR，代表获取操作的成功或失败；参数 timeout 表示在执行 semTake( )操作时，若信号量不可用，则该操作被阻塞的时间，其参数允许值为 WAIT_FOREVER(数值 -1，代表永远等待)、NO_WAIT(数值 0，代表不等待)或一正数 N(等待 N 倍的 tick 时间长度)

6. 信号量释放

信号量释放函数的功能是当前任务释放对该信号量的所有权，其函数原型为 STATUS semGive(SEM_ID semId)。

7. 信号量阻塞解除

信号量阻塞解除函数的功能是解锁所有阻塞在该信号量上的任务，其函数原型为 STATUS semFlush(SEM_ID semId)。

4.2.3 二进制信号量及其使用方法

二进制信号量是三种信号量中最快、最常用的信号量。二进制信号量可以被看作一个标志，其状态可以为 SEM_EMPTY，代表资源不可用，也可以为 SEM_FULL，代表资源可用。二进制信号量既可用于行为同步，又可用于资源互斥共享。因为其需要的系统开销很小，因此特别适用于有高性能要求的应用场合。

当一个任务调用 semTake( )函数获取信号量或调用 semGive( )函数释放信号量时，其执行情况和执行结束后的信号量状态依赖于该信号量是否可用、semTake( )操作的 timeout 设置、是否有任务阻塞在该信号量上等多种因素。

1. 二进制信号量的获取操作

二进制信号量的 semTake( )操作流程如图 4.2 所示。

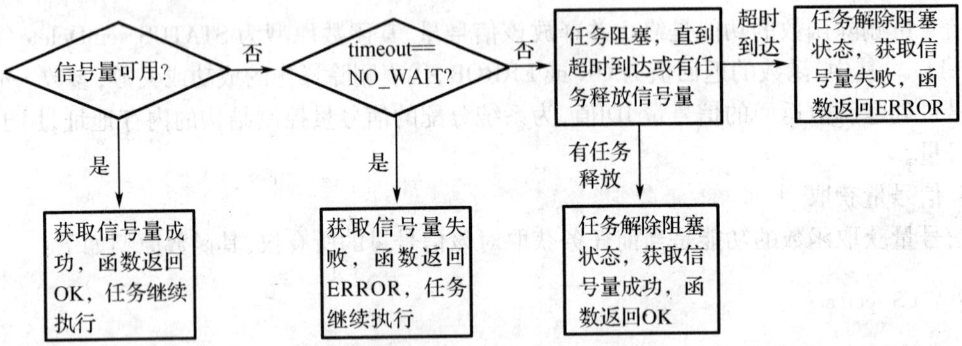

图 4.2　二进制信号量的获取操作流程

当对二进制信号量执行 semTake( )操作时，其执行情况只有立即返回和先阻塞再返回两种，而返回的结果也只有 ERROR(获取信号量失败)和 OK(获取信号量成功)两种状态。

2. 二进制信号量的释放操作

二进制信号量的 semGive( )操作流程如图 4.3 所示。

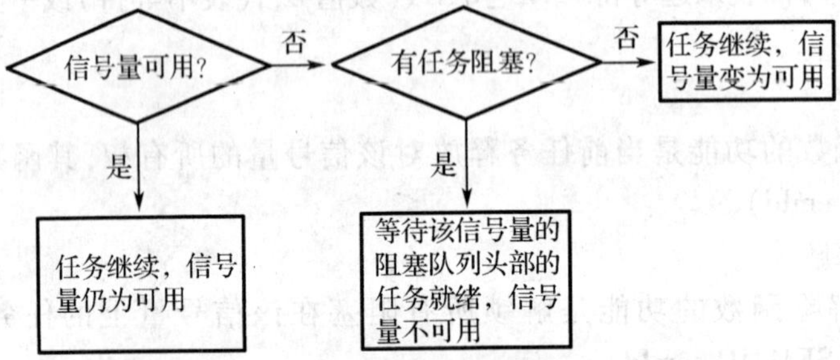

图 4.3　二进制信号量的释放操作流程

当对二进制信号量执行 semGive( )操作时，函数会立即返回，不会引起阻塞。执行释放操作后，若信号量之前的状态为 SEM_FULL，或者没有任务阻塞在该信号量上，则信号量的状态为 SEM_FULL，否则，若信号量之前的状态为 SEM_EMPTY，并且有任务阻塞在该信号量上，则信号量的状态仍为 SEM_EMPTY。但阻塞在该信号量的任务队列头部的任务会解除阻塞。

3. 使用二进制信号量实现行为同步

当用于行为同步时，信号量作为任务执行所需等待的一个条件、一种状态或一个触发事件。信号量状态为 SEM_FULL 代表条件满足或触发事件发生，信号量状态为 SEM_EMPTY 代表条件不满足或触发事件没有发生。

(1)两个并发单元之间的行为同步。若行为同步发生在 ISR 与任务之间或者任务与任务之间,则使用方法如图 4.4 所示。

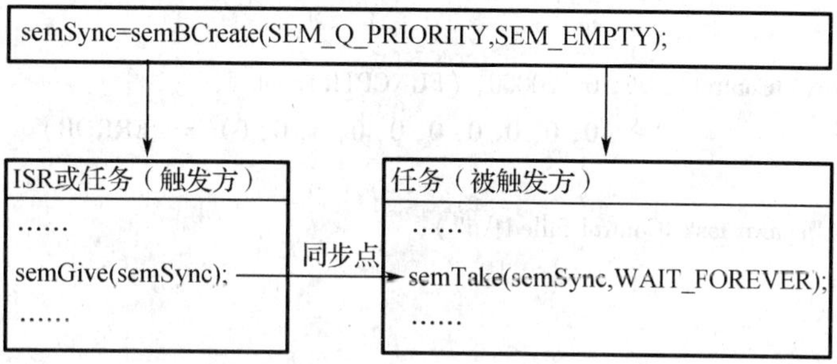

图 4.4 两个并发单元之间的行为同步

第 1 步:创建一个二进制信号量,其初始状态为 SEM_EMPTY,代表事件没有发生。

第 2 步:在触发事件发生的 ISR 或任务中调用 semGive( ),释放信号量,代表触发事件产生。

第 3 步:在等待事件发生的任务中调用 semTake( ),等待获取信号量以执行相应操作。

程序示例 4.1 使用二进制信号量实现两个并发单元间的行为同步操作

程序示例 4.1 给出了使用二进制信号量实现两个并发单元间行为同步的简单程序代码。启动 tUsrTimer 和 tControl 两个任务,tUsrTimer 任务进行 4 秒定时,每隔 4 秒释放 1 次信号量,代表定时事件到达。tControl 任务通过循环调用 semTake 操作,等待 4 秒定时事件,并执行相应操作。

```
#include "vxWorks.h"
#include "taskLib.h"
#include "semLib.h"

SEM_ID semSync;

void myApp(void);
void usrTimer(void);
void control(void);

void myApp(void)
{
    if((semSync = semBCreate(SEM_Q_FIFO, SEM_EMPTY)) == NULL)
```

```
    {
        perror("create semSync failed!\n");
        return;
    }

    if(taskSpawn("tControl", 95, 0, 20000, (FUNCPTR)control,
                        0, 0, 0, 0, 0, 0, 0, 0, 0, 0)  == ERROR)
    {
        perror("spawn task tControl failed!\n");
        return;
    }

    if(taskSpawn("tUsrTimer", 90, 0, 20000, (FUNCPTR)usrTimer,
                        0, 0, 0, 0, 0, 0, 0, 0, 0, 0)  == ERROR)
    {
        perror("spawn task tUsrTimer failed!\n");
        return;
    }
}

void usrTimer(void)
{
    while(TRUE)
    {
        taskDelay(4 * sysClkRateGet());

        semGive(semSync);                       /* 周期释放信号量,触发事件 */
    }
}

void control(void)
{
    while(TRUE)
    {
        semTake(semSync, WAIT_FOREVER);/* 取信号量,等待某一事件发生 */

        taskDelay(1 * sysClkRateGet());/* 模拟事件发生后的操作 */
```

```
    }
}
```

运行程序示例4.1,并使用 WindView 观察两任务的执行情况。程序执行结果如图 4.5 所示。椭圆标记部分为 tUsrTimer 任务和 tControl 任务的同步点。tUsrTimer 任务在同步点释放信号量后,开始 4 秒钟定时,等待下次释放信号量;tControl 任务在同步点获取信号量后,执行 1 秒的延时操作,之后又要再次获取信号量。由于此时信号量不可用,tControl 任务被阻塞。直到下个同步点,tUsrTimer 任务释放信号量后,tControl 任务立即获取信号量并再次执行。

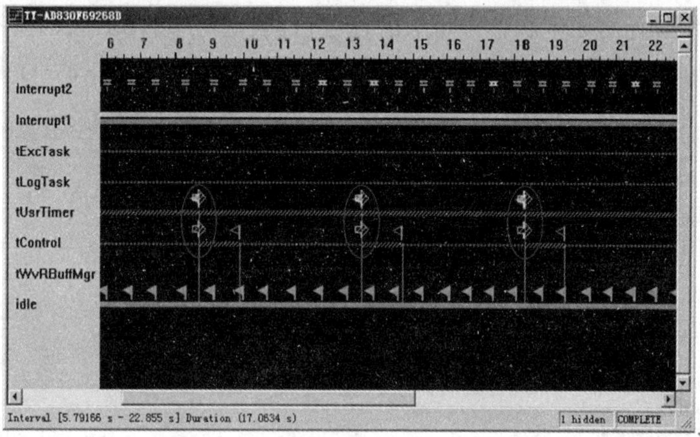

图 4.5　程序示例 4.1 的运行结果

(2)一个任务同步多个任务。若行为同步为一个任务同步多个任务的情况,则使用方法如图 4.6 所示。

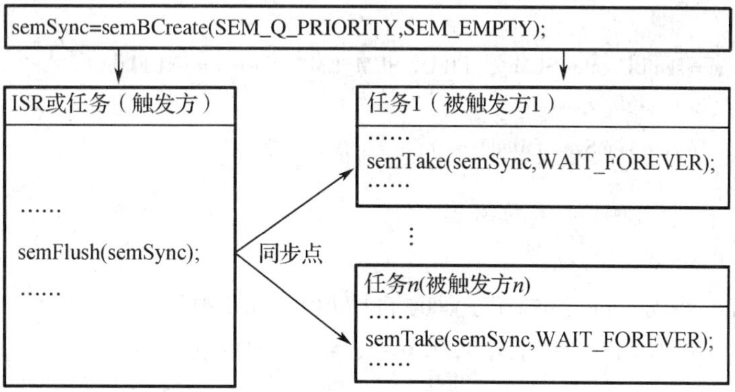

图 4.6　一个任务同步多个任务

第 1 步：创建一个二进制信号量，其初始状态为 SEM_EMPTY，代表事件没有发生。

第 2 步：在“触发方”任务中调用 semFlush( )，解除所有阻塞在该信号量上的任务。

第 3 步：在“被触发方”任务中调用 semTake( )，等待获取信号量，以执行相应操作。需要说明的是，若某一“被触发方”任务在执行到 semTake( )代码之前，“触发方”任务调用了 semFlush( )操作，则当该任务执行到 semTake( )时，信号量仍为不可用。

程序示例 4.2 使用二进制信号量实现一个任务同步多个任务

程序示例 4.2 给出使用二进制信号量实现一个任务同步多个任务的简单程序代码。启动 tUsrTimer，tControl1 和 tControl2 三个任务，tUsrTimer 任务进行 4 秒定时，每隔 4 秒使用 semFlush( )操作解锁所有阻塞在信号量上的任务，代表定时事件到达，向所有任务发送同步触发信息。tControl1 任务和 tControl2 任务通过循环调用 semTake 操作，等待 4 秒定时事件，并执行相应操作。

```
#include "vxWorks.h"
#include "taskLib.h"
#include "semLib.h"

SEM_ID semSync;

void myApp(void);
void usrTimer(void);
void control1(void);
void control2(void);

void syncSemB(void)
{
    if((semSync = semBCreate(SEM_Q_FIFO, SEM_EMPTY)) == NULL)
    {
        perror("create semSync failed!\n");
        return;
    }

    if(taskSpawn("tControl1", 95, 0, 20000, (FUNCPTR)control1,
                 0, 0, 0, 0, 0, 0, 0, 0, 0, 0) == ERROR)
    {
        perror("spawn task tControl1 failed!\n");
        return;
```

```
    }

    if(taskSpawn("tControl2", 96, 0, 20000, (FUNCPTR)control2,
                 0, 0, 0, 0, 0, 0, 0, 0, 0, 0) == ERROR)
    {
        perror("spawn task tControl2 failed!\n");
        return;
    }

    if(taskSpawn("tUsrTimer", 90, 0, 20000, (FUNCPTR)usrTimer,
                 0, 0, 0, 0, 0, 0, 0, 0, 0, 0) == ERROR)
    {
        perror("spawn task tUsrTimer failed!\n");
        return;
    }
}

void usrTimer(void)
{
    while(TRUE)
    {
        taskDelay(4 * sysClkRateGet());

        semFlush(semSync);                         /* 周期释放信号量,触发事件 */
    }
}

void control1(void)
{
    while(TRUE)
    {
        semTake(semSync, WAIT_FOREVER);      /* 取信号量,等待某一事件发生 */

        taskDelay(1 * sysClkRateGet());      /* 模拟事件发生后的操作 */
    }
}
```

```
void control2(void)
{
    while(TRUE)
    {
        semTake(semSync, WAIT_FOREVER);     /* 取信号量,等待某一事件发生 */

        taskDelay(1 * sysClkRateGet());      /* 模拟事件发生后的操作 */
    }
}
```

运行程序示例4.2,并使用WindView观察三个任务的执行情况。程序执行结果如图4.7所示,椭圆标记部分为tUsrTimer任务与tControl1任务和tControl2任务的同步点。tUsrTimer任务在同步点解锁所有阻塞在该信号量上的任务,开始4秒定时,等待下次解锁操作;tControl1任务和tControl2任务在同步点获取信号量后,执行1秒的延时操作,之后又要再次获取信号量。由于此时信号量不可用,tControl1任务和tControl2任务均被阻塞,直到下个同步点后再重复上述过程。

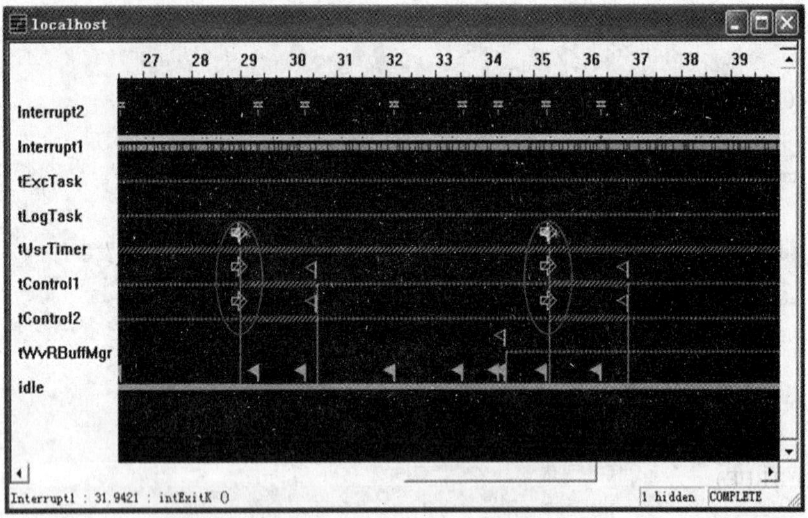

图4.7　程序示例4.2的运行结果

4. 使用二进制信号量实现资源互斥共享

使用二进制信号量实现资源互斥共享时,信号量代表共享资源的可用情况。信号量状态为SEM_FULL代表可以操作共享资源,信号量状态为SEM_EMPTY代表不允许操作共享资源。

二进制信号量用于共享资源互斥的使用方法如图 4.8 所示。

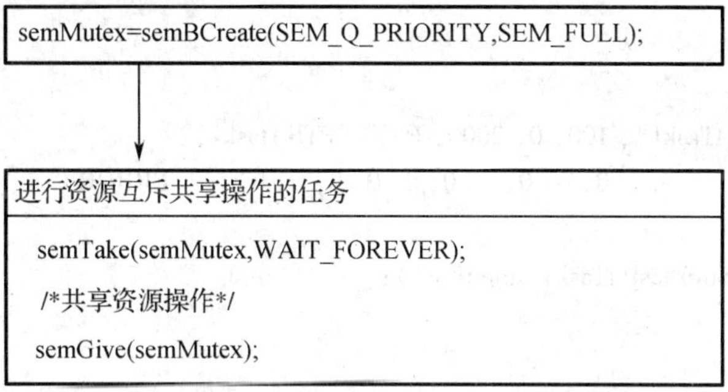

图 4.8　二进制信号量的共享资源互斥使用

第 1 步:创建一个信号量,并要求初始状态为 SEM_FULL,代表共享资源可以操作。

第 2 步:在需要互斥保护的共享资源操作前调用 semTake( ),获取信号量,取得共享资源使用权。

第 3 步:在互斥保护结束后调用 semGive( ),释放信号量,释放共享资源使用权。在进行互斥操作时,semTake( )函数与 semGive( )函数是成对出现的。

程序示例 4.3　使用二进制信号量实现互斥操作

程序示例 4.3 给出了使用二进制信号量实现共享资源互斥的简单程序代码。启动两个同优先级的任务 tTask1 和 tTask2,两个任务操作相同的共享资源,利用二进制信号量进行互斥。

```
#include "vxWorks.h"
#include "taskLib.h"
#include "semLib.h"

SEM_ID semProtect = NULL;

void myApp(void);
void task1(void);
void task2(void);

void myApp(void)
{
    if((semProtect = semBCreate(SEM_Q_FIFO, SEM_FULL)) == NULL)
    {
```

```
        perror( "create semProtect failed!\n" );
        return;
    }

    if( taskSpawn( "tTask1", 100, 0, 2000, (FUNCPTR)task1,
                        0, 0, 0, 0, 0, 0, 0, 0, 0, 0) == ERROR)
    {
        perror( "spawn task tTask1 failed!\n" );
        return;
    }

    if( taskSpawn( "tTask2", 100, 0, 2000, (FUNCPTR)task2,
                        0, 0, 0, 0, 0, 0, 0, 0, 0, 0) == ERROR)
    {
        perror( "spawn task tTask2 failed!\n" );
        return;
    }
}

void task1( void)
{
    taskDelay( 1 * sysClkRateGet( ) );

    while( TRUE)
    {
        semTake( semProtect, WAIT_FOREVER);
        taskDelay( 2 * sysClkRateGet( ) );        /* 延时 2 秒,模拟共享资源操作 */
        semGive( semProtect);

        taskDelay( 1 * sysClkRateGet( ) );
    }
}

void task2( void)
{
    while( TRUE)
    {
```

```
        semTake(semProtect, WAIT_FOREVER);
        taskDelay(2 * sysClkRateGet());          /* 延时2秒,模拟共享资源操作 */
        semGive(semProtect);

        taskDelay(1 * sysClkRateGet());
    }
}
```

运行程序示例4.3,并使用WindView观察两任务的执行情况。程序执行结果如图4.9所示,图中两个矩形标记区域分别为任务tTask1和任务tTask2进行共享资源操作的部分。当任务tTask2要操作共享资源时,由于任务tTask1已获取信号量,取得了共享资源的操作权,因此任务tTask2被阻塞。当任务tTask1操作完共享资源并释放信号量时,任务tTask2立即获取信号量,并开始2秒钟的共享资源操作。在任务tTask2操作共享资源的这两秒钟内,任务tTask1又因为要操作该共享资源而被阻塞,直到任务tTask2操作结束为止。

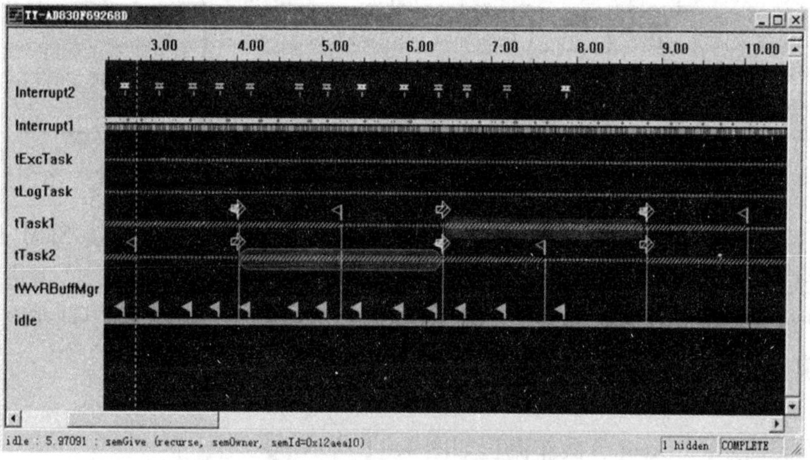

图4.9 程序示例4.3的运行结果

4.2.4 互斥信号量及其使用方法

互斥信号量是一种特殊的二进制信号量,只能用于实现共享资源互斥的操作。与二进制信号量的互斥使用相比,互斥信号量可以解决优先级继承、删除安全、递归资源访问等内在的互斥问题,其具体使用方法与4.2.3中4给出的二进制信号量用于资源互斥共享的使用方法一致。

互斥信号量与二进制信号量相比主要有以下四点不同之处:

(1)互斥信号量仅能用于共享资源互斥操作,而二进制信号量既可用于行为同步,又可用于共享资源互斥;

(2)互斥信号量仅能由获取(semTake)该信号量的任务释放(semGive),而二进制信号量可以由任意任务或 ISR 释放;

(3)不能在 ISR 中释放互斥信号量;

(4)不能对互斥信号量使用 semFlush( )操作。

1. 互斥信号量的获取操作

互斥信号量的 semTake( )操作流程如图 4.10 所示。

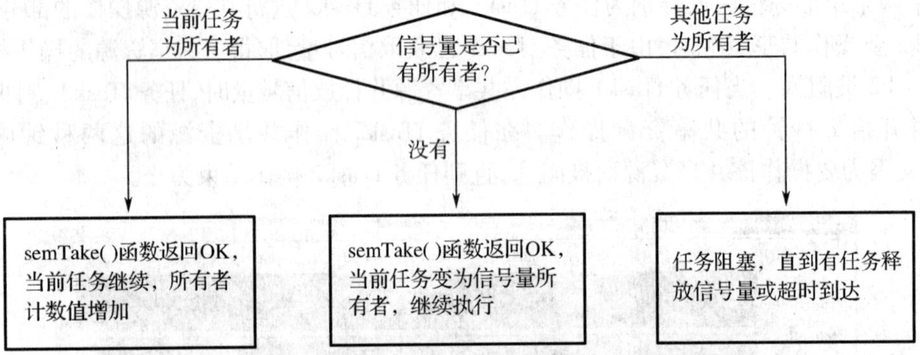

图 4.10 互斥信号量的获取操作流程

当对互斥信号量执行 semTake( )操作时,首先需要判断其状态是否为 SEM_FULL,若是,则其状态变为 SEM_EMPTY,并且设置信号量的所有者为当前的任务;否则,需进一步判断当前任务是否为该信号量的所有者,若是,则允许当前任务再次获取(需要记录获取的次数);否则,阻塞当前任务执行,直到该信号量可用或超时到达。

2. 互斥信号量的释放操作

互斥信号量的 semGive( )操作流程如图 4.11 所示。

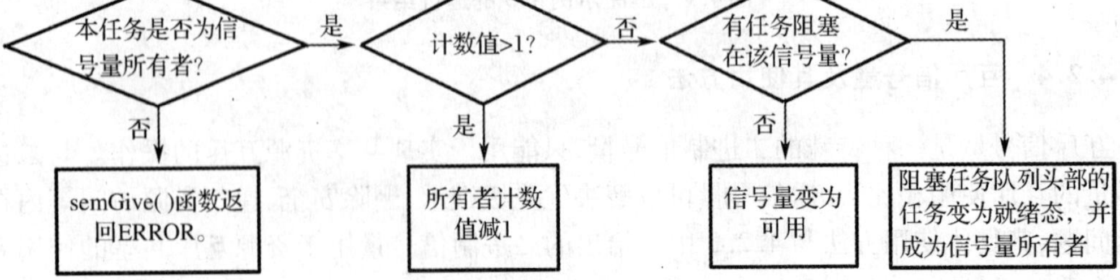

图 4.11 互斥信号量的释放操作流程

对于互斥信号量来说，只有获取到该信号量的任务才能将其释放。因此，在执行 semGive( ) 操作时，首先需要判断当前任务是否为该信号量的所有者。此外，由于在一个任务中可以多次获取同一个互斥信号量，因此，也只有在该任务中对该互斥信号量执行相同次数的释放操作时，该互斥信号量才能够再被其他任务获取；否则，当前任务一直保持对该互斥信号量的所有权。

3. 避免优先级倒置

在多任务调度机制为“基于优先级抢占调度”的实时嵌入式系统中，高优先级的任务会抢占低优先级的任务执行，这是进行应用系统设计时所遵循的一个基础。但在某些情况下，由于资源的竞争，可能会出现高优先级任务由于低优先级任务的原因而被长时间阻塞的情况，这就是优先级倒置。

如图4.12所示，Task A，Task B，Task C 是优先级由低到高的三个任务。在初始时刻，任务 Task A 获取了由二进制信号量进行互斥保护的某种共享资源的操作权，开始对共享资源操作。在 t_1 时刻，高优先级的任务 Task C 抢占任务 Task A 开始执行；在 t_2 时刻，任务 Task C 要访问任务 Task A 当前操作的共享资源，但由于二进制信号量的互斥保护，任务 Task C 被阻塞，任务 Task A 再次执行；在 t_3 时刻，中优先级的任务 Task B 抢占任务 Task A 开始执行；在 t_4 时刻，任务 Task B 执行完毕，任务 Task A 又开始执行；在 t_5 时刻，任务 Task A 对共享资源的操作完毕，释放信号量，高优先级任务 Task C 立即获取信号量，抢占执行。

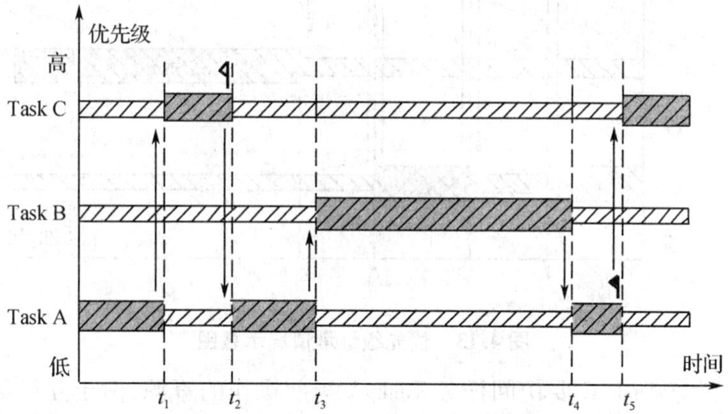

图4.12　优先级倒置情况示意图

由这一例子可以看到，高优先级的任务 Task C 由于中优先级任务 Task B 抢占低优先级任务 Task A，被阻塞了一段不确定的时间。如果中优先级任务 Task B 执行时间较长，或者有其他优先级位于 Task A 和 Task C 之间的任务再次抢占 Task A 执行，则高优先级任务将一直被阻塞下去。

本应该快速响应的高优先级任务被迫等待一段不确定的时间，等待一个低优先级任务的完成，造成了实时系统的不可预测性，这就是优先级倒置问题。针对优先级倒置问题，可以采用多种方法进行解决。例如，优先级继承的方法、天花板优先级的方法、优先级天花板的方法等。

VxWorks 系统使用优先级继承的方法解决优先级倒置问题。优先级继承方法是指：如果一个任务 Task A 正操作着被更高优先级任务 Task B 所请求的共享资源，则提升任务 Task A 的优先级与任务 Task B 一致，直到任务 Task A 完成对该共享资源的访问，并释放用于共享资源互斥保护的信号量，任务 Task A 的优先级恢复为正常情况。

互斥信号量创建时，其 options 参数提供了一个 SEM_INVERSION_SAFE 选项。使用该选项则默认使能优先级继承方法。需要说明的是，SEM_INVERSION_SAFE 选项必须与 SEM_Q_PRIORITY 选项同时使用。

对于前面给出的优先级倒置问题的例子，若使用互斥信号量保护任务 Task A 和任务 Task B 对共享资源的互斥操作，并且使能优先级继承方法，则其运行过程如图 4.13 所示。

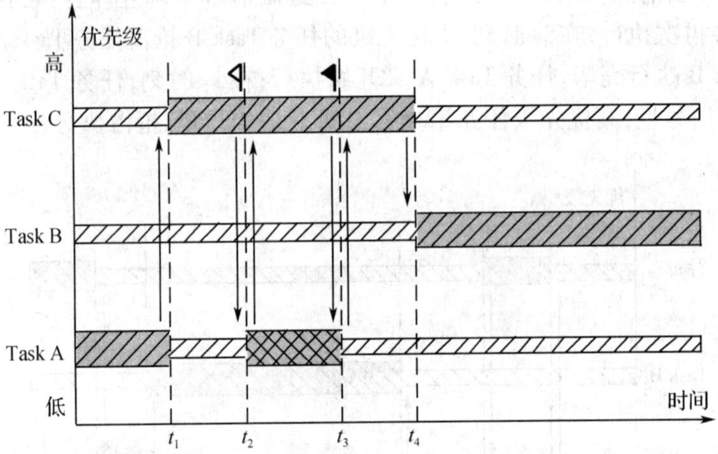

图 4.13 优先级继承情况示意图

在 t_2 时刻，任务 Task C 要访问任务 Task A 当前操作的资源，由于互斥信号量的互斥保护，任务 Task C 被阻塞。由于使能了优先级继承方法，任务 Task A 的优先级被提升到与任务 Task C 相同，任务 Task A 开始执行。在 t_3 时刻，任务 Task A 完成了共享资源操作，释放了互斥信号量，其任务优先级恢复正常。任务 Task C 获取互斥信号量，立即执行。这样，系统通过优先级继承操作，保证了任务 Task A 不被任务 Task B 阻塞，从而间接保证了高优先级任务 Task C 的快速响应。

4. 删除安全

删除安全也就是任务的安全删除，主要保护当任务操作共享资源时不被意外删除。

在上一章中已经讨论过，若删除了一个正在操作共享资源的任务，则会造成保护该共享资源的信号量不再可用，进而导致其他使用该信号量的所有任务无法获取到该信号量，任务永远被阻塞。

互斥信号量创建时，其 options 参数提供了一个 SEM_DELETE_SAFE 选项。使用该选项，则当每次调用 semTake( )操作时将隐含调用 taskSafe( )操作，当每次调用 semGive( )操作时，将隐含调用 taskUnsafe( )操作。在这种情况下，当任务获取到互斥信号量时，该任务将能够得到不被删除的保护。

5. 递归资源访问

在前面介绍互斥信号量的获取操作和释放操作时已经讨论过，在 VxWorks 系统中，一个已获取到互斥信号量的任务可以重复获取该互斥信号量，并且在该任务放弃对互斥信号量的所有权之前，也必须对该互斥信号量执行同样次数的释放操作。

由此可见，在 VxWorks 系统中，互斥信号量能够在同一个任务中被递归地获取，即拥有该信号量的任务可以多次调用 semTake( )而不被阻塞。当放弃信号量使用权时，任务也必须调用与 semTake( )操作同样次数的 semGive( )操作。递归资源访问对于满足一些子程序既要求能够相互调用，又要求互斥访问同一个共享资源是非常有用的。

4.2.5 计数信号量及其使用方法

计数信号量维护一个计数器，保持对信号量释放次数的跟踪。信号量每次释放，计数器加一，信号量每次获取，计数器减一。当计数器减到 0 时，试图获取该计数信号量的任务将被阻塞。

与互斥信号量不同，计数信号量并不要求“只有获取该信号量的任务才能执行释放操作”，因此其计数器统计的是在整个系统中信号量的获取和释放情况。与二进制信号量相比，计数信号量能够表示更多的状态，因此，常用于控制资源的多实例访问，解决“多生产者/消费者”的问题。

1. 计数信号量的获取操作

计数信号量的 semTake( )操作流程如图 4.14 所示。计数信号量的 semTake( )操作与二进制信号量基本一致，只是将最初的判断条件由信号量是否可用改为计数值是否大于 0，同时还需要对计数值进行相应操作。

2. 计数信号量的释放操作

计数信号量的 semGive( )操作流程如图 4.15 所示。当有任务阻塞时，则任务阻塞队列头部的任务状态转为就绪态；若无任务阻塞时，则计数值增加。

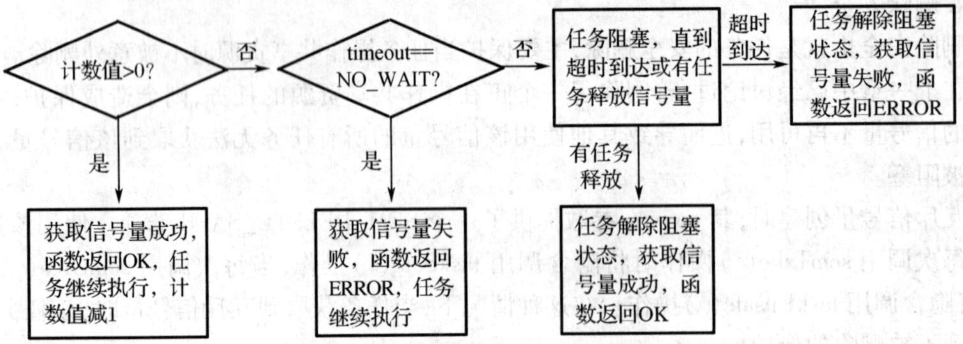

图 4.14　二进制信号量的获取操作流程

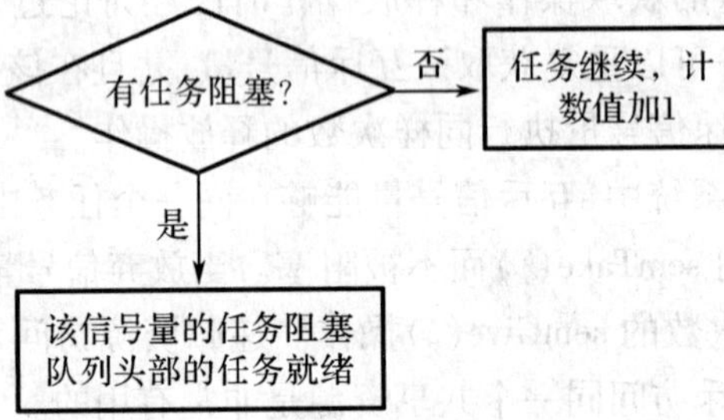

图 4.15　二进制信号量的释放操作流程

3. 资源的多实例访问

下面通过一个例子来给出使用计数信号量实现资源的多实例访问。假设要求设计实现一个在多个任务中进行消息传递的功能模块，定义一个结构类型 MSG_BUF_CTRL，用于存储每个消息块的信息：

```
typedef struct
{
    BOOL   used;                /* 该消息块是否被使用 */
    char   * pNextMsg;          /* 指向下一消息块的指针 */
    int    savedNBytes;         /* 该消息块存储的消息长度 */
    char   * pBuf;              /* 指向存储消息空间的指针 */
} MSG_BUF_CTRL;
```

定义一个结构类型 MSG_CTRL，用于管理整个消息队列：

```
typedef struct
{
    int  maxMsgs;                    /* 消息队列可存储的消息数 */
    int  maxMsgLength;               /* 每个消息的最大允许长度 */
    int  savedNMsgs;                 /* 已存储的消息个数 */
    MSG_BUF_CTRL   * pMsgQ;          /* 指向第1个消息块的指针 */
} MSG_CTRL;
```

由于需要在多个任务中进行消息的读、写操作,因此创建互斥信号量 semMsgProtect 进行共享资源互斥保护。创建计数信号量 semMsgWrite 和 semMsgRead,令 semMsgWrite 的初始计数值为 maxMsgs,代表可以向消息队列中写入的消息数,令 semMsgRead 的初始计数值为 0,代表可以从消息队列中读取的消息数。

设计一个消息发送和一个消息接收的函数,示例代码如下:

```
STATUS msgWrite(……)
{
    ……
    semTake(semMsgWrite, WAIT_FOREVER);
    semTake(semMsgProtect, WAIT_FOREVER);
    /* 向消息队列中写入消息 */
    semGive(semMsgProtect);
    semGive(semMsgRead);
    ……

}

STATUS msgRead(……)
{
    ……
    semTake(semMsgRead, WAIT_FOREVER);
    semTake(semMsgProtect, WAIT_FOREVER);
    /* 从消息队列中读取消息 */
    semGive(semMsgProtect);
    semGive(semMsgWrite);
    ……

}
```

从上面的示例代码可以看到,在初始状态下,消息队列中没有存储任何消息,信号量

semMsgWrite 的初始计数值为 maxMsgs，代表消息队列中可以写入的消息数，信号量 semMsgRead 的初始计数值为 0，代表消息队列中可供读取的消息数。

当向消息队列中写入消息时，首先要获取计数信号量 semMsgWrite，其计数值减 1，代表消息队列中可写入的消息数减少了 1 个；当执行完消息写入操作后，释放计数信号量 semMsgRead，其计数值加 1，代表消息队列中可读取的消息增加了 1 个。

消息队列的读取操作刚好与写入操作相反，需要先获取计数信号量 semMsgRead，在执行完读取操作后再释放计数信号量 semMsgWrite。

4.3 消息队列

4.3.1 工作机制

消息队列是一种较高级的内核对象，类似于缓冲区，提供了一种长度可变、数目可变的消息传递的数据通信手段。任何任务或 ISR 可以发送消息到消息队列，任何任务可以从消息队列中接收消息。多个任务可以向同一个消息队列发送消息或接收消息。虽然消息队列中可以存储多个消息，并可以像缓冲区一样有效解决消息的临时过剩问题，但需要强调的是，必须保证消息的平均生产时间要大于消息的平均消费时间，否则，再长的消息队列也会溢出。

4.3.2 控制函数

VxWorks 系统为消息队列的使用提供了创建、消息发送、消息接收、消息队列删除共四个控制函数。下面对这四个控制函数的使用进行详细介绍。

1. 消息队列创建

消息队列创建函数完成各种初始设置操作，并预先分配足够的缓冲空间为消息队列使用，其函数原型如下：

```
MSG_Q_ID msgQCreate
(
    int  maxMsgs,
    int  maxMsgLength,
    int  options
)
```

其中，函数的返回值为消息队列 ID（用于标志消息队列）或 NULL（代表消息队列创建失败）；参数 maxMsgs 为消息队列中最多允许存储的消息个数；参数 maxMsgLength 为每个消息的最大允许字节数；参数 options 可以设置为 MSG_Q_FIFO（当有多个任务因为操作该消息队列而发生阻塞时,任务阻塞队列按先进先出顺序排队),MSG_Q_PRIORITY(任务阻塞队列按优先级顺序排队)或 MSG_Q_EVENTSEND_ERR_NOTIFY(消息队列发送事件 events 失败时,消息发送操作返回 ERROR)。

2. 消息发送

消息发送函数的功能是将用户缓冲区中的消息发送到消息队列中。若用户缓冲区中待发送消息的长度大于消息队列中存储一条消息的空间的长度,则发送失败;若消息队列已满,则调用消息发送函数的任务被阻塞,直到超时到达或消息队列有空间为止。

消息发送函数原型如下:

```
STATUS msgQSend
(
    FAST MSG_Q_ID   msgQId,
    char            * buffer,
    FAST UINT       nBytes,
    int             timeout,
    int             priority
)
```

其中,函数的返回值为 OK 或 ERROR,代表消息发送成功或失败;参数 msgQId 为消息队列 ID;参数 buffer 为存储待发送消息的用户缓冲区指针;nBytes 为待发送消息的长度;参数 timeout 为当消息队列已满时,任务阻塞等待的超时时间,其参数允许值为 WAIT_FOREVER(数值 -1,代表永远等待,直到消息队列中有空间)、NO_WAIT(数值 0,代表不等待)或一正数 *N*(等待 *N* 倍的 tick 时间);参数 priority 为消息发送的紧急程度,其参数允许值为 MSG_PRI_NORMAL(数值 0,代表一般消息,追加到消息队列尾部)或 MSG_PRI_URGENT(数值 1,代表紧急消息,插入消息队列的首部)。

3. 消息接收

消息接收函数的功能是将消息队列中的未读取消息接收到用户缓冲区中。若用户缓冲区的可用空间小于消息队列中待接收消息的大小,则消息被从前端截取,存入用户缓冲区中;若消息队列为空,则调用消息接收函数的任务被阻塞,直到超时到达或消息队列中有新消息传入为止。

消息接收函数原型如下:

```
int msgQReceive
(
    FAST MSG_Q_ID   msgQId,
    char            * buffer,
```

```
    UINT          maxNBytes,
    int           timeout
)
```

其中,函数的返回值为实际接收的消息长度;参数 msgQId 为消息队列 ID;参数 buffer 为存储接收消息的用户缓冲区指针;参数 maxNBytes 为存储接收消息的用户缓冲区的当前最大可用长度;参数 timeout 为当消息队列为空时,任务阻塞等待的超时时间,其参数允许值与发送消息函数中的超时参数允许值相同。

4. 消息队列删除

消息队列删除函数的功能是释放消息队列资源,将所有阻塞在该消息队列上的任务解锁,消息队列不再可用。

消息队列删除函数原型如下:

```
STATUS msgQDelete(MSG_Q_ID   msgQId)
```

其中,函数的返回值为 OK 或 ERROR,代表消息队列删除的成功或失败;参数 msgQId 为执行删除操作的消息队列 ID。

程序示例 4.4 消息队列控制函数的简单使用

程序示例 4.4 给出了消息队列控制函数的简单使用方法。首先创建一个消息队列,最多存储 10 条消息,每条消息最多 50 字节;然后依次按 MSG_PRI_NORMAL 和 MSG_PRI_URGENT 两种消息发送级别向消息队列各发送两条消息;再从消息队列中接收消息,最后删除消息队列。

```
#include "vxWorks.h"
#include "msgQLib.h"

#define MAX_MSG_NUM   10
#define MAX_MSG_LEN   50

MSG_Q_ID msgQId;

void msgPriorityTest(void)
{
    int num = 0;
    char recvBuf[20], sendBuf[20] = "task1 message 0!";

    if((msgQId = msgQCreate(MAX_MSG_NUM, MAX_MSG_LEN,
```

```
                    MSG_Q_FIFO)) == NULL)
    {
        perror("create message queue failed!\n");
        return;
    }

    sprintf(sendBuf, "task1 message 0!");
    printf("send message:%s\n\n", sendBuf);
    msgQSend(msgQId, sendBuf, sizeof(sendBuf), WAIT_FOREVER, MSG_PRI_NORMAL);

    sprintf(sendBuf, "task1 message 1!");
    printf("send message:%s\n\n", sendBuf);
    msgQSend(msgQId, sendBuf, sizeof(sendBuf), WAIT_FOREVER, MSG_PRI_NORMAL);

    sprintf(sendBuf, "task1 message 2!");
    printf("send message:%s\n\n", sendBuf);
    msgQSend(msgQId, sendBuf, sizeof(sendBuf), WAIT_FOREVER, MSG_PRI_URGENT);

    sprintf(sendBuf, "task1 message 3!");
    printf("send message:%s\n\n", sendBuf);
    msgQSend(msgQId, sendBuf, sizeof(sendBuf), WAIT_FOREVER, MSG_PRI_URGENT);

    msgQReceive(msgQId, recvBuf, sizeof(recvBuf), WAIT_FOREVER);
    printf("receive message:%s\n\n", recvBuf);

    msgQReceive(msgQId, recvBuf, sizeof(recvBuf), WAIT_FOREVER);
    printf("receive message:%s\n\n", recvBuf);

    msgQReceive(msgQId, recvBuf, sizeof(recvBuf), WAIT_FOREVER);
    printf("receive message:%s\n\n", recvBuf);

    msgQReceive(msgQId, recvBuf, sizeof(recvBuf), WAIT_FOREVER);
    printf("receive message:%s\n\n", recvBuf);

    msgQDelete(msgQId);
}
```

编译并下载程序示例 4.4,在 shell 中键入 msgPriorityTest,程序执行结果如下:

```
send message: task1 message 0!
send message: task1 message 1!
send message: task1 message 2!
send message: task1 message 3!
receive message: task1 message 3!
receive message: task1 message 2!
receive message: task1 message 0!
receive message: task1 message 1!
```

首先,程序按 MSG_PRI_NORMAL 向消息队列发送消息 0 和消息 1,则消息 1 被追加在消息 0 后面;然后,程序按 MSG_PRI_URGENT 向消息队列发送消息 2 和消息 3,消息 2 插入到了消息 0 前端,消息 3 又插入到消息 2 前端。因此,在从消息队列中接收消息时,接收到的顺序为消息 3、消息 2、消息 0、消息 1。

4.3.3　使用方法

1. 基于生产者/消费者模型的消息传输

消息队列的最简单使用方法为“生产者/消费者模型”。在该模型中,只有两个并发单元使用同一个消息队列,一个并发单元可以是 ISR 或任务,它作为“生产者”向消息队列发送消息;另一个并发单元是任务,它作为“消费者”从消息队列接收消息。

根据“消费者”对于接收到消息后是否向“生产者”回复,又可将“生产者/消费者”模型细分为“简单模型”和“产销平衡模型”。

“简单生产者/消费者模型”如图 4.16 所示。在该模型中,“生产者”与“消费者”之间只进行单向数据通信,“生产者”任务无法了解“消费者”任务的消息接收情况(是否接收、是否正确、接收速率怎样),因此无法对消息的发送作出调节。

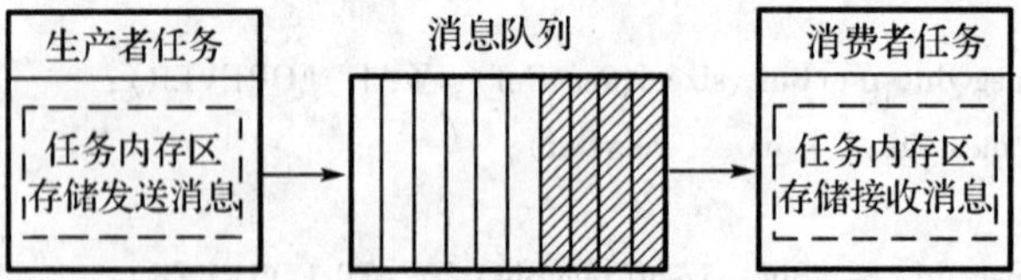

图 4.16　简单生产者/消费者模型

“产销平衡生产者/消费者模型”如图 4.17 所示。该模型的工作流程是:“生产者”任务向消息队列中发送消息;“消费者”任务从该消息队列中接收消息;若成功接收,则“消费者”任务使用行为同步方法(例如信号量、异步信号、事件等)告知“生产者”任务;“生产者”任务再次向消息队列发送消息。

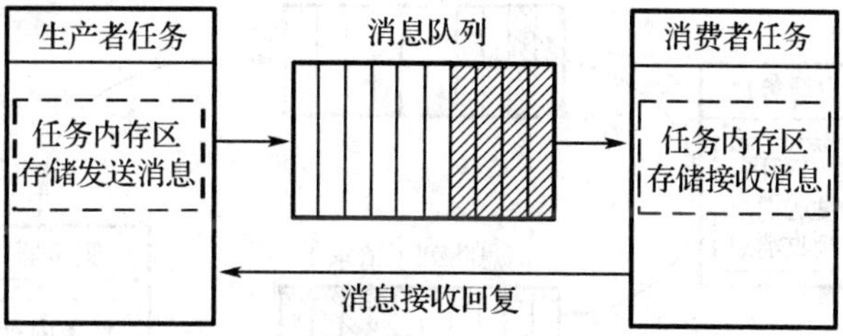

图4.17　产销平衡生产者/消费者模型

由此可见,只有“消费者”接收了消息后,“生产者”才会再发送新消息,从而达到了生产与消费之间的产销平衡。两任务步调一致,实现了可靠的消息传递机制。需要说明的是,在该模型中“生产者”只能是任务,而不能是ISR。

除了上面介绍的“简单生产者/消费者模型”和“产销平衡生产者/消费者模型”外,还可以使用这两种基本模型组合成更复杂的消息传输方式。例如,将基本模型并联,可以组合成一个任务发送、多个任务接收的广播式消息传输方式;若将基本模型串联,则可以组合成一个消息传输链;若使用两个消息队列在两个任务间搭建成两个相反的“生产者/消费者”模型通道,则可以实现两任务间全双工的数据通信。

2. 基于客户/服务器模型的消息传输

“客户/服务器模型”是一种被服务和服务的关系。其中,客户是被服务的一方,往往存在多个客户主体;服务器是提供服务的一方,针对一种或一类服务往往只有一个服务器主体。“客户/服务器模型”的工作方式是:服务器处于等待服务请求的状态,客户端向服务器提出服务请求,服务器根据相应情况(资源情况、自身能力等)接收(拒绝)客户端的请求,提供(不提供)客户端所需的服务。

消息队列的“客户/服务器模型”用于服务器任务向多个客户任务提供某些功能服务或信息传递,是“生产者/消费者模型”的扩展,其程序使用方法与“生产者/消费者模型”类似,可看作多个“生产者/消费者模型”的组合。

基本的“客户/服务器模型”如图4.18所示,存在一个服务器任务和n个客户任务,存在$n+1$个消息队列,其中一个消息队列为请求消息队列,另外n个消息队列为服务消息队列,分别对应n个任务。

每个客户任务当需要服务时,将其对服务器任务的请求消息发送至请求消息队列,服务器任务接收后按客户的请求执行相应的操作,并将结果通过客户任务对应的服务消息队列反馈给客户任务。

在实际编程使用中需要注意,不能完全照搬前面讨论的“生产者/消费者模型”或“客户/服务器模型”,要领会消息队列的本质功能,按实际需要灵活使用。

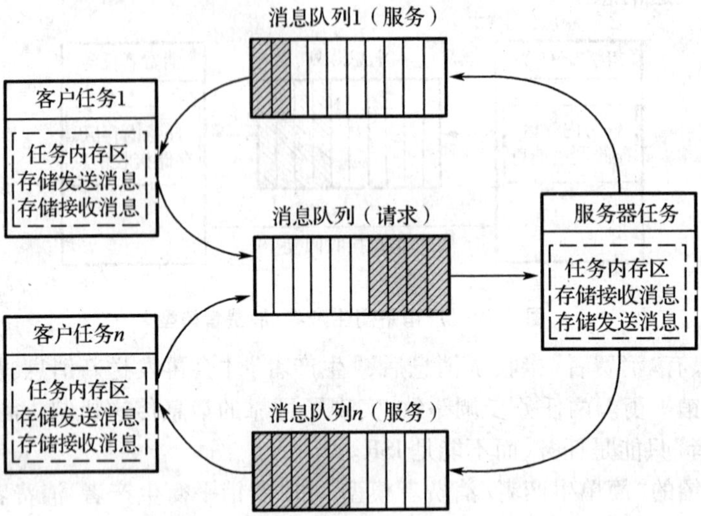

图 4.18 客户/服务器模型

4.4 管 道

4.4.1 工作机制

管道是一种由 pipeDrv 驱动程序管理的虚拟 I/O 设备，其功能与消息队列基本一致，提供了一种长度可变、数目可变的消息传递的数据通信手段。任何任务或 ISR 可以发送消息到管道，任何任务可以从管道中接收消息；多个任务可以向同一个管道发送消息或接收消息。与消息队列相比，管道的优点在于使用标准的 I/O 接口操作、可以实现 I/O 重定向、可以使用 I/O多路复用机制。管道本质上是一种 I/O 设备，其工作机制和使用方法在本章不作介绍，将在后续章节"I/O 系统操作"中具体讨论。

4.4.2 控制函数

管道是一种 I/O 设备，其接口函数符合 I/O 系统的规范。其中，管道通信、管理接口为统一标准接口（包括 open，read，write，ioctl 等共七个接口函数），管道驱动安装、管道设备创建与删除这三个接口为专用接口，下面仅就这三个接口函数进行说明。

1. 管道驱动安装

管道驱动安装函数 STATUS pipeDrv( )完成管道设备驱动的初始化和安装，该函数需要在任何管道设备创建之前被调用。在 VxWorks 系统中，若定义了 INCLUDE_PIPES，则在系统启动时会自动调用该函数。

2. 管道设备创建

管道设备创建函数创建一个管道设备实体，用于数据通信，该操作不能在 ISR 中调用。其函数原型如下：

```
STATUS pipeDevCreate
(
    char        * name,
    int         nMessages,
    int         nBytes
)
```

其中，函数返回值为 OK 或 ERROR，代表管道设备创建的成功或失败；参数 name 为字符串形式的管道设备名称；参数 nMessages 为管道中允许存储的最多消息数；参数 nBytes 为每个消息的最大允许字节数。当管道中存储的消息已满时，若在任务中调用 write( )操作向管道写消息则会引起该任务阻塞，若在 ISR 中调用 write( )操作向管道写消息则该消息将会丢失。

3. 管道设备删除

管道设备删除函数删除一个已创建的管道设备实体，并释放管道设备占用的内存空间。其函数原型如下：

```
STATUS pipeDevDelete
(
        char    * name,
        BOOL    force
)
```

其中，函数返回值为 OK 或 ERROR，代表管道设备删除成功或失败；参数 name 为待删除管道设备的名称；参数 force 为是否强制删除管道设备（TRUE 为强制删除，FALSE 为正常删除）。在正常删除模式下，管道设备只有处于关闭状态，且没有任务因为该管道设备而被阻塞时，才允许对其删除；在强制删除模式下将不受上述条件限制。

4.4.3 使用方法

管道设备的功能和使用方法与消息队列基本一致，可以采用“生产者/消费者模型”或“客户/服务器模型”。

在 VxWorks 系统的实际编程使用中，管道的使用流程如下：

（1）调用 pipeDrv( )函数初始化并安装管道驱动（操作系统在启动时已默认执行）；

(2)调用 pipeDevCreate( )函数创建实际管道设备;

(3)调用 open( ),read( ),write( )等标准 I/O 接口操作函数使用管道进行通信。

4.5 信　　号

4.5.1 工作机制

信号是一种异步的任务间通信机制,是一个当事件已发生时产生的软件中断,它将信号接收者从它的正常运行路径移开并触发相应的异步处理,是在软件层次上对中断机制的一种模拟。

任何任务和 ISR 都可以向指定任务发送信号,代表某一异步事件产生。一个任务可以指定一个或多个信号的处理,从而当这些信号被接收时执行相应的操作。在 VxWorks 系统中,信号常被用于错误和异常处理。异常是一个由 CPU 产生的、没有预计的事件,例如总线错、非法指令、地址出错等。一个异常会产生一个内部的"软中断",即信号。默认情况下,当系统的某一任务引起一个异常时,系统将该任务挂起,而系统的其余部分继续执行。当中断引起一个异常时,由于中断服务程序没有可以挂起的上下文,则 VxWorks 将异常的描述保存在低端内存,然后执行系统复位。

VxWorks 系统提供了 31 个独立的信号,分别代表不同的事件。其中一部分代表异常或错误产生,一部分供用户自定义使用。如图 4.19 所示,当由于异常、错误或应用程序而产生信号后,系统首先判断对应该信号的任务是否有与信号对应的处理被安装。若没有,则系统挂起对应任务,并向控制台发送信息;若有,则系统将信号发送给对应任务。

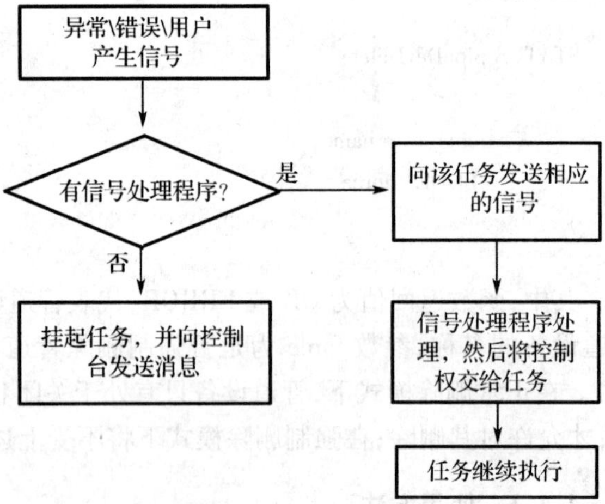

图 4.19 信号处理流程

在任务获得信号后,该任务立即挂起当前的执行,并在系统下次调度该任务运行时转而执行指定的信号处理程序。在信号处理程序结束后,系统恢复正常的任务调度。信号处理程序在信号接收任务的上下文中执行,使用该任务的堆栈。在任务阻塞时,信号处理程序仍可被唤醒。

由于信号机制的复杂性、异步性会扰乱任务的正常执行顺序,并且可能会引起一些其他的问题,因此在 VxWorks 系统中不建议将信号用于一般的任务间通信。

4.5.2 控制函数

VxWorks 系统支持两种类型的信号接口,即 UNIX BSD 兼容的信号和 POSIX 兼容信号。两种类型的基本信号接口及其功能说明见表 4.2。

表 4.2 基本的信号控制函数接口及其功能

POSIX 1003.1b 兼容接口	UNIX BSD 兼容接口	功能描述
signal( )	signal( )	指定信号的处理程序
kill( )	kill( )	向任务发送信号
raise( )	—	向自身发送信号
sigaction( )	sigvec( )	检查或设置信号的处理程序
sigsuspend( )	pause( )	挂起任务直至任务提交
sigpending( )	—	恢复一组用于传递而被阻塞的信号
sigemptyset( ) sigfillset( ) sigaddset( ) sigdelset( ) sigismember( )	sigsetmask( )	设置信号屏蔽
sigprocmask( )	sigsetmask( )	设置阻塞信号的屏蔽
sigprocmask( )	sigblock( )	增加到一组阻塞的信号中

信号在很多方面与硬件中断类似。函数 sigvec( ),sigaction( )可以像为中断挂接 ISR 一样为信号指定一个信号处理程序;函数 sigsetmask( ),sigblock( ),sigprocmask( )可以用来像屏蔽中断那样屏蔽信号; 函数 kill( ),raise( )可以像中断触发一样产生信号。在调用表 4.2 中的信号接口函数进行各种操作之前,需要先调用 sigInit( )函数初始化信号函数库。系统默认定义了宏 INCLUDE_SIGNALS 启动信号操作组件功能,因此在系统初始化时会自动执行 sigInit( )函数。

4.5.3 使用方法

在 VxWorks 系统中,信号主要被用于错误和异常处理,而不建议用于一般的任务间通信。当由于异常或错误而产生信号后,信号处理程序常进行以下操作:

(1)使用 exit( )终止任务;

(2)使用 taskRestart( )重起任务;

(3)使用 longjmp( )恢复任务执行。

下面通过几个程序示例进一步说明信号的使用。

程序示例 4.5 基本信号操作方法

该程序示例给出了基本的信号操作方法,包括信号处理程序的连接、信号的产生与处理,并模拟了一个异常信号的产生。

首先,程序发起了 tDemo1 和 tDemo2 两个任务,在两个任务中均挂接了对应 SIGBUS 信号、SIGILL 信号和 SIGSEGV 信号的处理;然后,两个任务分别调用 raise( )函数向自身任务发送了 SIGILL 信号,又调用 kill( )函数向对方任务发送了 SIGBUS 信号;最后通过对 0 地址函数的调用引发异常,产生 SIGSEGV 信号。

```
#include "vxWorks.h"
#include "sigLib.h"
#include "signal.h"
#include "taskLib.h"
#include "stdio.h"
#include "fioLib.h"
#include "ioLib.h"

#define NULL_ADDR 0

int tid1, tid2;

void sigHandler1(int sig, int code, SIGCONTEXT *sigContext)
{
    printErr("in sigHandler1!\n");

    switch (sig)
    {
        case SIGBUS:
        printErr ("Signal SIGBUS (bus error) received!\n\n");
        break;

        case SIGILL:
        printErr ("Signal SIGILL received!\n\n");
```

```
            break;

            case SIGSEGV:
            printErr ("Signal SIGSEGV received!\n\n");
        }
}

void sigHandler2(int sig, int code, SIGCONTEXT *sigContext)
{
        printErr("in sigHandler2!\n");

        switch (sig)
        {
            case SIGBUS:
            printErr ("Signal SIGBUS (bus error) received!\n\n");
            break;

            case SIGILL:
            printErr ("Signal SIGILL received!\n\n");
            break;

            case SIGSEGV:
            printErr ("Signal SIGSEGV received!\n\n");
        }
}

void demo1(void)
{
        SIGVEC sig;
        int i = 0;

        sig.sv_handler = (VOIDFUNCPTR) sigHandler1;
        sig.sv_mask = 0;
        sig.sv_flags = 0;

        sigvec (SIGBUS, &sig, NULL);
        sigvec (SIGILL, &sig, NULL);
```

```
    sigvec (SIGSEGV, &sig, NULL);

    raise(SIGILL);

    taskDelay(sysClkRateGet());

    printf("in demo1: send singal to task tDemo2!\n");
    kill(tid2, SIGBUS);

    taskDelay(sysClkRateGet());

    printf ("in demo1: causing exc error\n");
    ( * (FUNCPTR) NULL_ADDR)();
}

void demo2(void)
{
    SIGVEC sig;
    int i=0;

    sig.sv_handler = (VOIDFUNCPTR) sigHandler2;
    sig.sv_mask = 0;
    sig.sv_flags = 0;

    sigvec (SIGBUS, &sig, NULL);
    sigvec (SIGILL, &sig, NULL);
    sigvec (SIGSEGV, &sig, NULL);

    raise(SIGILL);

    taskDelay(sysClkRateGet());
    printf("in demo2: send singal to task tDemo1!\n");

    kill(tid1, SIGBUS);

    taskDelay(sysClkRateGet());
```

```
    printf ("in demo2: causing exc error\n");
    ( * (FUNCPTR) NULL_ADDR)();

    taskDelay(sysClkRateGet());

    printf("in demo2: send singal to task tDemo1!\n");
    kill(tid1, SIGPIPE);
}

void excSignalDemo()
{
    tid1 = taskSpawn("tDemo1", 150, 0, 2000, (FUNCPTR)demo1, 0, 0, 0, 0, 0, 0, 0, 0, 0, 0);
    tid2 = taskSpawn("tDemo2", 150, 0, 2000, (FUNCPTR)demo2, 0, 0, 0, 0, 0, 0, 0, 0, 0, 0);

    printf("\n\n");
}
```

编译并下载程序示例4.5,在 shell 中键入 excSignalDemo,程序执行结果如下:

```
in sigHandler1!
Signal SIGILL received!

in sigHandler2!
Signal SIGILL received!

in demo1: send singal to task tDemo2!
in sigHandler2!
Signal SIGBUS (bus error) received!

in demo2: send singal to task tDemo1!
in sigHandler1!
Signal SIGBUS (bus error) received!

in demo1: causing exc error
in sigHandler1!
Signal SIGSEGV received!
```

```
Exception !
Vector 13 : Access Violation
Program Counter : 0x00000000
Status Register : 0x00010206
Task: 0xf0e640 "tDemo1"

in demo2: causing exc error
in sigHandler2!
Signal SIGSEGV received!

Exception !
Vector 13 : Access Violation
Program Counter : 0x00000000
Status Register : 0x00010206
Task: 0xef0f60 "tDemo2"
```

4.6 事　件

4.6.1 工作机制

事件 events 机制提供了一种在 ISR 与任务之间、任务与任务之间、内核对象与任务之间的通信方式，主要用于行为同步操作。其中，ISR、任务和内核对象可以作为事件的发送方，只有任务可以作为事件的接收方。

在 VxWorks 系统中，每个任务都拥有一个事件域，作为该任务的"事件寄存器"，用于存储由 ISR、任务或内核对象向其发送的事件。该事件寄存器为一个 32 位的无符号整型数，每一位代表一个事件，最多可以表示 32 个事件。VxWorks 系统使用 32 个宏定义表示这 32 个事件，其定义如下：

```
#define   VXEV01      0x00000001
#define   VXEV02      0x00000002
......
#define   VXEV32      0x80000000
```

其中，前 24 个事件 VXEV01 至 VXEV24 可供用户开发应用程序使用，后 8 个事件 VXEV25 至 VXEV32 供操作系统使用。各事件间是相互独立的，当调用事件发送或事件接收

操作时，既可对独立的一个事件进行，也可对多个事件组成的事件集进行。一个事件集是由多个独立事件的"按位或"操作得到的，例如"VXEV01 | VXEV02 | VXEV03"。

与其他用于行为同步操作的内核对象相比，事件机制的独特之处在于可以实现"多对一"的行为同步，即可以在多个ISR、任务或内核对象中均向同一个任务发送不同的事件，而在待同步任务中通过接收事件集的方法等待事件的发生。"多对一"的行为同步可以分为"独立型"和"关联型"两种。"独立型"同步是指待接收的事件集中任意一个独立事件发生均可触发待同步任务执行；"关联型"同步是指待接收的事件集中所有独立事件全部发生才触发待同步任务执行。

1. 在ISR与任务、任务与任务间进行事件通信

当使用事件机制在ISR与任务之间、任务与任务之间进行通信时，其使用方法与用二进制信号量实现行为同步的方法基本一致。类似于使用semGive( )操作释放二进制信号量，使用semTake( )操作获取信号量，VxWorks系统也为事件提供了相应的发送和接收函数。但与二进制信号量不同的是，二进制信号量的作用域是整个系统，同一个二进制信号量在整个系统内的含义是不变的，而事件的含义则是和任务相关联的。在不同的任务中，相同的事件所代表的含义是不同的。

2. 在内核对象与任务间进行事件通信

对于内核对象与任务之间的通信来说，内核对象被看作一种资源，当该资源由"不自由"变为"自由"时，内核对象会自动地向任务发送事件。在VxWorks系统中，可以发送事件的内核对象只有信号量和消息队列。默认情况下，内核对象不会启动与事件相关的操作，只有在任务中通过函数调用启动某内核对象的事件功能时，该内核对象才会注册到调用启动函数的任务上，并当其资源由"不自由"变为"自由"时，向该任务发送相应的事件。

下面来讨论一下内核对象"资源自由"的含义。对于互斥信号量来说，当该信号量没有所有者，并且没有任务阻塞在该信号量上，则称为"资源自由"的；对于二进制信号量来说，当没有任务获取它，并且没有任务因其而阻塞，则称为"资源自由"的；对于计数信号量来说，当其计数值为非0，并且没有任务因其而阻塞，则称为"资源自由"的；对于消息队列来说，当有一个消息被放入消息队列，并且没有任务因为接收该消息队列中的消息而阻塞，则称为"资源自由"的。

4.6.2 控制函数

VxWorks系统为事件机制的使用提供了三个直接控制函数和四个与内核对象相关的函数，其使用方法详细介绍如下。

1. 事件接收

事件接收函数的功能是等待某一事件或某些事件到达。若在调用该函数操作时没有对应的事件产生，则会引起调用该函数的任务阻塞，直到超时到达或所要接收的事件产生。该

函数原型如下：

```
STATUS eventReceive
(
    UINT32        events,
    UINT8         options,
    int           timeout,
    UINT32        * pEventsReceived
)
```

其中，函数的返回值为 OK 或 ERROR，代表操作成功或失败；参数 events 为等待接收的事件，可以是单一事件，也可以是多个事件；参数 timeout 为由于无待接收的事件产生而引起的任务阻塞的时间；参数 pEventsReceived 为已产生事件的返回值；参数 options 为用户选项，可设置为 EVENTS_WAIT_ANY（等待参数 events 中指定的事件产生一个即可），EVENTS_WAIT_ALL（等待参数 events 中指定的所有事件全部产生），EVENTS_RETURN_ALL（无论是否为等待接收的事件，均在参数 pEventsReceived 中返回，同时清除事件寄存器中的所有事件标志位），EVENTS_KEEP_UNWANTED（当 EVENTS_RETURN_ALL 选项被设置时，该选项用于表明对于事件寄存器中非等待接收的事件不作清除）或 EVENTS_FETCH（若该选项被设置，则参数 events，timeout 和 options 中的其他设置项均被忽视。参数 pEventsReceived 填写为已产生的事件后，函数立即返回）。

2. 事件发送

事件发送函数的功能是向指定任务发送事件。当多次发送同一事件时，若该事件一直没有被接收，则相当于重复设置事件寄存器的某一位，即等同于只发送了一次该事件。事件发送函数原型如下：

```
STATUS eventSend
(
    int       taskId,
    UINT32    events
)
```

其中，函数的返回值为 OK 或 ERROR，代表操作成功或失败；参数 taskId 为事件发送的目标任务；参数 events 为发送的事件。

3. 事件清除

事件清除函数的功能是清除掉调用该函数操作的任务所接收到的所有事件，其函数原型为 STATUS eventClear()。

4. 信号量事件通知功能启动

该函数启动指定信号量的事件通知功能,并注册到调用该函数操作的任务上。一个信号量只能注册到一个任务。当该信号量资源由“不自由”变为“自由”时,被事先定义的事件将自动发送给已注册的任务。该函数原型如下:

```
STATUS semEvStart
(
    SEM_ID   semId,
    UINT32   events,
    UINT8    options
)
```

其中,函数的返回值为 OK 或 ERROR,代表操作成功或失败;参数 semId 为待启动信号量事件通知功能的信号量 ID;events 为当条件满足时,该信号量向注册任务发送的事件;参数 options 为用户设置参数,其可设置项为 EVENTS_SEND_ONCE, EVENTS_ALLOW_OVERWRITE,EVENTS_SEND_IF_FREE,EVENTS_OPTIONS_NONE。

5. 信号量事件通知功能停止

该函数停止指定信号量已被启动的事件通知功能。函数原型为 STATUS semEvStop(SEM_ID semId);函数的返回值为 OK 或 ERROR,代表操作成功或失败;参数 semId 为待操作的信号量 ID。

6. 消息队列事件通知功能启动

该函数启动指定消息队列的事件通知功能,并注册到调用该函数操作的任务上。函数原型如下:

```
STATUS msgQEvStart
(
    MSG_Q_ID     msgQId,
    UINT32       events,
    UINT8        options
)
```

该函数的功能和参数设置与 semEvStart( )函数基本一致。

7. 消息队列事件通知功能停止

该函数停止指定消息队列已被启动的事件通知功能,函数原型为 STATUS msgQEvStop(MSG_Q_ID msgQId)。

4.6.3 使用方法

事件机制与二进制信号量类似,可以实现行为同步操作。对于事件机制的使用场合和简单使用方法可以参照"4.1.1 行为同步"和"4.2.3 中 3 使用二进制信号量实现行为同步"中的相关内容,本小节不作详细讨论。

1. 使用事件在内核对象与任务间通信

下面通过程序示例给出使用事件在内核对象与任务间通信的基本方法。

程序示例 4.6　内核对象与任务间的事件通信

首先,程序以函数 myApp( )为入口,创建一个初始状态为 SEM_FULL 的二进制信号量,创建一个消息队列,发起任务 tEventObject,然后等待延时 60 tick 后释放信号量,再延时 10 tick后向消息队列中发送一条消息。任务 tEventObject 中首先启动信号量事件通知功能和消息队列事件通知功能,然后循环 6 次接收事件,最后关闭信号量事件通知功能和消息队列事件通知功能,并退出。

```
#include "vxWorks.h"
#include "taskLib.h"
#include "eventLib.h"
#include "semLib.h"
#include "msgQLib.h"

#define MAX_MSG_NUM 10
#define MAX_MSG_LEN 50

SEM_ID semId;
MSG_Q_ID msgQId;
int eventObject_TID = 0;

void myApp(void);
void eventObject(void);

void myApp(void)
{
    char sendBuf[] = "msg send test!";

    if((semId = semBCreate(SEM_Q_FIFO, SEM_FULL)) == NULL)
    {
```

```
        perror("create semaphores failed!\n");
        return;
    }

    if((msgQId = msgQCreate(MAX_MSG_NUM, MAX_MSG_LEN,
                                MSG_Q_FIFO)) == NULL)
    {
        perror("create message queue failed!\n");
        return;
    }

    if((eventObject_TID = taskSpawn("tEventObject", 95, 0, 20000, (FUNCPTR)eventObject,
                                        0, 0, 0, 0, 0, 0, 0, 0, 0, 0)) == ERROR)
    {
        perror("spawn task tEventObject failed!\n");
        return;
    }

    taskDelay(60);

    printf("\n");
    printf("myApp: semGive!\n");
    semGive(semId);

    taskDelay(10);

    printf("myApp: msgQSend!\n");
    msgQSend(msgQId, sendBuf, sizeof(sendBuf), WAIT_FOREVER, MSG_PRI_NORMAL);
}

void eventObject(void)
{
    int ix = 0;
    char sendBuf[] = "msg send test!";
    unsigned int eventReceived = 0, waitEvent = 0;
```

```
waitEvent = (VXEV01|VXEV02);

if(semEvStart(semId, VXEV01,
            EVENTS_ALLOW_OVERWRITE|EVENTS_SEND_IF_FREE) == ERROR)
{
    perror("semEvStart failed!\n");
    exit(0);
}

if(msgQEvStart(msgQId, VXEV02, EVENTS_ALLOW_OVERWRITE) == ERROR)
{
    perror("msgQEvStart failed!\n");
    exit(0);
}

while(ix < 6)
{
    printf("task tEventObject[%d]: waitting...... \n", ix);

    if(ix == 1)
    {
        printf("task tEventObject[%d]: msgQSend!\n", ix);
        msgQSend(msgQId, sendBuf, sizeof(sendBuf), WAIT_FOREVER,
                        MSG_PRI_NORMAL);
    }

    if(ix == 2)
    {
        printf("task tEventObject[%d]: eventSend!\n", ix);
        eventSend(eventObject_TID, waitEvent);
    }

    if(ix == 3)
    {
        printf("task tEventObject[%d]: semGive!\n", ix);
        semGive(semId);
    }
```

```
        if( eventReceive( waitEvent, EVENTS_WAIT_ANY, WAIT_FOREVER,
                                    &eventReceived) == ERROR)
        {
            exit(0);
        }

        printf( "task tEventObject[ %d]: received 0x%02x----0x%02x\n\n", ix,
                    eventReceived, waitEvent);

        ix ++;
    }

    semEvStop( semId);
    msgQEvStop( msgQId);
}
```

编译并下载程序示例4.6,在 shell 中键入 myApp,程序执行结果如下:

```
task tEventObject[0]: waitting......
task tEventObject[0]: received 0x01----0x03

task tEventObject[1]: waitting......
task tEventObject[1]: msgQSend!
task tEventObject[1]: received 0x02----0x03

task tEventObject[2]: waitting......
task tEventObject[2]: eventSend!
task tEventObject[2]: received 0x03----0x03

task tEventObject[3]: waitting. ......
task tEventObject[3]: semGive!

myApp: semGive!
myApp: msgQSend!
task tEventObject[3]: received 0x02----0x03

task tEventObject[4]: waitting......
```

任务 tEventObject 启动后，等待接收事件。由于信号量的初始状态为 SEM_FULL，并且在调用 semEvStart( )启动信号量事件通知功能时，设置为若条件满足则立即产生事件，所以任务 tEventObject 接收到事件后立即向下执行。

在 tEventObject 任务随后的两次循环中，分别接收到了在该任务中由消息队列产生的事件和通过 eventSend( )操作而产生的事件。当第四次 tEventObject 任务等待接收事件时，虽然在该任务和 myApp( )函数中均调用了 semGive( )操作，但由于之前该信号量资源已为“自由”，所以并不会产生事件，直到在 myApp( )函数中再次向消息队列发送一条消息时才再次产生事件。

2. 使用事件在任务与任务间通信

使用事件在 ISR 与任务之间、任务与任务之间进行通信的方法基本一致，下面仅通过程序示例对使用事件在任务与任务间进行通信的基本方法进行介绍。

程序示例 4.7 任务与任务间的事件通信

首先，程序以函数 myApp( )为入口，创建了 tEventRecv1，tEventRecv2 和 tEventSend 三个任务，其中前两个任务为事件接收任务，最后一个任务为事件发送任务。在 tEventSend 任务中，首先向任务 tEventRecv1 同时发送了事件 VXEV01，VXEV02，VXEV03 和 VXEV04，延时 10 tick后再次同时发送事件 VXEV01，VXEV02，VXEV03 和 VXEV04，再延时 10 tick 后，向任务 tEventRecv2 依次发送事件 VXEV01 和 VXEV02。在任务 tEventRecv1 中，首先使用 EVENTS_WAIT_ALL 选项接收事件 VXEV01 + VXEV02，然后使用 EVENTS_WAIT_ALL 和 EVENTS_RETURN_ALL 选项再次接收事件 VXEV01 + VXEV02。在任务 tEventRecv2 中，使用 EVENTS_WAIT_ANY 选项接收事件 VXEV01 + VXEV02。

```
#include "vxWorks.h"
#include "taskLib.h"
#include "eventLib.h"

int usrEventSend_TID = 0;
int usrEventRecv1_TID = 0;
int usrEventRecv2_TID = 0;

void myApp(void);
void usrEventSend(void);
void usrEventRecv1(void);
void usrEventRecv2(void);

void myApp(void)
```

```
{
    if((usrEventRecv1_TID = taskSpawn("tEventRecv1", 95, 0, 20000,
                    (FUNCPTR)usrEventRecv1, 0, 0, 0, 0, 0, 0, 0, 0, 0, 0)) == ERROR)
    {
        perror("spawn task tEventRecv1 failed!\n");
        return;
    }

    if((usrEventRecv2_TID = taskSpawn("tEventRecv2", 96, 0, 20000,
                    (FUNCPTR)usrEventRecv2, 0, 0, 0, 0, 0, 0, 0, 0, 0, 0)) == ERROR)
    {
        perror("spawn task tEventRecv2 failed!\n");
        return;
    }

    if((usrEventSend_TID = taskSpawn("tEventSend", 100, 0, 20000, (FUNCPTR)usrEventSend,
                            0, 0, 0, 0, 0, 0, 0, 0, 0, 0)) == ERROR)
    {
        perror("spawn task tEventSend failed!\n");
        return;
    }
}
void usrEventSend(void)
{
        printf("task tEventSend: send VXEV01 + VXEV02 + VXEV03 + VXEV04 to tEventRecv1!\n");
        eventSend(usrEventRecv1_TID, (VXEV01 + VXEV02 + VXEV03 + VXEV04));

        taskDelay(10);

        printf("task tEventSend: send VXEV01 + VXEV02 + VXEV03 + VXEV04 to tEventRecv1!\n");
        eventSend(usrEventRecv1_TID, (VXEV01 + VXEV02 + VXEV03 + VXEV04));

        taskDelay(10);

        printf("task tEventSend: send VXEV01 to tEventRecv2!\n");
        eventSend(usrEventRecv2_TID, VXEV01);
```

```
        printf("task tEventSend: send VXEV02 to tEventRecv2!\n");
        eventSend(usrEventRecv2_TID, VXEV02);
}

void usrEventRecv1(void)
{
    unsigned int eventReceived = 0;

    printf("task tEventRecv1: waitting[VXEV01 + VXEV02]...... \n\n");

    if(eventReceive((VXEV01|VXEV02), EVENTS_WAIT_ALL, WAIT_FOREVER,
                    &eventReceived) == ERROR)
    {
        exit(0);
    }

    printf("task tEventRecv1: 0x%02x----[VXEV01 + VXEV02]\n\n", eventReceived);

    if(eventReceive((VXEV01|VXEV02), (EVENTS_WAIT_ALL|EVENTS_RETURN_ALL),
                WAIT_FOREVER, &eventReceived) == ERROR)
    {
        exit(0);
    }

        printf("task tEventRecv1: 0x%02x----[VXEV01 + VXEV02]\n\n", eventReceived);
}

void usrEventRecv2(void)
{
    unsigned int eventReceived = 0;

    printf("task tEventRecv2: waitting[VXEV01 + VXEV02]...... \n\n");

    if(eventReceive((VXEV01|VXEV02), EVENTS_WAIT_ANY, WAIT_FOREVER,
                    &eventReceived) == ERROR)
    {
        exit(0);
```

```
    }

    printf( "task tEventRecv2: 0x%02x----[ VXEV01 + VXEV02 ] \n\n", eventReceived);
}
```

编译并下载程序示例4.7,在 shell 中键入 myApp,程序执行结果如下:

```
task tEventRecv1: waitting[ VXEV01 + VXEV02 ]......

task tEventRecv2: waitting[ VXEV01 + VXEV02 ]......

task tEventSend: send VXEV01 + VXEV02 + VXEV03 + VXEV04 to tEventRecv1!
task tEventRecv1: 0x03----[ VXEV01 + VXEV02 ]

task tEventSend: send VXEV01 + VXEV02 + VXEV03 + VXEV04 to tEventRecv1!
task tEventRecv1: 0x0f----[ VXEV01 + VXEV02 ]

task tEventSend: send VXEV01 to tEventRecv2!
task tEventRecv2: 0x01----[ VXEV01 + VXEV02 ]

task tEventSend: send VXEV02 to tEventRecv2!
```

由执行结果可以看到,虽然 tEventSend 任务向 tEventRecv1 任务发送的是事件 VXEV01 + VXEV02 + VXEV03 + VXEV04,但 tEventRecv1 任务实际等待的是事件 VXEV01 + VXEV02。在 tEventSend 任务第二次发送时,由于 tEventRecv1 任务的事件接收选项增加了 EVENTS_RETURN_ALL,所以已接收事件返回值返回的是该任务接收到的所有事件。在 tEventSend 任务向 tEventRecv2 任务依次发送事件 VXEV01 和 VXEV02 时,虽然 tEventRecv2 任务等待的事件为 VXEV01 + VXEV02,但由于其接收选项设置为 EVENTS_WAIT_ANY,因此只接收到 VXEV01 后即返回。

第5章 中断与时间管理

5.1 中断管理

中断是指当出现来自系统外部或内部的中断请求（或称事件）时，CPU 暂停当前操作，转去处理这些事件，待处理结束后再返回原操作继续执行的过程。根据中断源的不同，中断可以分为硬件中断和软件中断。

硬件中断处理是指 CPU 对外部硬件事件的响应。在一个实时嵌入式系统应用中，系统往往需要进行内部（如计算、服务管理等）和外部（如键盘输入、硬件接口数据输入输出等）两类处理操作。其中，内部处理操作可以通过系统应用程序中的任务直接完成；而外部处理操作则通常使用硬件中断来实现。由此可见，硬件中断处理是实时嵌入式系统设计的最重要、最关键的问题之一，是影响实时嵌入式系统性能的关键因素。

由于与中断相关的硬件知识在其他的书籍中已被广泛介绍，本节将只针对 VxWorks 系统介绍与中断相关的软件基础知识，并在后续内容中使用“中断”一词代替“硬件中断”。关于中断服务程序设计的相关内容将在第 8 章详细讨论。

5.1.1 中断基础

1. 中断处理与任务

中断处理与任务是实时嵌入式系统应用中的两类并发单元，是系统调度的基本单位，一般可以认为一个实时嵌入式系统应用就是由多个中断处理和多个任务共同组合而成的。下面从几个方面对中断处理和任务进行对比。

（1）功能。任务的主要作用是提供一些计算、处理、管理等由实时嵌入式系统自身可以完成的工作；中断处理的主要作用是直接与硬件设备打交道，实现实时嵌入式系统与外界的交互，例如经过硬件设备接收或向外发送信号或数据。

（2）组成。中断处理是一个函数（即中断服务程序），它与硬件中断相关联，并在硬件中断到达时被立即执行。为获得尽可能快的中断响应时间，VxWorks 的中断服务程序运行在独立于任务上下文的特定上下文中，因此中断处理不会涉及任何任务上下文的切换。

任务由一块堆栈空间和一个任务控制块 TCB 组成，每个任务拥有各自的上下文。从程序的角度来看，任务可以是一个函数或多个函数的集合。

（3）优先级。每一个中断处理都与一个硬件中断相关联，不同的中断具有不同的优先级，中断的优先级是由硬件决定的。在 VxWorks 系统中,任务共有 256 个优先级,每个任务对应一个任务优先级,不同的任务可以使用相同的任务优先级。

所有中断的优先级都要高于任务的优先级,在中断没有结束之前,任何任务不能执行。

(4)工作方式。中断的工作方式是:外部事件触发硬件中断,然后系统响应该硬件中断,并启动与该中断对应的中断服务程序为硬件服务。任务的工作方式是:任务所对应的主函数一般都是个"死循环"(不是真正意义上的死循环,每次循环并不是完全占用 CPU),它通过事件触发(如数据到达、信息处理完毕)或定时触发(如定时到达)的方式引起任务的一次执行。

2. 中断服务与中断处理流程

中断服务是指操作系统或应用软件对硬件产生的中断事件进行操作处理的过程。VxWorks 系统提供了中断连接函数,可以将一个 C 函数与硬件中断相关联,为硬件提供服务。与硬件中断相关联的 C 函数即称为该硬件的中断服务程序(ISR)。

当硬件中断产生时,中断的处理流程如图 5.1 所示。

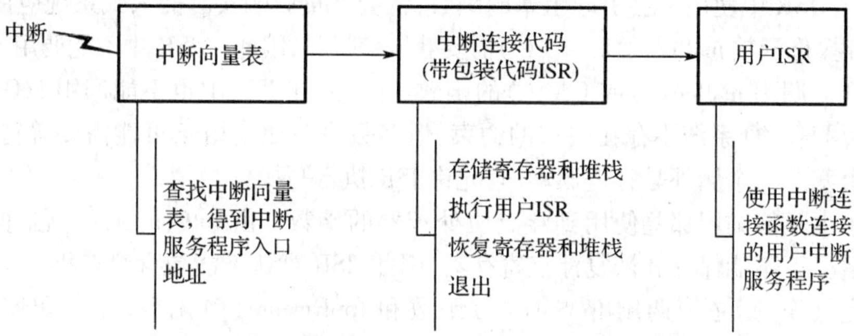

图 5.1　中断处理流程

(1)首先,由于外部事件触发而产生硬件中断。

(2)CPU 接受该硬件中断,并进行必要的硬件操作。

(3)每个中断对应一个中断号,根据该中断号可在中断向量表中查找到对应该中断的 ISR 入口地址。需要说明的是,中断向量表中存放的 ISR 入口地址并不指向中断连接时连接的用户 ISR,而是指向中断连接代码(一个带包装代码的 ISR)。

(4)带包装代码的 ISR 存储寄存器和堆栈,然后执行用户 ISR。

(5)执行结束后再恢复寄存器和堆栈,退出中断服务。

3. 中断堆栈

中断堆栈用于中断服务程序调用和中断嵌套使用。大部分体系结构的系统(例如 VxWorks 系统)使用一个独立的中断堆栈,这些堆栈的定位和初始化由系统在启动时根据指定的配置参数完成,其大小由 configAll.h 中的宏 ISR_STACK_SIZE 设定。堆栈的大小必须足够大,以保证能够处理系统最坏情况下的中断嵌套。

还有一些体系结构的系统使用被中断任务的堆栈作为中断堆栈，这就要求在任务创建时为每个任务分配足够大的堆栈空间，以确保有额外空间供中断使用，应付最坏情形下的中断嵌套和正常的任务嵌套调用的情形。

4. 中断服务程序的限制

由于 ISR 是在独立于任务上下文的特定的上下文环境中执行，没有任务控制块，所有的 ISR 共享一个中断堆栈，并且 ISR 的执行要求尽可能地快，因此，ISR 中的代码有一些特殊的限制——不能调用可能引起阻塞的函数。

例如，在 ISR 中不能调用 semTake( )操作试图获取一个信号量，因为如果信号量不可用，则 ISR 将被阻塞。由于 ISR 执行时，任务不会被调度，因此若对应同一信号量的 semGive( )操作在任务中，则该信号量永远不会被释放，系统终止；若对应同一信号量的 semGive( )操作在更低优先级中断的 ISR 中，则系统也终止；即使该 semGive( )操作在更高优先级中断的 ISR 中，也必须要等到该中断产生并且执行完其对应的 ISR 后，原中断的 ISR 才能解除阻塞状态。由此可见，若在 ISR 中使用了会引起阻塞的函数，将会严重影响实时嵌入式系统应用的执行。

由于内存操作函数 malloc( )和 free( )需要获取信号量，因此在 ISR 中不能调用 malloc( )，free( )以及其他调用 malloc( )或 free( )的函数。此外，在 ISR 中也不能调用 I/O 操作函数（如 printf）。尽管 I/O 系统不存在内在的约束，但多数设备驱动由于可能需要等待设备而会引起调用者阻塞。一个例外是管道驱动，它允许 ISR 执行写操作。

在 ISR 中也不能调用那些使用到浮点协处理器的函数。由 intConnect( )创建的中断连接代码默认情况下不能保存和恢复浮点寄存器，因此，ISR 默认不能包含浮点指令。如果一定需要使用浮点操作，则必须调用 fppSave( )函数和 fppRestore( )函数，保存和恢复浮点寄存器。

5.1.2 中断相关操作函数

VxWorks 系统为中断管理提供了相关操作函数，函数接口及各函数的功能描述见表 5.1。

表 5.1 中断操作相关函数

函数接口	功能描述
intLock( )	中断上锁，使系统不能响应外部中断
intUnlock( )	中断解锁，恢复系统对外部中断的响应
sysIntEnablePIC( )	使能指定优先级的中断
sysIntDisablePIC( )	屏蔽指定优先级的中断
intVecSet( )	设置中断服务程序到一指定中断向量

表5.1(续)

函数接口	功能描述
intVecGet( )	获取指定中断向量对应的ISR的函数地址
intVecBaseSet( )	设置中断向量基地址
intVecBaseGet( )	获取中断向量基地址
intCount( )	获取当前中断嵌套的深度
intContext( )	判断系统当前执行在中断上下文还是任务上下文。若返回值为TRUE,则代表执行在中断上下文
intHandlerCreate( )	中断句柄创建,为指定的用户ISR构造一个中断连接代码,返回中断句柄指针
intConnect( )	连接用户ISR到指定的中断向量
IVEC_TO_INUM( )	宏定义,其功能为由中断向量得到中断号
INUM_TO_IVEC( )	宏定义,其功能为由中断号得到中断向量
INT_NUM_GET( )	宏定义,其功能为由中断优先级得到中断号

5.2 时间管理

在实时嵌入式系统中,时钟管理是至关重要的。查询当前时间、定时完成各项工作、延时、内核对象的超时控制等都和时钟有关。大多数实时嵌入式系统都提供两类时钟源,即实时时钟(Real Time Clock,RTC)和定时器/计数器。实时时钟通常与电池供电的DRAM集成在一起,用来维持日期和时间。定时器/计数器通常用于向操作系统和应用提供所有与时间有关的服务。

由于在实时嵌入式系统应用开发中,由定时器/计数器提供的与时间有关的服务会被大量的使用,因此,本小节将主要讨论VxWorks系统中使用定时器/计数器实现的系统时钟和辅助时钟的原理,并在此基础上详细介绍VxWorks系统中与时间有关的各类服务的具体使用方法。

5.2.1 系统时钟和辅助时钟

VxWorks系统通过对不同的硬件定时器/计数器进行操作,实现了系统时钟和辅助时钟(并不是所有硬件系统都支持辅助时钟)。若硬件系统还提供其他的定时器/计数器,也可以通过对其操作实现附加的时钟功能。根据定时器/计数器硬件芯片的不同,VxWorks系统提供了不同的驱动程序,在“target\src\drv\timer\ xxxxTimer. c”中定义。不同的驱动程序提供的接口基本一致,但具体的实现方法有所差别。下面将以 i8253Timer. c 为例进行讨论。

1. 系统时钟

(1)系统时钟的初始化。VxWorks 系统多任务内核启动后,自动创建并执行第一个任务 usrRoot( )。在该任务中会依次进行系统时钟中断连接、系统时钟频率设置、系统时钟中断使能这三个操作,完成系统时钟的启动工作。

①系统时钟中断连接。系统时钟中断连接是进行系统时钟初始化的第一步操作,通过调用函数 sysClkConnect ( )来实现。sysClkConnect ( )函数的原型如下:

```
STATUS sysClkConnect(FUNCPTR routine, int arg)
{
    sysHwInit2 ( );
    sysClkRoutine    = routine;
    sysClkArg        = arg;
    sysClkConnected  = TRUE;

    return (OK);
}
```

sysClkConnect ( )函数有两个参数,第一个参数 routine 为函数指针,指向系统时钟中断的“实际中断服务程序”;第二个参数 arg 为“实际中断服务程序”的参数。在 usrRoot( )中,实际调用操作如下:

```
sysClkConnect ((FUNCPTR) usrClock, 0);
```

其中,函数 usrClock ( )就是系统时钟的“实际中断服务程序”。该函数在 bootConfig. c, usrConfig. c 和 sysClkInit. c 中均有定义,用于不同的场合,但其具体操作一样,均是调用 tickAnnounce( )函数进入内核操作。

下面对 sysClkConnect ( )函数的执行过程进行说明。

第 1 步:调用 sysHwInit2 ( )函数,完成硬件设置。sysHwInit2 ( )函数在 sysLib. c 中有定义,其中与系统时钟相关的操作就是调用中断连接函数 intConnect( )连接系统时钟硬件中断。实际调用操作如下:

```
(void)intConnect (INUM_TO_IVEC (INT_NUM_GET (PIT0_INT_LVL)), sysClkInt, 0);
```

第 2 步:完成三个局部变量的初始设置。将“实际中断服务程序”usrClock ( )的地址 routine 赋值给变量 sysClkRoutine,将“实际中断服务程序”的参数 arg 赋值给变量 sysClkArg,将系统时钟中断连接成功标志 sysClkConnected 置为 TRUE。

第3步:函数返回OK。

由函数执行的第1步可以看到,使用intConnect( )连接的系统时钟中断服务程序是sysClkInt( ),而不是之前给出的usrClock( )。这两个函数之间是间接调用的,usrClock( )函数才是系统时钟中断的真正操作。sysClkInt( )函数原型如下:

```
void sysClkInt (void)
{
    ……
     if (sysClkRoutine != NULL)
    ( * sysClkRoutine) (sysClkArg);
}
```

②系统时钟频率设置。系统时钟频率设置是进行系统时钟初始化的第二步操作,通过调用函数sysClkRateSet( )来实现。sysClkRateSet( )函数的原型如下:

```
STATUS sysClkRateSet( int tickPerSecond)
{
    if (tickPerSecond < SYS_CLK_RATE_MIN ||
        tickPerSecond > SYS_CLK_RATE_MAX)
    return (ERROR);

    sysClktickPerSecond = tickPerSecond;

    if (sysClkRunning)
    {
        sysClkDisable ();
        sysClkEnable ();
    }
    return (OK);
}
```

sysClkRateSet( )函数的参数是系统时钟的频率,代表1秒钟的系统时钟中断次数,在函数执行过程中,该参数会赋值给变量sysClktickPerSecond。系统时钟初始化时,时钟频率参数值为宏SYS_CLK_RATE,默认为60 Hz,即1秒钟产生60次系统时钟中断。

系统时钟的频率是有范围限制的,其最小和最大允许值通过以下宏定义设置:

```
#define SYS_CLK_RATE_MIN        (19)
#define PIT_CLOCK               1193180
#define SYS_CLK_RATE_MAX  (PIT_CLOCK/32)  /* I80386,I80486,pentium */
#define SYS_CLK_RATE_MAX  (PIT_CLOCK/16)  /* pentium2,pentium3,pentium4 */
```

由上述定义可以看到，系统时钟频率的最大允许值为 37 286(I80386,I80486,pentium)或 74 573(pentium2,pentium3,pentium4)。虽然系统时钟频率的最大允许值较大，但实际使用时系统时钟频率不能太高(一般不超过 600 Hz)。高频率会使系统时钟中断过于频繁，从而占用更多的 CPU 时间为该中断服务，会降低整个系统的运行效率。

与系统时钟频率设置操作函数对应，VxWorks 系统还提供了系统时钟频率获取操作函数 sysClkRateGet( )，该函数的返回值返回当前系统时钟的频率。

③系统时钟中断使能。系统时钟中断使能是进行系统时钟初始化的最后一步操作，通过调用函数 sysClkEnable( )来实现。该函数通过系统时钟频率变量 sysClktickPerSecond 的值进行定时器/计数器的初始设置，然后启动系统时钟中断工作。与系统时钟中断使能操作函数对应，VxWorks 系统还提供了系统时钟中断关闭操作函数 sysClkDisable( )。

(2)系统时钟的使用。系统时钟不能在应用程序中被直接调用，而是通过为某些与时间相关的系统工具(如任务延时、看门狗定时器、信号量等)提供时钟服务而间接被用户使用。系统时钟中断的工作流程如图 5.2 所示。当系统时钟到达后，立即调用 sysClkInt( )函数进入系统时钟中断服务程序。系统时钟中断服务程序通过 sysClkRoutine 函数指针，间接调用 usrClock( )函数进行操作，usrClock( )函数通过调用 tickAnnounce( )函数进入内核操作。

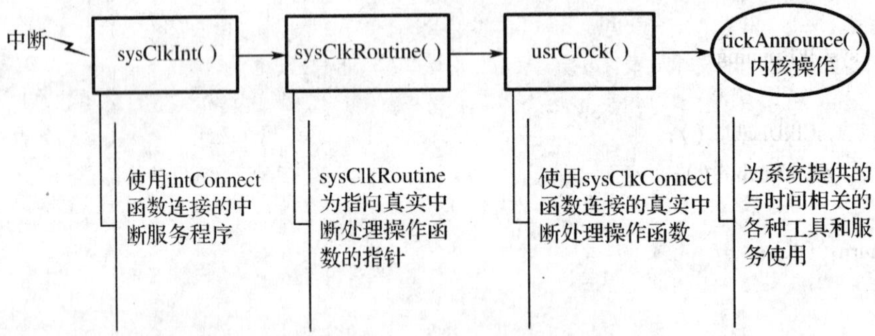

图 5.2 系统时钟中断工作流程

在内核操作中主要完成以下功能。

①增加系统 tick 数。VxWorks 系统使用一个 ULONG 类型全局变量 vxtick 来记录以 tick 计时的当前时间，使用一个 UINT64 类型全局变量 vxAbstick 来记录从系统启动开始至今的 tick 数。每进入一次内核操作，变量 vxtick 和 vxAbstick 加 1。tick 是 VxWorks 系统的一个时

间单位,其代表的实际时间为(1/系统时钟频率)秒。

VxWorks 系统提供了两个函数 tickGet( )和 ticket( )对 vxAbstick 变量进行操作。tickGet( )函数用于获得 vxAbstick 变量的当前值,ticket( )函数用于将 vxAbstick 变量值设定为指定值。

②更新延时与超时判断。更新延时与超时判断主要是为任务延时、信号量、看门狗定时器、消息队列等与时间相关的系统工具所使用。

③检查时间片轮转调度。在使用时间片轮转调度策略时,更新当前任务已执行的时间,检查该任务已经执行的时间是否为一个时间片,若是则开始调度,否则继续。

2. 辅助时钟

辅助时钟的实现与系统时钟类似,并不是所有硬件系统都支持辅助时钟。

(1)辅助时钟的初始化。在系统初始化过程中,当执行 sysHwInit2( )函数时,会调用 intConnect( )函数连接辅助时钟中断。实际调用操作如下:

```
(void)intConnect (INUM_TO_IVEC (INT_NUM_GET (RTC_INT_LVL)), sysAuxClkInt, 0);
```

在该调用操作中,sysAuxClkInt( )为辅助时钟的中断服务程序,其函数原型如下:

```
void sysAuxClkInt (void)
{
    if (sysAuxClkRoutine != NULL)
    (*sysAuxClkRoutine) (sysAuxClkArg);
}
```

执行完上述操作后,系统不再进行任何与辅助时钟相关的操作。此时,没有使能辅助时钟中断,且 sysAuxClkRoutine 的取值为 NULL,即辅助时钟中断服务程序 sysAuxClkInt( )为一个空的操作函数。

(2)辅助时钟的使用。辅助时钟是一种可以供开发人员在应用程序中使用的时钟机制。在系统启动过程中,只完成最简单的中断连接 intConnect( )操作。开发人员可以使用类似系统时钟初始化的流程在应用程序中初始化辅助时钟,依次完成辅助时钟的中断连接、频率设置、中断使能等操作,从而完成辅助时钟的启动。

①辅助时钟中断连接。辅助时钟中断连接是在应用程序中进行辅助时钟初始化的第一步操作,通过调用函数 sysAuxClkConnect( )来实现。sysAuxClkConnect( )函数的原型如下:

```
STATUS sysAuxClkConnect
(
    FUNCPTR routine,
```

```
    int arg
)
{
    sysAuxClkRoutine = routine;
    sysAuxClkArg = arg;

    return (OK);
}
```

与系统时钟中断连接函数类似，sysAuxClkConnect( )函数有两个参数，第一个参数 routine 为函数指针，指向辅助时钟中断的“实际中断服务程序”（该程序应由开发人员根据所开发系统的需求自行编写实现）；第二个参数 arg 为“实际中断服务程序”的参数。

sysAuxClkConnect ( )函数只是简单地完成两个局部变量 sysAuxClkRoutine 和 sysAuxClkArg 的赋值操作，从而将开发人员编写的“实际中断服务程序”与辅助时钟中断服务程序 sysAuxClkInt( )相关联。

②辅助时钟频率设置。辅助时钟频率设置是在应用程序中进行辅助时钟初始化的第二步操作，通过调用函数 STATUS sysAuxClkRateSet(int tickPerSecond)来实现，设置辅助时钟一秒钟产生的中断次数。

辅助时钟频率的范围通过宏定义 AUX_CLK_RATE_MIN 和 AUX_CLK_RATE_MAX 确定，系统默认的设置值为：

```
#define AUX_CLK_RATE_MIN    (2)
#define AUX_CLK_RATE_MAX    (8192)
```

与辅助时钟频率设置操作函数对应，VxWorks 系统还提供了辅助时钟频率获取操作函数 sysAuxClkRateGet( )，该函数的返回值返回当前辅助时钟的中断频率。

③辅助时钟中断使能。辅助时钟中断使能是在应用程序中进行辅助时钟初始化的最后一步操作，通过调用函数 sysAuxClkEnable ( )来实现。该函数通过辅助时钟频率变量 sysAuxClktickPerSecond 的值进行定时器/计数器的初始设置，然后启动辅助时钟中断工作。与辅助时钟中断使能操作函数对应，VxWorks 系统还提供了辅助时钟中断关闭操作函数 sysAuxClkDisable ( )。

辅助时钟中断的工作流程如图 5.3 所示。当辅助时钟到达后，立即调用 sysAuxClkInt( )函数进入辅助时钟中断服务程序。辅助时钟中断服务程序间接调用用户自己编写的辅助时钟“实际中断服务程序”执行用户自定义的操作。

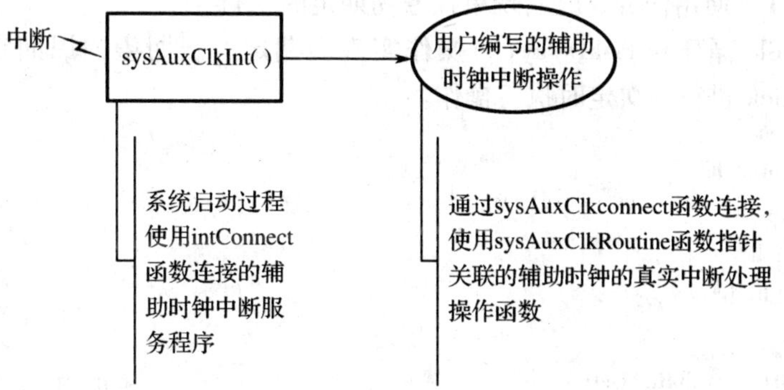

图 5.3　辅助时钟中断工作流程

5.2.2　时间相关服务及其使用方法

1. 任务延时

任务延时是使用系统时钟进行延时的一种方法,通过调用操作函数 STATUS taskDelay (int tick)来实现,使调用该函数的任务由当前状态转为延时状态,并延时指定的 tick 数。在实际使用中,允许进行 taskDelay(0)操作,该操作的执行效果是使调用该操作的任务释放 CPU 给同优先级的其他任务。

(1)单次延时。使用 taskDelay( )函数实现任务的单次延时是任务延时操作的基本使用方法,只需要在期望任务延时的位置调用 taskDelay( )函数既可。

(2)单任务周期定时。在实时嵌入式系统应用中,常有一些任务是周期定时执行的,可以使用任务延时操作实现单任务的周期定时。实现方法如图 5.4 所示,周期定时执行任务使用 while(TRUE)操作实现循环,在每一次循环中先使用 taskDelay( )进行任务延时操作,延时到达后进行“周期定时执行操作”,如此循环即实现了单任务的周期定时执行。

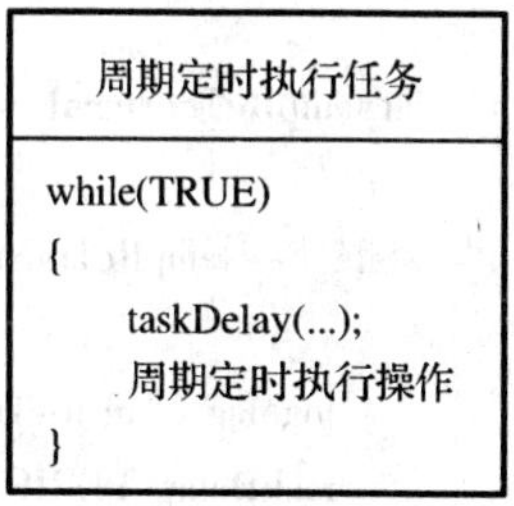

图 5.4　使用任务延时实现单任务周期定时执行

对上述给出的任务周期定时执行方法进行分析可以发现:每一次“周期定时执行操作”与上次操作的时间间隔可以表示为($t_{任务延时}+t_{任务调度}+t_{其他操作}$)。其中,$t_{任务延时}$为调用 taskDelay( )操作进行延时的时间;$t_{任务调度}$为周期定时执行任务在执行过程中被其他任务抢占而发生任务调度的时间;$t_{其他操作}$为任务中的其他操作所占用的时间,例如“周期定时执行操作”。由此可见,采用上述方法实现的周期定时时间是不精确的、不确定的。

下面通过程序示例给出使用任务延时操作实现单任务周期定时执行的方法。

程序示例 5.1　使用任务延时实现单任务周期定时执行

程序使用 while 循环和 taskDelay( )操作实现周期定时。期望的周期定时执行时间是 30 tick，即每 30 tick 进行一次定时执行操作。

```
#include "vxWorks.h"
#include "logLib.h"
#include "stdio.h"
#include "taskLib.h"

#define PERIOD (sysClkRateGet())

int reTryNums = 5;

LOCAL STATUS timeOpt(void)
{
    logMsg("in timeOpt----%d!\n", tickGet(), 0, 0, 0, 0, 0);
    taskDelay(1);

    return(OK);
}

LOCAL STATUS usrTimer(void)
{
    int tempReTryNums1 = 0;

    while( ++tempReTryNums1 <= reTryNums)
    {
        logMsg ("in usrTimer----%d!\n", tickGet(), 0, 0, 0, 0, 0);
        taskDelay(PERIOD/2);          /* 定时时间 */

        timeOpt();                    /* 周期定时执行操作 */
    }

    return(OK);
}

STATUS myApp (void)
```

```
    }
    if((taskSpawn("tUsrTimerTask", 100, 0, 2000, (FUNCPTR) usrTimer, 0, 0, 0, 0, 0,
                                 0, 0, 0, 0, 0)) == ERROR)
    {
        perror("spawn task tUsrTimerTask failed");
        return(ERROR);
    }

    return(OK);
}
```

编译并下载程序示例5.1,在shell中键入myApp,程序执行结果如下:

```
0xf0e640 (tUsrTimerTask): in usrTimer----48621!
0xf0e640 (tUsrTimerTask): in timeOpt----48651!
0xf0e640 (tUsrTimerTask): in usrTimer----48652!
0xf0e640 (tUsrTimerTask): in timeOpt----48682!
0xf0e640 (tUsrTimerTask): in usrTimer----48683!
0xf0e640 (tUsrTimerTask): in timeOpt----48713!
0xf0e640 (tUsrTimerTask): in usrTimer----48714!
0xf0e640 (tUsrTimerTask): in timeOpt----48744!
0xf0e640 (tUsrTimerTask): in usrTimer----48745!
0xf0e640 (tUsrTimerTask): in timeOpt----48775!
```

期望的周期定时执行的时间间隔是30 tick,但从程序示例的源码和执行结果可以看到,由于周期定时执行操作占用了1 tick时间,因此实际的周期定时执行的时间间隔是31 tick。

(3)使用任务延时与行为同步操作组合实现周期定时。在前面给出的单任务周期定时中已经讨论过,由于周期定时执行任务中$t_{其他操作}$的存在会导致周期定时不准确,为了解决这一问题,可以采用任务延时与行为同步操作相结合的方法来实现周期定时。

实现方法如图5.5所示,使用“周期定时任务”和“定时执行任务”共同完成“周期定时执行操作”。其中,“周期定时任务”使用while(TRUE)操作实现循环,在每一次循环中先使用taskDelay( )进行任务延时,延时到达后使用行为同步操作发出触发信息;“定时执行任务”使用while(TRUE)操作实现循环,每一次循环中都等待接收触发信息。若接收到,则代表周期定时到达,开始进行“周期定时执行操作”。

在采用上述方法实现周期定时执行过程中需要注意,“定时执行任务”中“周期定时执行操作”的单次执行时间要小于“周期定时任务”中的单次任务延时时间;否则,周期定时将变得

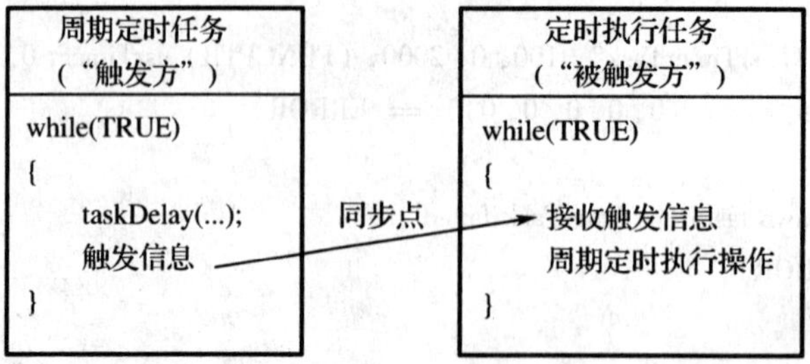

图 5.5　使用任务延时与行为同步组合实现任务周期定时执行

毫无意义。

与前面给出的单任务周期定时的方法相比较，由于"周期定时操作"与"周期定时执行操作"分开在两个任务中实现，两个任务间使用行为同步的方法进行定时到达事件的同步，因此其他操作不会占用定时时间，可以大大提高"周期定时操作"的定时精度。

下面通过程序示例给出使用任务延时与信号量组合实现周期定时执行的方法。

程序示例 5.2　使用任务延时与信号量组合实现周期定时执行操作

程序中共有两个任务，任务 tUsrTimerTask 使用 while 循环和 taskDelay( )操作实现循环周期定时，定时时间为 30 tick，定时到达后释放信号量 semId；另一个任务 tTimeOpt 使用 while 循环等待获取信号量 semId，完成周期定时执行操作。

```
#include "vxWorks.h"
#include "logLib.h"
#include "stdio.h"
#include "semLib.h"
#include "taskLib.h"

#define PERIOD (sysClkRateGet( ))

SEM_ID semId;
int reTryNums = 5;

LOCAL STATUS timeOpt( void)
{
    int tempReTryNums0 = 0;

    while( ++ tempReTryNums0  <=  reTryNums)
    {
```

```
        semTake(semId, WAIT_FOREVER);

        logMsg("in timeOpt----%d!\n", tickGet(), 0, 0, 0, 0, 0);
        taskDelay(1);
    }

    semDelete(semId);

    return(OK);
}

LOCAL STATUS usrTimer(void)
{
    int tempReTryNums1 = 0;

    while( ++tempReTryNums1 <= reTryNums)
    {
        logMsg ("in usrTimer----%d!\n", tickGet(), 0, 0, 0, 0, 0);

        taskDelay(PERIOD/2);

        semGive(semId);
    }

    return(OK);
}

STATUS myApp(void)
{
    if((semId = semBCreate(SEM_EMPTY, SEM_Q_PRIORITY)) == NULL)
    {
        perror("semBCreate failed!\n");
        return(ERROR);
    }

    if((taskSpawn("tUsrTimerTask", 100, 0, 2000, (FUNCPTR) usrTimer, 0, 0, 0, 0, 0,
                    0, 0, 0, 0, 0)) == ERROR)
```

```
    {
        perror("spawn task tUsrTimerTask failed");
        return(ERROR);
    }

    if((taskSpawn("tTimeOpt", 105, 0, 2000, (FUNCPTR) timeOpt, 0, 0, 0, 0, 0,
                0, 0, 0, 0, 0)) == ERROR)
    {
        perror("spawn task tTimeOpt failed");
        return(ERROR);
    }

    return(OK);
}
```

编译并下载程序示例 5.2，在 shell 中键入 myApp，程序执行结果如下：

```
0xf0e610 (tUsrTimerTask): in usrTimer----1923!
0xef0f60 (tTimeOpt): in timeOpt----1923!
0xf0e610 (tUsrTimerTask): in usrTimer----1953!
0xef0f60 (tTimeOpt): in timeOpt----1953!
0xf0e610 (tUsrTimerTask): in usrTimer----1983!
0xef0f60 (tTimeOpt): in timeOpt----1983!
0xf0e610 (tUsrTimerTask): in usrTimer----2013!
0xef0f60 (tTimeOpt): in timeOpt----2013!
0xf0e610 (tUsrTimerTask): in usrTimer----2043!
0xef0f60 (tTimeOpt): in timeOpt----2043!
```

从程序执行结果可以看到，与程序示例 5.1 相比，由于将周期定时执行操作单独放在任务 tTimeOpt 里，使用信号量实现 tUsrTimerTask 任务和 tTimeOpt 任务的同步，因此，实现了较精确的定时。

需要说明的是，无论是单任务周期定时还是使用任务延时与行为同步操作组合实现周期定时，由于定时操作都是在任务中使用 taskDelay( )的方法实现，因此会受到任务抢占调度的影响。对于应用系统中任务不多或任务调度不频繁的情况，使用这种方法可以进行较精确的定时；但对于任务较多或任务调度较频繁的应用系统，这种定时方法往往不够精确。因此，在实际使用中不能将任务延时作为高精度定时操作使用。

2. 看门狗定时器

VxWorks 系统提供了一个看门狗定时器机制,允许任何 C 函数与一个特定的时间延迟相关联。当看门狗定时器的定时时间到达后,该定时器所关联的 C 函数被作为系统时钟中断服务程序的一部分立即执行。如果系统内核由于某种原因不能立即执行这个函数,则操作系统会将该函数放在 tExcTask 任务队列中,以 tExcTask 任务的优先级(0,即最高优先级)来执行。

VxWorks 系统为看门狗定时器机制提供了 4 个主要的操作函数,其函数接口和具体功能描述如下。

①看门狗定时器创建。看门狗定时器创建函数在内存中分配并初始化一个 WDOG_ID 结构,用于实现对该看门狗定时器的控制管理,其函数原型为 WDOG_ID wdCreate( )。

②看门狗定时器启动。看门狗定时器启动函数将一个已创建的看门狗定时器加入系统 tick 队列,启动该看门狗定时器的定时操作,待定时到达时在中断级调用与看门狗定时器相关联的 C 函数。该函数原型如下:

```
STATUS wdStart
(
    WDOG_ID wdId,
    int         delay,
    FUNCPTR pRoutine,
    int         parameter
)
```

其中,函数的返回值为 OK 或 ERROR,代表启动成功或失败;参数 wdId 为待启动看门狗定时器的 ID,指向该看门狗定时器的控制结构;参数 delay 为定时器定时的 tick 数;参数 pRoutine 为与该看门狗定时器相关联的 C 函数指针;参数 parameter 为关联函数的参数。

③看门狗定时器退出。看门狗定时器退出函数将一个已启动的看门狗定时器从系统 tick 队列中移除,停止定时工作。该函数原型为 STATUS wdCancel(WDOG_ID wdId)。

④看门狗定时器删除。看门狗定时器删除函数将一个已创建的看门狗定时器置无效,然后从系统 tick 队列中移除,并释放其内存资源。该函数原型为 STATUS wdDelete(WDOG_ID wdId)。

下面通过一个程序示例介绍看门狗定时器的基本使用方法。

程序示例 5.3 看门狗定时器的基本使用

程序中共有 5 个函数,其中 1 个是看门狗定时器定时到达后执行的函数,另外 4 个分别对应上述给出的 4 个看门狗定时器操作函数的使用。

```
#include "vxWorks.h"
#include "logLib.h"
#include "stdio.h"
#include "sysLib.h"
#include "wdLib.h"

#define PERIOD (2 * sysClkRateGet())

WDOG_ID wdId;

LOCAL STATUS myWdRoutine (void)
{
    logMsg("in myWdRoutine----%d!\n", tickGet(), 0, 0, 0, 0, 0);
}

STATUS wdCreateTest(void)
{
    if((wdId = wdCreate()) == NULL)
    {
        perror("wdCreate failed!\n");
        return(ERROR);
    }

    logMsg("wdCreate succeed!\n", 0, 0, 0, 0, 0, 0);

    return(OK);
}

STATUS wdStartTest(void)
{
    logMsg("in wdStartTest----%d!\n", tickGet(), 0, 0, 0, 0, 0);

    if(wdStart(wdId, PERIOD, (FUNCPTR) myWdRoutine, 0) == ERROR)
    {
        perror("wdStart failed!\n");
        return(ERROR);
    }
```

```
    logMsg("wdStart succeed!\n", 0, 0, 0, 0, 0, 0);

    taskDelay(PERIOD);

    logMsg("taskDelay over!\n", 0, 0, 0, 0, 0, 0);

    return (OK);
}

STATUS wdCancelTest(void)
{
    if(wdCancel(wdId) == ERROR)
    {
        perror("wdCancel failed!\n");
        return(ERROR);
    }

    logMsg("wdCancel succeed!\n", 0, 0, 0, 0, 0, 0);

    return(OK);
}

STATUS wdDeleteTest (void)
{
    if(wdDelete(wdId) == ERROR)
    {
        perror("wdDelete failed!\n");
        return(ERROR);
    }

    logMsg("wdDeleteTest succeed!\n", 0, 0, 0, 0, 0, 0);

    return(OK);
}
```

①编译并下载程序示例5.3,在shell中键入wdCreateTest,程序执行结果如下:

```
0xef92b8 (t1): wdCreate succeed!
```

②在 shell 中键入 sp wdStartTest,以任务方式发起函数 wdStartTest,程序执行结果如下:

```
0xef92b8 (s1u0): in wdStartTest----1505!
0xef92b8 (s1u0): wdStart succeed!
interrupt: in myWdRoutine----1625!
0xef92b8 (s1u0): taskDelay over!
```

从执行结果可以看到,看门狗定时器启动时刻的系统 tick 数为 1 505,而定时到达后执行定时到达函数时刻的系统 tick 数为 1 625,二者刚好差 120 tick,即 2 秒钟,与程序要求一致。

③在 shell 中键入 sp wdStartTest,然后立即键入 wdCancelTest,程序执行结果如下:

```
0xef92b8 (s1u1): in wdStartTest----2041!
0xef92b8 (s1u1): wdStart succeed!
0xef1140 (t2): wdCancel succeed!
0xef92b8 (s1u1): taskDelay over!
```

从这一执行结果可以看到,因为在看门狗定时器定时还没有到达之前执行了 wdCancel( )函数,退出了看门狗定时器,因此没有执行看门狗定时到达函数。

④在 shell 中键入 wdDeleteTest,删除看门狗定时器,程序执行结果如下:

```
0xef92b8 (t3): wdDeleteTest succeed!
```

(1)使用看门狗定时器与任务延时组合实现周期定时。将看门狗定时器与任务延时结合,可以实现周期定时执行功能。实现方法如图 5.6 所示,周期定时执行任务使用 while (TRUE)操作实现循环,在每一次循环中先使用 taskDelay( )进行任务延时操作,延时到达后通过调用 wdStart( )函数启动看门狗定时器,并将与看门狗定时器关联的 C 函数设置为“周期定时执行操作”。待定时到达后,系统会立即在系统时钟中断服务程序中执行“周期定时执行操作”。

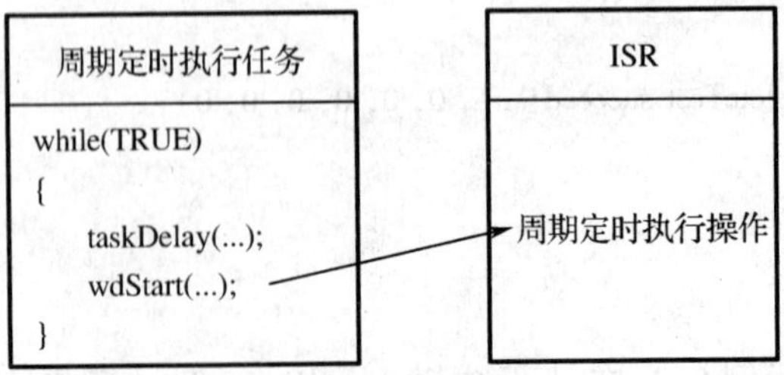

图 5.6 使用看门狗定时器与任务延时组合实现周期定时执行

对于看门狗定时器与任务延时组合实现的周期定时,其本质还是使用任务延时实现的。只是“周期定时执行操作” 是通过看门狗定时器实现,其作为系统时钟中断服务程序的一部分,而不在任务中执行。由于周期定时功能使用任务延时在任务中实现,因此该方法的定时精度并不高,并且“周期定时执行操作”位于中断级,有着与中断服务程序一样的限制,因此一般不建议在实际程序中使用该方法实现周期定时功能。

下面通过程序示例给出使用看门狗定时器与任务延时组合实现周期定时执行的方法。

程序示例 5.4 使用看门狗定时器与任务延时组合实现循环周期定时操作

该程序通过 while 循环和任务延时实现周期定时循环操作,在每次周期定时循环中又使用看门狗定时器实现函数的定时执行。

```
#include "vxWorks.h"
#include "logLib.h"
#include "stdio.h"
#include "sysLib.h"
#include "wdLib.h"
#include "taskLib.h"

#define PERIOD (sysClkRateGet())

WDOG_ID wdId;

LOCAL STATUS dogHandler (void)
{
    logMsg("in dogHandler----%d!\n", tickGet(), 0, 0, 0, 0, 0);
}

LOCAL STATUS myWdRoutine (void)
{
    int reTryNums = 5;

    while(reTryNums-- > 0)
    {
        logMsg ("in myWdRoutine----%d!\n", tickGet(), 0, 0, 0, 0, 0);

        if (wdStart (wdId, (PERIOD/2), (FUNCPTR) dogHandler, 0) == ERROR)
        {
```

```
            perror("wdStart failed!\n");
            return(ERROR);
        }

        taskDelay(PERIOD);
    }

    if(wdDelete(wdId)  ==  ERROR)
    {
        perror("wdDelete failed!\n");
        return(ERROR);
    }

    logMsg("wdDelete succeed!\n", 0, 0, 0, 0, 0, 0);

    return(OK);
}

STATUS wdDemo1(void)
{
    if((wdId = wdCreate())  ==  NULL)
    {
        perror("wdCreate failed!\n");
        return(ERROR);
    }

    if((taskSpawn("tWdTask", 100, 0, 2000, (FUNCPTR) myWdRoutine, 0, 0, 0, 0, 0,
                        0, 0, 0, 0, 0))  ==  ERROR)
    {
        perror("spawn task tWdTask failed");
        return(ERROR);
    }

    return(OK);
}
```

编译并下载程序示例5.4,在 shell 中键入 wdDemo1,程序执行结果如下:

```
0xf0e618 (tWdTask): in myWdRoutine----76100!
interrupt: in dogHandler----76130!
0xf0e618 (tWdTask): in myWdRoutine----76160!
interrupt: in dogHandler----76190!
0xf0e618 (tWdTask): in myWdRoutine----76220!
interrupt: in dogHandler----76250!
0xf0e618 (tWdTask): in myWdRoutine----76280!
interrupt: in dogHandler----76310!
0xf0e618 (tWdTask): in myWdRoutine----76340!
interrupt: in dogHandler----76370!
0xf0e618 (tWdTask): wdDelete succeed!
```

在每次看门狗定时器启动 30 tick(即 0.5 秒钟)后,执行了定时到达函数,共循环 5 次。这与程序要求是一致的。

(2)使用看门狗定时器与行为同步操作组合实现周期定时。将看门狗定时器与行为同步操作组合,可以实现周期定时执行功能。实现方法如图 5.7 所示,在与看门狗定时器相关联的 C 函数 usrWdTimer( )中启动该看门狗定时器,并使用行为同步操作发出触发信息,从而实现了一个位于中断级的定时发出触发信息的无限循环;同时,"定时执行任务"使用 while(TRUE)操作实现循环,每一次循环中都等待接收触发信息。若接收到,则代表周期定时到达,开始进行"周期定时执行操作"。

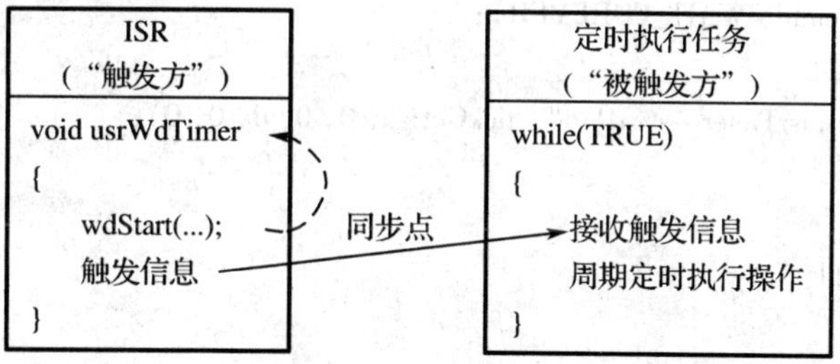

图 5.7 使用看门狗定时器与行为同步组合实现周期定时执行

下面通过程序示例给出使用看门狗定时器与信号量组合实现周期定时执行的方法。

程序示例 5.5 使用看门狗定时器与信号量实现循环周期定时操作

该程序将调用 wdStart( )操作的函数 myWdRoutine( )作为与该看门狗定时器相关联的 C 函数,从而通过循环启动看门狗定时器执行定时操作,实现循环周期定时;然后,利用二进制信号量的行为同步操作,在 myWdRoutine( )函数中释放信号量,在另一个任务 tUsrTimerTask 中使用 while 循环等待该信号量。这样就实现了信号量的循环周期定时释放和获取,间接实现了任务 tUsrTimerTask 的循环周期定时执行。

```
#include "vxWorks.h"
#include "logLib.h"
#include "stdio.h"
#include "sysLib.h"
#include "wdLib.h"
#include "semLib.h"
#include "taskLib.h"

#define PERIOD (sysClkRateGet())

WDOG_ID wdId;
SEM_ID semId;
int reTryNums = 5;

LOCAL STATUS usrTimer (void)
{
    int tempReTryNums0 = 0;

    while( ++tempReTryNums0 <= reTryNums)
    {
        semTake(semId, WAIT_FOREVER);

        logMsg("in usrTimer----%d!\n", tickGet(), 0, 0, 0, 0, 0);
    }

    semDelete(semId);
}

LOCAL STATUS myWdRoutine (void)
{
    static int tempReTryNums1 = 0;

    if( ++tempReTryNums1 <= reTryNums)
    {
        logMsg ("in myWdRoutine----%d!\n", tickGet(), 0, 0, 0, 0, 0);
```

```
        if( wdStart (wdId, (PERIOD/2), (FUNCPTR)myWdRoutine, 0) == ERROR)
        {
            perror( "wdStart failed!\n" );
            wdDelete( wdId );
            return( ERROR );
        }

        semGive( semId );
    }
    else
    {
        wdDelete( wdId );
    }

    return( OK );
}

STATUS wdDemo2( void)
{
    if( ( semId = semBCreate( SEM_EMPTY, SEM_Q_PRIORITY) ) == NULL)
    {
        perror( "semBCreate failed!\n" );
        return( ERROR );
    }

    if( ( wdId = wdCreate( ) ) == NULL)
    {
        perror( "wdCreate failed!\n" );
        return( ERROR );
    }

    if( ( taskSpawn( "tUsrTimerTask" , 105, 0, 2000, (FUNCPTR) usrTimer, 0, 0, 0, 0, 0,
                          0, 0, 0, 0, 0) ) == ERROR)
    {
        perror( "spawn task tUsrTimerTask failed" );
        return( ERROR );
    }
```

```
    myWdRoutine( );

    return( OK);
}
```

编译并下载程序示例5.5,在shell中键入wdDemo2,程序执行结果如下:

```
0xef92b8 (t8): in myWdRoutine----176233!
0xf0e568 (tUsrTimerTask): in usrTimer----176233!
interrupt: in myWdRoutine----176263!
0xf0e568 (tUsrTimerTask): in usrTimer----176263!
interrupt: in myWdRoutine----176293!
0xf0e568 (tUsrTimerTask): in usrTimer----176293!
interrupt: in myWdRoutine----176323!
0xf0e568 (tUsrTimerTask): in usrTimer----176323!
interrupt: in myWdRoutine----176353!
0xf0e568 (tUsrTimerTask): in usrTimer----176353!
```

从这一执行结果可以看到,第一次执行myWdRoutine( )函数是作为任务的一部分执行。因为myWdRoutine( )函数是看门狗定时器的定时到达函数,因此之后的执行都是在中断级执行。

这种"看门狗定时器与行为同步操作组合实现的周期定时方法"使用看门狗定时器在中断级实现循环周期定时,因此定时精度较高。真正的"周期定时执行操作"在任务中实现,具有较强的灵活性。因此,在实时嵌入式系统应用开发中,可以将这种方法应用于对定时精度有一定要求的场合。

(3)使用看门狗定时器实现超时处理。在实时嵌入式系统应用中,常有一些操作或任务的执行是有时间限制的。若在时间限制内完成指定的操作,则认为一切正常;若指定操作的执行时间超过了时间限制,则需进行超时处理。

使用看门狗定时器实现单次有时限操作处理的方法如图5.8所示。首先,调用wdStart( )函数启动看门狗定时器,定时时间为操作的限制时间,与定时器相关联的函数为超时处理操作;然后开始执行有时限操作。若该操作没有在限制时间内执行完,则看门狗定时器的定时时间到达后,立即进行超时处理;若该操作在限制时间内执行完,则立即调用wdCancel( )函数停止看门狗定时器。

使用看门狗定时器实现任务超时处理的方法如图5.9所示。在每一次任务循环操作中重复调用wdStart( )函数启动看门狗,看门狗定时器的定时时间即为任务的执行时限。若任务在允许时限内完成指定操作，则执行下次循环，再次调用 wdStart( )函数重新启动看门狗。因为看门狗定时器会按最新一次的 wdStart( )操作执行，因此又开始重新定时。若操作没有在允许时限内完成，则触发看门狗定时器执行关联函数，进行任务超时处理。

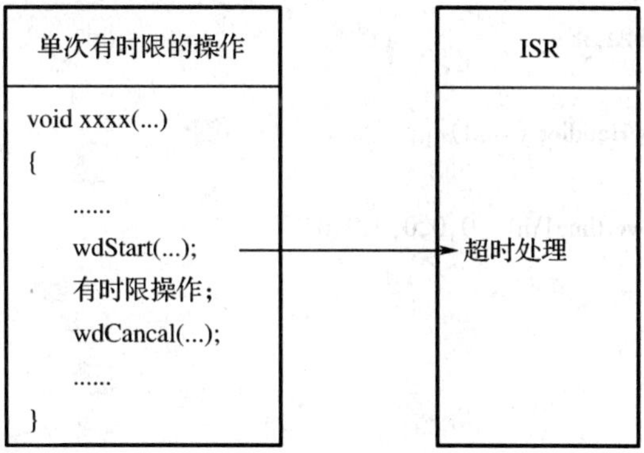

图 5.8　使用看门狗定时器实现单次有时限操作处理

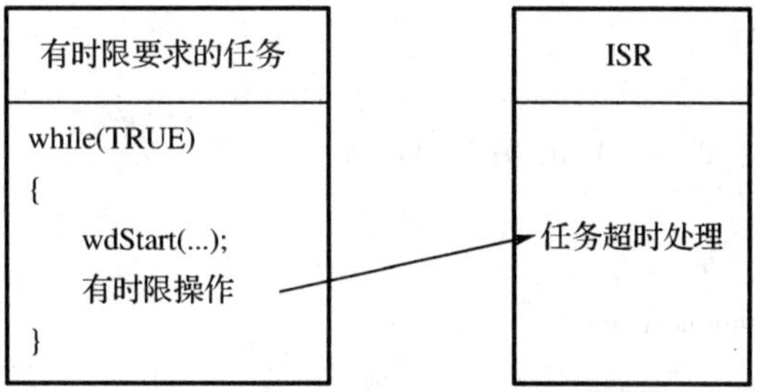

图 5.9　使用看门狗定时器实现任务超时处理

下面通过程序示例给出使用看门狗定时器实现任务超时处理的方法。

程序示例 5.6　使用看门狗定时器实现任务超时处理

该程序首先发起一个有时限要求的任务 tWdTask，该任务的 getData( )操作即为具体的有时间限制的操作，时间限制为 1 秒。getData( )操作的初始执行时间为 0.2 秒，并且每执行一次，操作时间再增加 0.2 秒。

```
#include "vxWorks.h"
#include "logLib.h"
#include "stdio.h"
#include "sysLib.h"
#include "wdLib.h"
#include "taskLib.h"
```

```
#define PERIOD (sysClkRateGet())

    LOCAL WDOG_ID wdId;
    LOCAL char overtime = FALSE;

    LOCAL STATUS overtimeHandler (void)
    {
        logMsg("overtime overtime!\n", 0,0,0,0,0,0);

        overtime = TRUE;
    }

    LOCAL STATUS getData (void)
    {
        static int period = 0;
        period += PERIOD/5;
        taskDelay(period);
        logMsg("in getData!\n", 0, 0, 0, 0, 0, 0);
    }

    LOCAL STATUS myWdRoutine (void)
    {
        while(!overtime)
        {
            logMsg("in myWdRoutine!\n", 0, 0, 0, 0, 0, 0);

            if(wdStart(wdId, (PERIOD), (FUNCPTR) overtimeHandler, 0) == ERROR)
            {
                perror ("wdStart");
                return (ERROR);
            }

            getData();
        }
    }
```

```
STATUS wdDemo3(void)
{
    if((wdId = wdCreate()) == NULL)
    {
        perror ("wdCreate failed!\n");
        return (ERROR);
    }

    if ((taskSpawn ("tWdTask", 100, 0, 2000, (FUNCPTR) myWdRoutine,
                0, 0, 0, 0, 0, 0, 0, 0, 0, 0)) == ERROR)
    {
        perror ("dogStart: Spawning WdTask failed");
        return (ERROR);
    }

    return (OK);
}
```

编译并下载程序示例5.6,在 shell 中键入 wdDemo3,程序执行结果如下:

```
0xf0e540 (tWdTask): in myWdRoutine!
0xf0e540 (tWdTask): in getData!
0xf0e540 (tWdTask): in myWdRoutine!
0xf0e540 (tWdTask): in getData!
0xf0e540 (tWdTask): in myWdRoutine!
0xf0e540 (tWdTask): in getData!
0xf0e540 (tWdTask): in myWdRoutine!
0xf0e540 (tWdTask): in getData!
0xf0e540 (tWdTask): in myWdRoutine!
interrupt: overtime overtime!
0xf0e540 (tWdTask): in getData!
```

由于 getData( )操作的初始执行时间为0.2秒,并且每执行一次均再增加0.2秒,因此当该操作执行到第5次时,其操作时间已经为1秒,超出了要求的时间限制(在1秒内完成),因此触发了与看门狗定时器相关联的处理函数,开始进行超时处理,给出超时提示。

3. 辅助时钟定时

辅助时钟定时是利用辅助时钟实现的一种中断级的定时方法,可以用于单次定时,也可以用于周期定时。与任务延时和看门狗定时器相比,使用辅助时钟定时具有更高的定时精度和定时频率,可以用于高精度定时使用。

(1)使用辅助时钟独立定时。使用辅助时钟进行独立定时的方法如图 5.10 所示。

在这种定时方法中,直接使用辅助时钟的 ISR 完成定时到达后需要执行的操作,实现简单。但由于定时执行的操作位于中断级,因此要符合中断服务程序的限制。对于一些定时执行操作比较简单的应用可以使用这种方法实现。

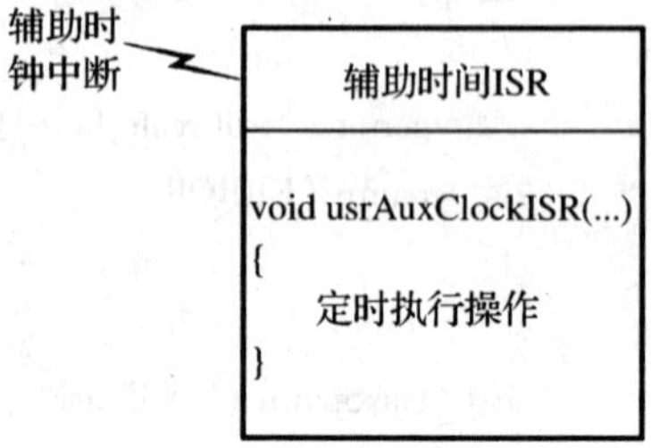

图 5.10　使用辅助时钟独立定时

下面通过程序示例给出使用辅助时钟进行独立定时的方法。

程序示例 5.7　使用辅助时钟独立定时

程序中共有两个函数,辅助时钟中断服务函数 usrAuxClockInt( )和辅助时钟初始设置函数 sysAuxClkDemo( )。sysAuxClkDemo( )函数是程序示例的入口,完成辅助时钟中断连接、辅助时钟中断频率设置、辅助时钟中断使能等操作。usrAuxClockInt( )函数中通过调用 logMsg( )操作输出信息。

```
#include "vxWorks.h"
#include "stdio.h"
#include "tickLib.h"
#include "sysLib.h"

static int auxIntTimes = 0;

void usrAuxClockInt(void)
{
    logMsg("in usrAuxClockInt----%d!\n", auxIntTimes ++, 0, 0, 0, 0, 0);
}

STATUS sysAuxClkDemo()
{
    if(sysAuxClkConnect((FUNCPTR)usrAuxClockInt, 0) != OK)
    {
        printf("sysAuxClkConnect failed!\n");
        return(ERROR);
    }
```

```
    if(sysAuxClkRateSet(10) != OK)
    {
        printf("sysAuxClkRateSet failed!\n");
        return(ERROR);
    }

    sysAuxClkEnable();

    return(OK);
}
```

编译并下载程序示例5.7,在 shell 中键入 sysAuxClkDemo,程序执行结果如下:

```
interrupt: in usrAuxClockInt----0!
interrupt: in usrAuxClockInt----1!
interrupt: in usrAuxClockInt----2!
interrupt: in usrAuxClockInt----3!
interrupt: in usrAuxClockInt----4!
interrupt: in usrAuxClockInt----5!
interrupt: in usrAuxClockInt----6!
……
```

辅助时钟开始定时,并在中断级进行定时执行的操作。

(2)使用辅助时钟与行为同步操作组合实现周期定时。使用辅助时钟与行为同步操作组合实现周期定时的方法如图5.11所示。

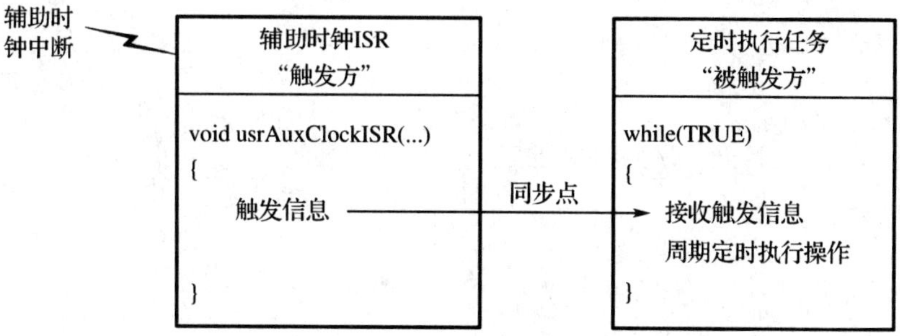

图5.11 使用辅助时钟与行为同步组合实现周期定时执行

这种实现方法与5.2.2中2给出的“使用看门狗定时器与行为同步组合实现周期定时执行”的方法类似。在辅助时钟的ISR中定时发出触发信息,在“定时执行任务”中循环等待接收触发信息,并执行“周期定时执行操作”。

4. POSIX标准的定时

VxWorks系统提供了一套符合POSIX 1003.1b标准的时钟(clockLib)和定时器(timerLib)接口,可用于实现与时间相关的各种操作。对于该接口的使用可参考“VxWorks程序员向导”和“VxWorks API参考手册”,本书不作介绍。

第6章　I/O系统操作

6.1　I/O系统概述

实时嵌入式系统应用所面对的硬件设备是千差万别的，不同种类、不同型号、不同厂家的设备都有各自的特性。要实现对某一设备的操作使用，就必须提供这种设备的驱动，而由于设备的千差万别会导致对应驱动的千差万别，这就带来了一个问题：若在应用程序中直接通过驱动程序操作使用硬件设备，则会造成应用程序开发困难，并且很难移植。

I/O系统提供了一套简单的、统一的、与硬件设备无关的标准接口，可以屏蔽硬件设备的差异性，实现对不同设备的无差别使用，从而提高应用程序的可移植性和开发的便宜性。

一般来说，I/O系统中的设备可以分为三类，即字符设备、块设备和网络设备。字符设备是指在I/O传输过程中以字符为单位进行传输，按顺序访问的设备，如串口、管道等；块设备是指将数据以可寻址的块为单位进行处理，以整个数据缓冲区的形式进行随机访问的设备，如软盘、硬盘等；网络设备属于一种特殊的I/O设备，将在后续章节中介绍。

VxWorks系统提供了一套与UNIX和ANSI C标准兼容的I/O系统接口，具有接口简单、形式统一、提供多路I/O复用支持、支持I/O重定向、速度快等特点。该I/O系统通过驱动、设备、文件的形式实现具体的I/O操作。驱动提供了实际控制设备的方法，设备是根据驱动创建出的实体，而文件则是应用程序操纵I/O设备的接口。

VxWorks系统中设备、驱动、I/O系统和应用之间的关系如图6.1所示。

6.2　I/O操作

6.2.1　文件、设备与驱动

在计算机用语中，“文件”是指存储于硬盘、软盘、光盘等存储介质上的信息集合，可以是文档、数据、程序等；“设备”是指完成某一种或一类功能的软硬件部件；“驱动”是指操纵控制设备完成功能的程序模块。

在VxWorks系统中，应用程序通过对一个已打开的“文件”执行各种操作而实现对I/O设备的访问，因此可以认为这里的“文件”和“设备”是一致的。一般情况下，“文件”包括两种形式：非结构化的原始设备（如串口、并口、管道等）；存储于结构化的、含有文件系统的随机存储

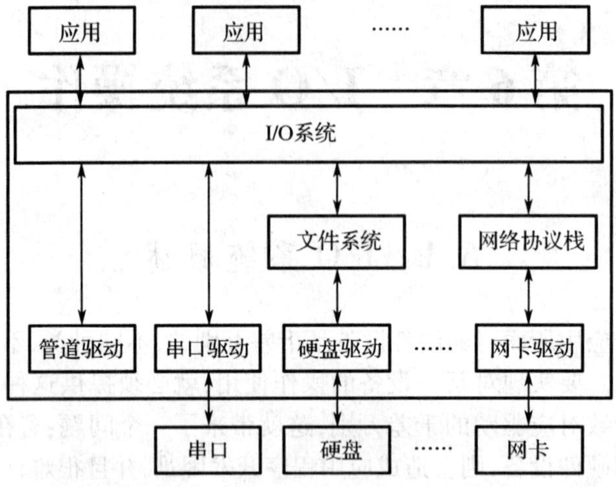

图 6.1 设备、驱动、I/O 系统与应用的关系

设备之上的逻辑文件,即通常所指的文件。

在本章所介绍的 I/O 系统中,"文件"这一概念将包括"设备"的含义,而"驱动"仍是指控制完成对设备的各种操作的程序模块。

6.2.2 基本 I/O 接口

VxWorks 系统提供了一套与标准 C 函数库兼容的基本 I/O 接口,实现最低级别的标准 I/O操作。该接口包含了 open( ),creat( ),close( ),remove( ),read( ),write( )和 ioctl( )共 7 个操作函数。

1. 文件描述符

在基本 I/O 接口操作中,对于文件的操作是通过文件描述符实现的。文件描述符是 I/O 系统中对已打开文件的标志,是一个整数,它通过调用 open( ) 函数或 creat( ) 函数而被返回,并作为 read( ),write( ),ioctl( )和 close( )函数的参数,用于操作指定的文件。

VxWorks 系统保留了数值为 0,1,2 的三个文件描述符供系统使用。其中,数值为 0 的文件描述符表示标准输入,用宏定义 STD_IN 表示;数值为 1 的文件描述符表示标准输出,用宏定义 STD_ OUT 表示;数值为 2 的文件描述符表示标准错误输出,用宏定义 STD_ ERR 表示。默认情况下,系统将标准输入、标准输出和标准错误输出设置到系统控制台,可以使用 ioGlobalStdSet( )函数重新定向标准输入、标准输出和标准错误输出。例如,将标准错误输出重新定向到 errLog. txt 文件,则可以使用以下代码实现:

```
……
fd = open ("/ata0a/errLog. txt", O_RDWR, 0);
```

```
ioGlobalStdSet (STD_ERR, fd);
```

2. 操作函数

下面对 I/O 系统提供的 7 个基本 I/O 接口操作函数的原型、功能和使用进行介绍。

(1)open 操作。open 操作用于打开一个已存在的文件。若操作成功,则 open( )函数返回被打开文件的文件描述符。如果文件名未指定、设备不存在、没有可用的文件描述符或者驱动程序返回 ERROR,则 open( )函数返回 ERROR。open 操作的函数原型如下:

```
int open
(
    const char      * name,
    int             flags,
    int             mode
)
```

参数 name 为字符指针,指向要打开文件的字符串名称。

参数 flags 用于定义准备对打开的文件进行的操作,其允许选项可以是 O_RDONLY(数值 0,打开文件用于只读操作)、O_WRONLY(数值 1,打开文件用于只写操作)、O_RDWR(数值 2,打开文件用于读写操作)或 O_CREAT(数值 0x200,创建新文件)。open 操作一般只能用于打开一个已经存在的文件,但是对于 NFS 设备和 dosFs 设备,也可以在调用函数 open( )时,通过在参数 flags 中增加 O_CREAT 选项来创建并打开一个文件或一个子目录。

参数 mode 是打开文件的模式。当参数无效时则设为 0;当使用 open 操作创建 NFS 设备或 dosFs 设备文件夹时,mode 参数设置为 FSTAT_DIR;当使用 open 操作创建 NFS 设备文件时,必须设置 mode 参数指定文件访问权限。

(2)creat 操作。creat 操作用于新建并打开一个文件。该操作使用方法与 open 操作类似,若创建操作成功,则 creat( )函数返回新建文件的文件描述符;否则,若文件名未指定、设备不存在、没有可用的文件描述符或驱动程序返回 ERROR,则 creat( )函数返回 ERROR。creat 操作的函数原型如下:

```
int creat
(
    const char   * name,
    int          flag
)
```

参数 name 为字符指针,指向要新建文件的字符串名称。

参数 flag 用于定义准备对新建文件进行的操作,其允许选项为 O_RDONLY,O_WRONLY 或 O_RDWR,实现的功能与 open 操作中对应选项设置的功能一致。

(3)close 操作。close 操作用于关闭指定的文件,终止文件描述符与文件之间的关联,并释放占用的资源。该操作的函数原型如下:

```
STATUS close( int fd)
```

参数 fd 为待关闭文件的文件描述符。若文件描述符无效,则关闭操作返回 ERROR;否则,关闭操作返回其对应的设备驱动程序函数的结果。

在实际使用中要注意,文件描述符占用文件描述符表资源,文件描述符表是有指定大小的,因此,系统允许同时打开的文件数目是有限制的。此外,因为文件描述符在默认情况下是不与任务相关联的,因此当退出或删除一个任务时并不会自动关闭文件。所以,当文件不再被系统使用时就一定要进行关闭操作。

(4)remove 操作。remove 操作调用与待删除文件相关的设备驱动删除指定的文件。该操作的函数原型如下:

```
STATUS remove( const char * name)
```

参数 name 为一字符指针,指向待删除文件的字符串名称。若待删除文件对应的设备驱动没有与 remove 操作对应的驱动函数或者驱动函数返回 OK,则 remove 操作返回 OK;若没有找到与参数 name 对应的设备或者对应 remove 操作的驱动函数返回 ERROR,则 remove 操作返回 ERROR。

(5)read 操作。read 操作用于从指定的文件读取数据,其函数原型如下:

```
int read
(
    int       fd,
    char      * buffer,
    size_t    maxbytes
)
```

参数 fd 为待读取文件对应的文件描述符;参数 buffer 为存储读取数据的用户缓冲区的指针;参数 maxbytes 为准备读取的最大字节数。

如果文件描述符 fd 不存在、文件没有以可读方式打开、驱动不支持 read 操作或 read 操作对应的驱动函数返回 ERROR,则 read 操作返回 ERROR。

若 read 操作没有完成(即数据没有读出,并且操作也没返回 ERROR),则调用该操作的任务会被阻塞,直到操作结束为止。当 read 操作完成时,函数的返回值是实际从文件中读取的字节数,其值可能为0至 maxbytes 中的任意数。

对于文件系统设备,如果文件剩下的长度小于 maxbytes,则 read 操作返回的实际读取字节数小于 maxbytes,如果继续调用 read 操作,返回值将等于0,表示文件结束。对于非文件系统设备(如串口),虽然文件大小没有限制,但函数返回的实际读取字节数仍可能小于请求的字节数 maxbytes,在这种情况下,随后调用 read( )函数的返回值可能等于0也可能大于0。因此,要想读取某些数据可能需要多次调用 read 操作。

(6)write 操作。write 操作用于向指定的文件写数据,其函数原型如下:

```
int write
(
    int      fd,
    char     * buffer,
    size_t   nbytes
)
```

参数 fd 为待写入文件所对应的文件描述符;参数 buffer 为指向存储待写入数据的用户缓冲区的指针;参数 nbytes 为待写入数据的字节数。

如果文件描述符不存在、文件没有以可写方式打开、驱动不支持 write 操作或 write 操作对应的驱动函数返回 ERROR,则 write 操作返回 ERROR。

若操作没有完成(即数据没有写到文件,并且操作也没返回 ERROR),则调用该操作的任务会被阻塞,直到操作结束为止。当 write 操作完成时,函数的返回值代表实际写入文件数据的字节数,通常为 nbytes。若不等于 nbytes,则代表有错误产生。

(7)ioctl 操作。ioctl 操作用于对文件进行各种设置操作,其函数原型如下:

```
int ioctl
(
    int      fd,
    int      function,
    int      arg
)
```

参数 fd 为待执行 ioctl 操作的文件描述符;参数 function 为操作的功能代码;参数 arg 为与所执行操作功能相关的一个参数。

不同的设备驱动对于 ioctl 操作实现的功能、参数 function 和 arg 有不同的定义,需具体问题具体分析。

3. 多路 I/O 复用

VxWorks 系统提供了一种与 UNIX 和 Windows 兼容的多路 I/O 复用机制(即 select 机制)。该机制允许一个任务同时阻塞等待在多个文件的 read 或 write 操作上,若其中任意一个文件执行了当前等待的操作,则任务解除阻塞,并执行相应的处理操作。

在详细介绍多路 I/O 复用机制的使用方法之前,通过一个例子来加深对多路 I/O 复用机制功能的理解。假设有一个数据采集记录装置,通过 32 路串行接口接收外部传感器数据,并进行记录。如何实现该装置的多路串行接口数据采集过程呢?一种单任务依次读取的实现方法如图 6.2 所示,该方法使用一个任务依次调用 read 操作读取 32 路串口的数据,若串口有数据则读取成功,否则会阻塞在当前读取的串口上。这种方法会严重影响各路串口数据读取的实时性,甚至可能会导致数据丢失。例如,假设系统读取串口 1 数据,但由于该串口无数据到达,则任务阻塞在此处。即使串口 2 至串口 32 此时均有数据进入,但只要串口 1 无数据进入,任务就被无限期阻塞。

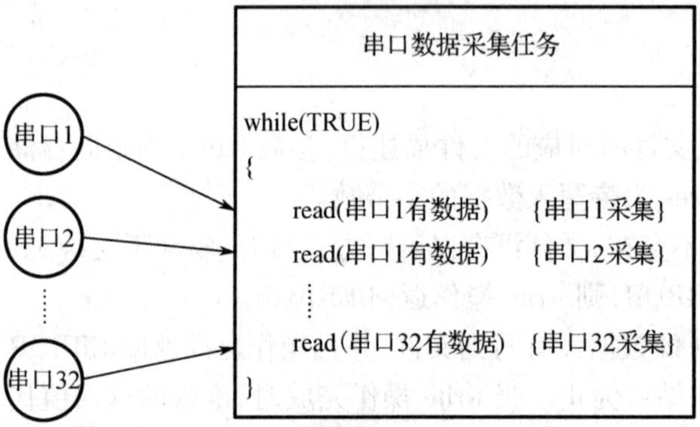

图 6.2 单任务依次读取的实现方法

一种多任务独立服务的实现方法如图 6.3 所示,该方法创建 32 个数据采集任务,依次读取对应的 32 路串口数据,并执行相应操作。这种方法可以弥补上个方法的不足,并且具有较好的实时性。但从程序设计的角度来看,为了实现这个功能就创建 32 个任务也是不可取的。如果有更多路串口需要采集数据的话,按照这种方法将要创建更多的任务,这将占用较多的系统资源,并严重增加了内核的任务调度负担。

多路 I/O 复用的实现方法如图 6.4 所示,该方法使用 select 操作使任务同时阻塞在 32 路串口的 read 操作上,若其中任意一路串口有数据进入,则解除任务的阻塞状态,并判断具体数据来源,对相应串口执行 read 操作。这种实现方法既保证了数据采集的实时性,又不需要创建过多的任务,大大降低了对系统资源的消耗。

下面详细介绍 VxWorks 系统提供的多路 I/O 复用机制的操作接口和使用方法。

(1)初始化。初始化操作调用 selectInit( )函数完成多路 I/O 复用功能的初始设置。如

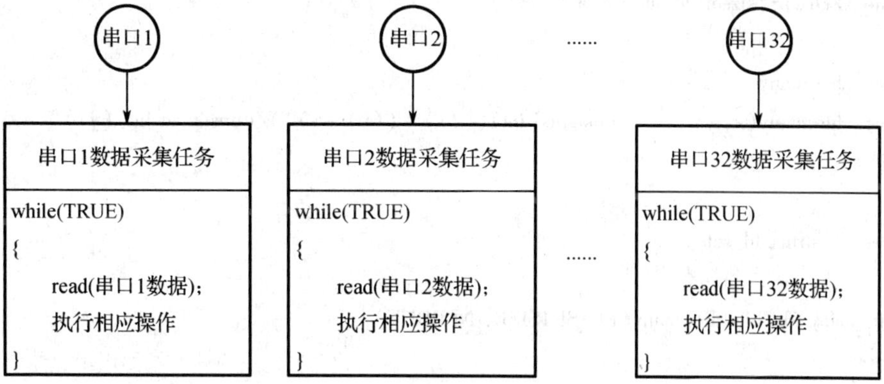

图6.3 多任务独立服务的实现方法

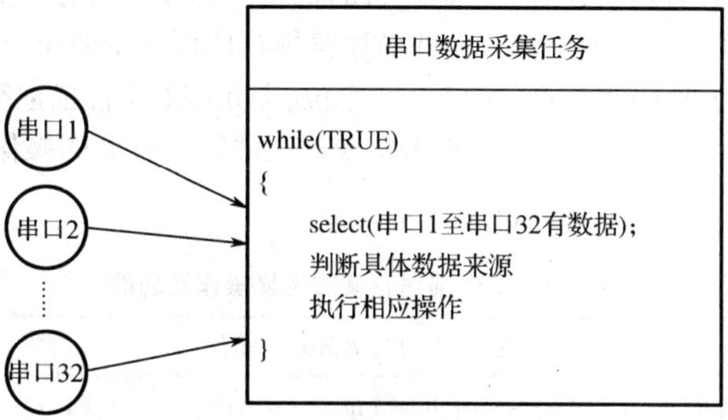

图6.4 多路I/O复用的实现方法

果定义了宏INCLUDE_SELECT(默认即为定义),则系统启动时会在根任务usrRoot( )中自动调用selectInit ( )函数初始化该功能。需要说明的是,多路I/O复用机制必须要求对应的设备驱动提供相应的支持。

(2)文件描述符集。文件描述符集是VxWorks系统中定义的一种结构类型,其定义方法如下:

```
#ifndef     FD_SETSIZE
#define     FD_SETSIZE     2048
#endif

#define  NBBY   8

typedef long      fd_mask;
```

```
#define NFDBITS(sizeof(fd_mask) * NBBY)

#ifndef   howmany
#define   howmany(x, y)     ((unsigned int)(((x) + ((y) - 1)))/(unsigned int)(y))
#endif

typedef     struct fd_set
{
    fd_mask fds_bits[howmany(FD_SETSIZE, NFDBITS)];
} fd_set;
```

由上述定义可以看到，文件描述符集就是一个通过 long 型数组表示的“超长的”变量，变量的每一位对应一个具有相应数值文件描述符的状态(0 或 1)。例如，变量第 100 位(从 0 开始计)对应文件描述符为 100 的文件。文件描述符集具体可表示的位数由宏 FD_SETSIZE 定义，默认情况下，一个文件描述符集包括 2 048 个位，即允许的文件描述符为 0 ~ 2 047。

VxWorks 系统提供了 4 个宏定义操作来实现对文件描述符集的操作，具体的操作方式和功能见表 6.1。

表 6.1 文件描述符集宏定义操作及功能

FD_CLR(fd, &fdset) 操作	
定义	#define FD_CLR(n, p) ((p) -> fds_bits[(n)/NFDBITS] &= ~(1 << ((n) % NFDBITS)))
功能	清除文件描述符集 fdset 中对应 fd 的位(置 0)
FD_SET(fd, &fdset) 操作	
定义	#define FD_SET(n, p)((p) -> fds_bits[(n)/NFDBITS]|= (1 << ((n) % NFDBITS)))
功能	设置文件描述符集 fdset 中对应 fd 的位(置 1)
FD_ISSET(fd, &fdset) 操作	
定义	#define FD_ISSET(n, p)((p) -> fds_bits[(n)/NFDBITS] & (1 << ((n) % NFDBITS)))
功能	位检测，若文件描述符集 fdset 中对应 fd 的位为 1，则结果为 TRUE，否则为 FALSE
FD_ZERO(&fdset) 操作	
定义	#define FD_ZERO(p)bzero((char *)(p), sizeof(*(p)))
功能	清除文件描述符集中所有的位(置 0)

(3) select 操作。select 操作的功能是允许一个任务阻塞在多个文件的 read 或 write 操作

上,若其中任意一个文件执行了当前等待的操作,则任务解除阻塞。阻塞等待的多个文件使用文件描述符集参数表示。文件描述符集参数中置1的位所对应的文件描述符即为阻塞等待的文件。

select操作函数原型如下:

```
int select
(
    int                 width,
    fd_set              * pReadFds,
    fd_set              * pWriteFds,
    fd_set              * pExceptFds,
    struct timeval      * pTimeOut
)
```

参数width为文件描述符集有效部分的大小,即对文件描述符集从最低位开始检测的位数,其值应该小于等于FD_SETSIZE,一般填为当前阻塞等待的所有文件中对应文件描述符的最大值加1。

参数pReadFds和pWriteFds为分别指向等待read操作和write操作的文件描述符集的指针,若不使用则填NULL。Select操作允许同时等待read操作和write操作。参数pReadFds和pWriteFds所指向的文件描述符集既用作输入也用作输出。当调用函数时用作输入,其指向的文件描述符集反映select操作监视的所有文件描述符的状况。当select( )函数执行结束并返回时,其指向的文件描述符集反映当前就绪的所有文件描述符(对于read操作来说,有数据输入代表就绪;对于write操作来说,输出缓冲区有空间代表就绪)。

参数pExceptFds目前在VxWorks系统中不支持,仅是为了实现兼容接口而使用,填NULL。

参数pTimeOut为指向timeval结构的指针,代表select( )操作最大的阻塞等待时间。若其值为NULL则代表永远等待,否则select( )只等待timeval结构所设置的时间长度。

当select( )操作等待满足时,函数返回就绪的文件描述符个数(包括read操作和write操作),同时参数pReadFds和pWriteFds指向的文件描述符集被修改,以反映当前就绪的文件描述符;当select( )操作等待超时时,函数返回0;当select( )操作出错时,函数返回ERROR。

下面通过一个程序示例给出多路I/O复用机制的使用方法。

程序示例6.1 多路I/O复用功能使用

程序创建两个管道设备,然后发起一个任务,使用select( )操作阻塞接收两个管道的信息,并执行相应操作。用户可以通过键盘输入选项,从而向不同的管道设备发送消息。

```
#include "vxWorks.h"
#include "taskLib.h"
#include "selectLib.h"
#include "string.h"
#include "ioLib.h"
#include "stdio.h"
#include "fioLib.h"
#include "pipeDrv.h"
#include "sysLib.h"

#define BUFFERSIZE   25
#define STRING1 "SelectDemo: Message #1"
#define STRING2 "SelectDemo: Message #2"
#define STRING3 "Quitting SelectDemo"
#define MAX_NUM_MSG   2
#define MSG_SIZE   100

LOCAL int inFd1;
LOCAL int inFd2;

STATUS selectDemo ()
{
    char receiveString [BUFFERSIZE];
    struct fd_set readFds;
    struct fd_set saveFds;
    int width;
    int bytesRead;
    int numFds;
    int notFinished = TRUE;

    width = 0;
    FD_ZERO (&saveFds);          /* 清空文件描述符集 */

    FD_SET (inFd1, &saveFds);    /* 设置检测位 */
    FD_SET (inFd2, &saveFds);
    width = (inFd1 > inFd2) ? inFd1 : inFd2;
    width ++;
```

```
while(notFinished)
{
    readFds = saveFds;

    /* 阻塞等待 */
    if ((numFds = select (width, &readFds, NULL, NULL, NULL)) == ERROR)
    {
        perror ("ERROR in select");
        return (ERROR);
    }
    else
    {
        printf ("Number of file descriptors ready for reading = %d\n", numFds);
    }

/* 检测是否为管道1信息进入 */
if (FD_ISSET (inFd1, &readFds))
{

        bzero(receiveString, BUFFERSIZE);

        if((bytesRead = read (inFd1, receiveString, BUFFERSIZE)) > OK)
        {
            printf ("Message read from /pipe/1 device - \"%s\"\n",
                (char *) receiveString);
        }

        if (strcmp(receiveString, STRING3) == 0)
        {
            notFinished = FALSE;
        }
    }
    else
    {
        printf ("The fd inFd1 of /pipe/1 dev. is not READY for reading\n");
    }
```

```
        /* 检测是否为管道2信息进入 */
        if (FD_ISSET (inFd2, &readFds))
        {
            bzero (receiveString, BUFFERSIZE);

            if ((bytesRead = read (inFd2, receiveString, BUFFERSIZE)) > OK)
            {
                printf ("Message read from /pipe/2 device - \"%s\"\n",
                                (char *) receiveString);
            }
        }
        else
        {
            printf ("The fd inFd2 of /pipe/2 dev. is not READY for reading\n");
        }
        printf ("\n");
    }
    return (OK);
}

void selectDemoInit ()
{
    if (pipeDevCreate ("/pipe/1",MAX_NUM_MSG, MSG_SIZE) == ERROR)
    {
        perror (" Error in creating\"/pipe/1\"");
    }
    else
    {
        printf ("\"/pipe/1\" pipe device created\n");
    }

    if (pipeDevCreate ("/pipe/2", MAX_NUM_MSG, MSG_SIZE) == ERROR)
    {
        perror (" Error in creating \"/pipe/2\"");
    }
    else
```

```
    {
        printf ("\"/pipe/2\" pipe device created\n\n");
    }

    if ((inFd1 = open ("/pipe/1", O_RDWR, 0)) == ERROR)
    {
        perror (" Error opening file \"/pipe/1\"");
    }
    else
    {
        printf ("Value of the fd for /pipe/1 = %d \n", inFd1);
    }

    if ((inFd2 = open ("/pipe/2", O_RDWR, 0)) == ERROR)
    {
        perror (" Error opening file \"/pipe/1\"");
    }
    else
    {
        printf ("Value of the fd for /pipe/2 = %d \n\n", inFd2);
    }
}

STATUS myApp()
{
    char input[80];
    int makeFdsReady;
    int notDone = TRUE;

    selectDemoInit ();

    if((taskSpawn ("tSelectDemo", 100, 0, 20000, (FUNCPTR) selectDemo,
              0, 0, 0, 0, 0, 0, 0, 0, 0, 0)) == ERROR)
    {
        perror ("spawn tSelectDemo task failed");
        return (ERROR);
    }
```

```
while( notDone)
{
    taskDelay ( sysClkRateGet( ) ) ;

    makeFdsReady = NONE;

    printf ("0 : To quit this Demo\n" ) ;
    printf ("1 : To write a message to \"/pipe/1\" \n" ) ;
    printf ("2 : To write a message to \"/pipe/2\" \n" ) ;
    printf ("3 : To write a message to \"/pipe/1\" and \"/pipe/2\" \n" ) ;
    printf (" Enter your choice : " ) ;

    gets ( input) ;
    sscanf ( input, " % d" , &makeFdsReady) ;
    printf ( " \n" ) ;

    switch ( makeFdsReady)
    {
    case 1:
        printf (" Writing the message \" % s\" to /pipe/1 device\n" , (char * ) STRING1) ;
        if ( write ( inFd1, STRING1, sizeof ( STRING1) ) == ERROR)
        {
            perror ( " Writing msg to pipe 1 failed" ) ;
        }
        break;

    case 2:
        printf ( " Writing the message \" % s\" to /pipe/2 device\n" , (char * ) STRING2) ;
        if ( write ( inFd2, STRING2, sizeof ( STRING2) ) == ERROR)
        {
            perror ( " Writing msg to pipe 2 failed" ) ;
        }
        break;

    case 3:
        printf ( " Writing the message \" % s\" to /pipe/1 device\n" , (char * ) STRING1) ;
```

```
            if (write (inFd1, STRING1, sizeof (STRING1)) == ERROR)
            {
                perror ("Writing msg to pipe 1 failed");
            }
            printf ("Writing the message \"%s\" to /pipe/2 device\n", (char *) STRING2);
            if (write (inFd2, STRING2, sizeof (STRING2)) == ERROR)
            {
                perror ("Writing msg to pipe 2 failed");
            }
            break;

        case 0:
            notDone = FALSE;
            printf ("Writing the message \"%s\" to /pipe/1 device\n", (char *) STRING3);
            if (write (inFd1, STRING3, sizeof (STRING3)) == ERROR)
            {
                perror ("Writing msg to pipe 1 failed");
            }
            taskDelay (sysClkRateGet());
            break;

        default :
            printf ("Unrecognized Choice \n");
            break;
        }

        printf ("\n");
    }
    close (inFd1);
    close (inFd2);

    return (OK);
}
```

编译并下载程序示例6.1,在shell中键入sp myApp,程序执行如下:

```
"/pipe/1" pipe device created
```

```
"/pipe/2" pipe device created

Value of the fd for /pipe/1 = 5
Value of the fd for /pipe/2 = 6

0 : To quit this Demo
1 : To write a message to "/pipe/1"
2 : To write a message to "/pipe/2"
3 : To write a message to "/pipe/1" and "/pipe/2"
Enter your choice :
```

①输入 1 并按回车,程序给出以下提示:

```
Writing the message "SelectDemo: Message #1" to /pipe/1 device

Number of file descriptors ready for reading = 1
Message read from /pipe/1 device - "SelectDemo: Message #1"
The fd inFd2 of /pipe/2 dev. is not READY for reading

0 : To quit this Demo
1 : To write a message to "/pipe/1"
2 : To write a message to "/pipe/2"
3 : To write a message to "/pipe/1" and "/pipe/2"
Enter your choice :
```

②输入 2 并按回车,程序给出以下提示:

```
Writing the message "SelectDemo: Message #2" to /pipe/2 device

Number of file descriptors ready for reading = 1
The fd inFd1 of /pipe/1 dev. is not READY for reading
Message read from /pipe/2 device - "SelectDemo: Message #2"

0 : To quit this Demo
1 : To write a message to "/pipe/1"
2 : To write a message to "/pipe/2"
3 : To write a message to "/pipe/1" and "/pipe/2"
Enter your choice :
```

③输入 3 并按回车,程序给出以下提示:

```
Writing the message "SelectDemo: Message #1" to /pipe/1 device
Writing the message "SelectDemo: Message #2" to /pipe/2 device

Number of file descriptors ready for reading = 2
Message read from /pipe/1 device - "SelectDemo: Message #1"
Message read from /pipe/2 device - "SelectDemo: Message #2"

0 : To quit this Demo
1 : To write a message to "/pipe/1"
2 : To write a message to "/pipe/2"
3 : To write a message to "/pipe/1" and "/pipe/2"
Enter your choice :
```

④输入 0 并按回车,程序给出以下提示并退出:

```
Writing the message "Quitting SelectDemo" to /pipe/1 device
Number of file descriptors ready for reading = 1
Message read from /pipe/1 device - "Quitting SelectDemo"
The fd inFd2 of /pipe/2 dev. is not READY for reading
```

6.2.3 带缓冲的 I/O 接口

虽然 VxWorks 系统提供了一套高效的基本 I/O 接口,但由于在实际使用时,每调用一次基本 I/O 接口函数,I/O 系统都会调用与其对应的驱动函数来执行相应的操作;并且大多数 I/O 设备驱动都采用互斥或队列机制来避免发生因同时调用一个驱动而导致多个用户程序互相影响的情况。因此,频繁地调用基本 I/O 接口操作将会产生不小的系统额外开销。

VxWorks 系统提供了另外一套与 UNIX 和 Windows 系统的 stdio 包相兼容的 I/O 接口库 ansiStdio,从而实现带缓冲的 I/O 操作。ansiStdio 提供的带缓冲的 I/O 接口操作相当于对基本 I/O 接口操作增加了缓冲过程,以较大的单位和底层设备驱动缓冲区进行数据交换,以减少访问驱动程序缓冲区次数的方式提高 I/O 效率。整个过程对于应用程序而言是透明的,完全封装在接口函数中。

对于用户应用来说,ansiStdio 将不同设备类型的 I/O 封装成逻辑上一致的数据流形式(包括文本数据流和二进制数据流)进行访问。在带缓冲的 I/O 接口中,接口函数使用指向 FILE 结构的文件指针代替基本 I/O 接口中的文件描述符。此外,ansiStdio 对基本 I/O 中文件描述符为0,1,2的三个标准I/O也进行了封装,分别表示为stdin,stdout和stderr。当用户任务使用stdin,stdout或stderr进行读/写操作时,系统会自动创建FILE结构和缓冲区,而不需要显示地调用fopen( )。当任务结束时,stdin,stdout和stderr占用的资源会自动释放。

在使用带缓冲I/O接口操作时要注意,为了提高效率,ansiStdio不进行数据流的互斥访问。因此,如果多个任务同时对同一个数据流进行操作时可能会导致错误结果。

6.2.4 格式化的I/O接口

格式化的I/O接口是指按应用程序定义的格式进行输入、输出的I/O操作接口。例如printf( ),sprintf( ),sscanf( )等函数都是常用的格式化的I/O接口。在一般的操作系统中,格式化的I/O接口都在ANSI标准库stdio包中实现。

与此不同的是,VxWorks系统实现了一个fioLib函数库,提供了一套自制的、格式化的、非缓冲型的I/O接口,部分实现了符合ANSI标准库stdio包的接口函数。

与ANSI标准库stdio不同的是,fioLib库提供的I/O操作函数不进行缓冲,因此用其生成的目标代码更精简。

6.3 I/O系统的内部结构

I/O系统中的设备一般可以分为字符设备、块设备和网络设备三类,本节以字符设备为例讨论I/O系统的内部结构。

6.3.1 驱动程序表

通过前面的介绍已经知道,I/O系统提供了一套包含七个标准函数的基本I/O接口供系统应用使用。当系统应用调用了基本I/O接口中的某一标准函数时,I/O系统会自动关联到对应设备驱动程序的相应操作函数上。也就是说,在设备驱动程序中,有着与标准函数相对应的驱动函数存在。I/O系统的功能就是将系统应用的基本I/O操作请求定位到相应设备驱动程序的相应操作函数上。I/O系统通过维护一个包含标准函数与驱动程序相应操作函数对应关系的列表来完成这一功能,这一列表称为驱动程序表。

驱动程序表的示意图如图6.5所示。表前的数字为不同驱动程序在表中的序号,又称驱动程序号drvNum;表中的内容为驱动程序提供的对应七个基本I/O接口的操作函数的入口地址。在shell中可以使用iosDrvShow( )函数显示当前驱动程序表的内容。

驱动程序表的大小通过configAll.h文件中的宏定义NUM_DRIVERS来确定,默认为20。表中各成员类型为DRV_ENTRY结构,其定义如下:

	creat	delete	open	close	read	write	ioctl
0							
1							
2	myOpen	NULL	myOpen	myClose	myRead	myWrite	myIoctl
3	⋮	⋮	⋮	⋮	⋮	⋮	⋮

图 6.5 驱动程序表

```
typedef struct
{
    FUNCPTR    de_create;    /* 驱动中对应 creat( )操作的函数地址 */
    FUNCPTR    de_delete;    /* 驱动中对应 delete( )操作的函数地址 */
    FUNCPTR    de_open;      /* 驱动中对应 open( )操作的函数地址 */
    FUNCPTR    de_close;     /* 驱动中对应 close( )操作的函数地址 */
    FUNCPTR    de_read;      /* 驱动中对应 read( )操作的函数地址 */
    FUNCPTR    de_write;     /* 驱动中对应 write( )操作的函数地址 */
    FUNCPTR    de_ioctl;     /* 驱动中对应 ioctl( )操作的函数地址 */
    BOOL       de_inuse;
} DRV_ENTRY;
```

1. 驱动程序安装

VxWorks 系统提供了一个驱动程序安装函数 iosDrvInstall( ),用于动态地将设备驱动程序中与七个基本 I/O 接口对应的操作函数安装到驱动程序表中。该函数原型如下:

```
int iosDrvInstall
(
    FUNCPTR pCreate,      /* 指向 creat( )函数的指针 */
    FUNCPTR pDelete,      /* 指向 delete( )函数的指针 */
    FUNCPTR pOpen,        /* 指向 open( )函数的指针 */
    FUNCPTR pClose,       /* 指向 close( )函数的指针 */
    FUNCPTR pRead,        /* 指向 read( )函数的指针 */
    FUNCPTR pWrite,       /* 指向 write( )函数的指针 */
    FUNCPTR pIoctl        /* 指向 ioctl( )函数的指针 */
)
```

iosDrvInstall( )函数的参数为驱动程序中与七个基本 I/O 接口对应的操作函数的地址。其中,creat( )和 open( )操作一般对应相同的驱动程序实现函数。若在驱动程序中没有实现相应的操作，则填 NULL。

调用 iosDrvInstall( )函数后，I/O 系统会在驱动程序表中找出一个空闲表项，将 iosDrvInstall( )函数的七个参数填入该表项的对应位置，并返回驱动程序号 drvNum。驱动程序号将作为该驱动在驱动程序表中的索引号用于后续操作。

2. 驱动程序删除

VxWorks 系统提供了一个驱动程序删除函数 iosDrvRemove( )，用于从驱动程序表中删除指定的驱动程序。该函数原型如下：

```
STATUS iosDrvRemove
(
    int         drvnum,
    BOOL        forceClose
)
```

函数的返回值为 OK 或 ERROR，代表删除操作是否成功。若当前有对应该驱动程序的文件被打开，则函数返回 ERROR。

参数 drvnum 为待删除的驱动程序号，由 iosDrvInstall( )函数返回；参数 forceClose 代表是否强制关闭已打开的文件。若为 TRUE，则即使有对应该驱动程序的文件被打开，该文件也会被强制关闭，然后删除驱动程序。

6.3.2 设备列表

在软件系统中，设备是指根据驱动程序创建出的一个软件部件。该软件部件可能对应一个实际的硬件设备，也可能是一个只存在于软件系统中的虚拟设备。VxWorks 系统通过一个双向链表来维护软件系统中创建使用的设备，这个链表称为设备列表。在 shell 中可以使用 devs ( )函数或 iosDevShow( )函数显示当前设备列表的内容。

设备列表的示意图如图 6.6 所示，该示意图中包含了两个串口设备（“/tyCo/0”“/tyCo/1”）和一个管道设备（“/pipe/xyz”）。设备列表中的每个节点描述了一个设备，多个设备可以对应驱动程序表中的同一个驱动。例如，示意图中串口设备“/tyCo/0”和“/tyCo/1”使用驱动程序表中的 1 号驱动，管道设备“/pipe/xyz”使用 2 号驱动。

不同类型设备的驱动所需要的用于控制设备的信息是千差万别的。如图 6.7 所示，VxWorks 系统中设备列表的每一个节点均由驱动无关项和驱动相关项两部分组成。

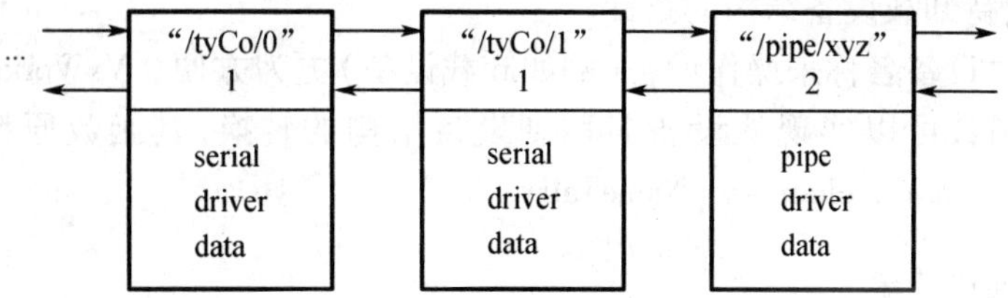

图6.6 设备列表

驱动无关项使用一个标准的结构 DEV_HDR 实现，用于存储设备名称和对应的驱动程序号，实现一个节点在设备列表中的双向链接，其定义如下：

```
typdef struct
{
    DL_NODE node;   /* 双向链表节点 */
    short drvNum;   /* 驱动程序号 */
    char * name;    /* 设备名称 */
} DEV_HDR;
```

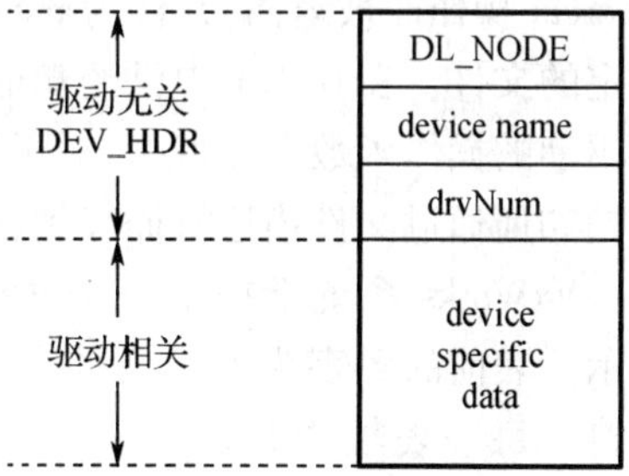

图6.7 设备列表节点结构

驱动相关项用于存储设备特有的数据内容，如地址、寄存器设置、缓冲区等。对于不同的驱动程序来说，其格式不同；对于相同驱动程序对应的不同设备来说，其具体内容也不尽相同。

(1)设备创建。VxWorks 系统提供了一个设备创建函数 iosDevAdd( )，用于创建一个新设备，并插入设备列表中。该函数原型如下：

```
STATUS iosDevAdd
(
    DEV_HDR    * pDevHdr,
    char       * name,
    int        drvnum
)
```

参数 pDevHdr 为指向设备结构的指针；参数 name 为指向设备字符串名称的指针；drvnum 为新创建设备所对应的驱动程序号。函数的返回值为 OK 或 ERROR，代表创建操作是否成功。若设备列表中已经存在了一个与新创建设备名称 name 同名的设备存在，则函数返回 ERROR。

(2)设备卸载。VxWorks 系统提供了一个设备卸载函数 iosDevDelete ( )，用于从设备列表中删除一个不再使用的设备。该函数原型为 void iosDevDelete(DEV_HDR * pDevHdr)，参数 pDevHdr 为指向待卸载设备结构的指针。

一般来说,通过设备名称来操作设备(例如卸载设备)更为方便。VxWorks 系统提供了一个 iosDevFind( )函数可以实现从设备名称到设备结构的转换,其函数原型为 DEV_HDR *iosDevFind(char *name, char **pNameTail)。

6.3.3 文件描述符表

在 VxWorks 系统中,文件描述符是 I/O 系统对已打开文件的标志,它通过调用 open 操作或 creat 操作而被返回,并作为 read 操作、write 操作、ioctl 操作和 close 操作的参数,用于操作指定的文件。在 6.3.1 中已经知道,对基本 I/O 接口的调用最终会被定位到驱动程序表中相应驱动的操作函数上。那么,对于基本 I/O 接口的 read 操作、write 操作、ioctl 操作和 close 操作是如何通过文件描述符而找到驱动程序表中的相应驱动呢?

VxWorks 系统维护了一个文件描述符表,如图 6.8 所示。表前的数字为不同文件在表中的序号,即文件描述符。每一表项中存储了对应文件的一些信息,包括 pDevHdr 指针、设备描述符指针、文件名等。通过 pDevHdr 指针就可以找到本文件所对应驱动程序在驱动程序表中的序号,从而确定该文件的基本 I/O 操作与相应驱动函数的关联。在 shell 中可以使用 iosFdShow( )函数显示当前文件描述符表的内容。

	pDevHdr	value	name	......
0			"/tyCo/0"	
1			"/pipe/xyz"	......
2			"/tyCo/1"	
			⋮	

图 6.8 文件描述符表

文件描述符表的尺寸是固定的,使用 configAll. h 中的宏定义 NUM_FILES 可以定义其大小。默认情况下,文件描述符表的尺寸为 50,其中不包含文件描述符 0,1,2 的存储位置,因此,文件描述符表的实际尺寸应为 NUM_FILES +3。

6.3.4 基本 I/O 操作流程

下面以字符设备为例,介绍基本 I/O 操作的流程。

1. 驱动程序安装

在系统应用中通过 I/O 系统进行某一类设备的操作使用之前,必须首先进行驱动程序的安装。对于每一个设备来说,在编写设备驱动时都需要实现一个驱动程序安装函数,其函数名为 xxDrv( )。例如,管道设备驱动程序实现的驱动安装函数原型就是 STATUS pipeDrv ( )。

xxDrv( )函数在执行时会调用 iosDrvInstall( )函数,在驱动程序表中新建一个表项,并把驱动程序中与基本 I/O 接口对应的驱动函数添加到驱动程序表的新建表项中,完成驱动安装。

2. 设备创建

在完成驱动程序安装后还不能直接使用,因为此时并没有一个实体,还需要依托已安装的驱动程序进行设备实体创建。对于每一个设备来说,在编写设备驱动时都需要实现一个设备创

建函数,其函数名为 xxDevCreate( )。例如,管道设备驱动程序实现的设备创建函数原型如下:

```
STATUS pipeDevCreate
(
    char    * name,                  /* 管道名称 */
    int     nMessages,               /* 最大消息数 */
    int     nBytes                   /* 每个消息的字节数 */
)
```

xxDevCreate( )函数在执行时会调用 iosDevAdd( )函数,在设备列表中增加一个设备节点,并完成设备节点信息的初始化,实现设备的创建。

3. open 操作流程

基本 I/O 接口中的 open 操作、creat 操作和 remove 操作的流程类似,都是通过文件名作为文件标志来完成具体操作。下面仅以 open 操作为例来详细说明操作流程。如图6.9 所示,系统应用调用 open 操作打开一个已创建设备"/myDev/0",该操作的流程如下:

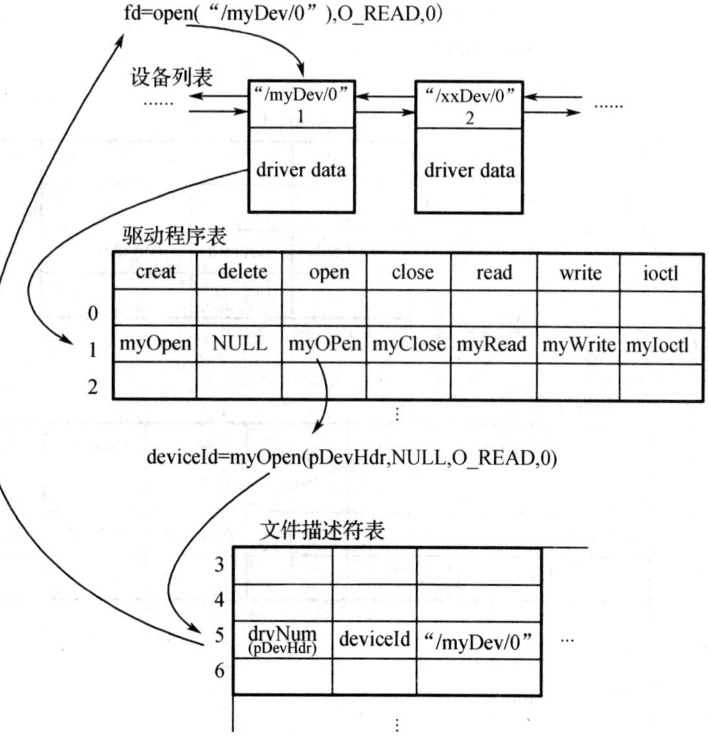

图 6.9 open 操作流程

(1)在设备列表中通过文件名进行匹配,在整个列表中寻找与 open 操作的第一个参数匹配度最高的对应设备,在图 6.9 中存在一个文件名完全匹配的设备;

(2)在文件描述符表中新建一个表项,用于存储打开文件的信息;

(3)根据设备列表中给出的驱动程序号,定位驱动程序表中的对应驱动,并调用与 open 操作对应的驱动函数 myOpen( )执行实质性操作;

(4)myOpen( )执行结束后返回一个指向设备描述符的指针 deviceId,该值会在对该文件执行 read 操作、write 操作、close 操作和 ioctl 操作时提供给驱动程序;

(5)将 pDevHdr 指针、文件名、设备描述符指针 deviceId 等信息填入文件描述符表中的新建表项中,并将新建表项的序号(即文件描述符)作为 open 操作的返回值返回。

4. read 操作流程

基本 I/O 接口中的 read 操作、write 操作、close 操作和 ioctl 操作具有相类似的流程,都是通过文件描述符作为文件标志来完成具体操作。下面仅以 read 操作为例来详细说明操作流程。如图 6.10 所示,系统应用调用 read 操作从文件描述符 fd 所指定的文件中读取数据。该操作的流程如下:

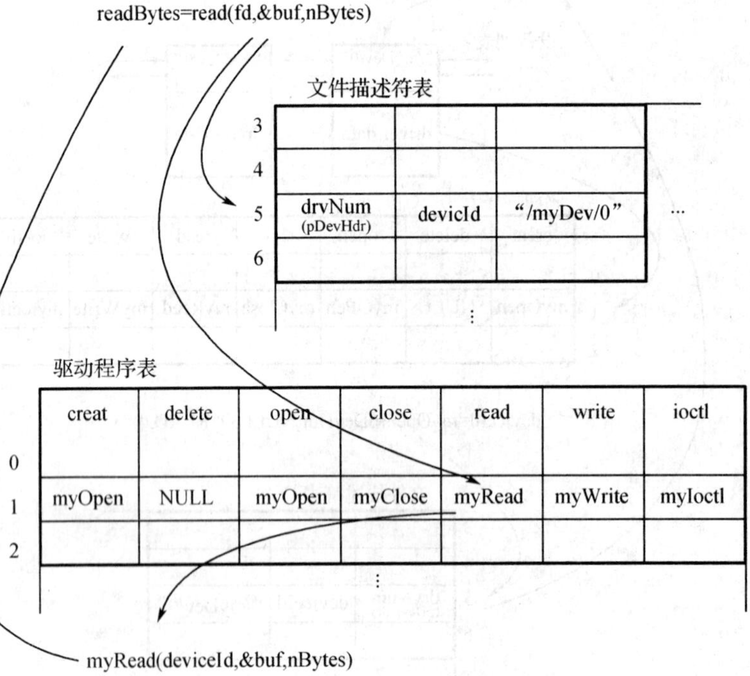

图 6.10 read 操作流程

(1)I/O 系统根据 read 操作指定的文件描述符 fd,定位到文件描述符表中的对应表项,并获取该文件对应的驱动程序号和指向设备描述符的指针 deviceId;

(2)根据驱动程序号定位到驱动程序表中的对应表项,获取与 read 操作对应的驱动程序函数 myRead( );

(3)将 deviceId 作为 myRead( )函数的第一个参数,将 read 操作的第二、三参数作为 myRead( )函数的第二、三参数,调用 myRead( )执行实质操作;

(4)myRead( )函数完成数据读取,执行结束后将 myRead( ) 函数的返回值作为 read 操作的返回值。

第7章 网络通信

网络通信是指使用物理链路将各个孤立的终端连接在一起,并进行数据传输,从而达到各终端间资源共享和通信的目的。目前,网络通信技术已广泛应用于人们的日常生活之中,互联网、电话系统、银行支付系统、公司内部的办公网络、酒店内的点菜系统等都是典型的通信网络,这种例子不胜枚举。对于实时嵌入式系统来说,网络通信支持已成为一种标准配备,网络通信也已成为实时嵌入式系统应用的主要数据通信方式。

本章主要介绍一些有关网络通信的基础知识,并在此基础上详细讨论 VxWorks 系统下的网络通信编程方法。

7.1 网络通信基础

7.1.1 电路交换与分组交换

根据数据通信服务方式的不同,一般可以将通信网络分为电路交换网络和分组交换网络。

电路交换是指在数据通信时,在网络的两节点之间建立专用连接。最典型的电路交换网络就是电话系统。当进行一次电话呼叫时,电话系统会在呼叫双方间建立一条专用链路,提供两点间的数据通信服务,这种服务方式的优点是保证带宽,缺点是耗费较大。例如,当电话接通后,即使双方不进行交谈也需支付电话费用。

分组交换是指在网络数据发送时,将数据分成多个信息片(即分组),各分组在网络中独立传输至目的地(传输路径可能不同),并在目的地端重新组装成完整数据。计算机网络就是一种典型的分组交换网络,这种网络的优点是计算机之间的连接可以被正在通信的每一对机器所共享,从而实现多路并行通信;它的缺点是随着通信活动的增加,无法保证网络容量。

7.1.2 局域网、城域网、广域网

根据网络覆盖的地理范围不同,一般可以将通信网络分为局域网、城域网和广域网。

局域网(Local Area Network,LAN)一般是指处于同一建筑、同一大学或方圆几千米地域内的专用网络,它提供了计算机间的最高速连接,但同时也牺牲了长距离通信的能力。目前,常用的局域网通信速率为 10 Mb/s,100 Mb/s 和 1 000 Mb/s。

城域网(Metropolitan Area Network,MAN)可以认为是一种大型的 LAN,通常使用与 LAN

相似的技术。它可以不使用交换单元,就把分组分流到几个设备;既可能覆盖几个房间,也可能覆盖一个城市;既可能是公用的,也可能是私有的;既可以支持数据和语音,又可能涉及有线电视网络。与其他类型的网络相比,MAN 极大地简化了设计。

广域网(Wide Area Network,WAN)也称远程网,是一种覆盖范围较大的网络,能够提供长距离的通信。许多 WAN 技术并不限制通信的距离,可以允许通信的终端在任意远的地方。通常情况下,WAN 运行的速率要比 LAN 低,而且在连接之间有更大的延时。

7.1.3　以太网技术

以太网是一种分组交换局域网技术。该技术由 Xerox 公司发明,由 Xerox 公司、Intel 公司和 DEC 公司联合开发。IEEE 制定的 IEEE802.3 标准给出了以太网的技术标准,规定了物理层的连线、电信号和介质访问层协议等内容。目前,以太网已经成为一种最流行的局域网技术。本章后续内容均假定使用以太网作为通信链路。

1. 以太网工作机制

以太网采用共享总线方式,使用尽最大努力交付机制,具有分布式接入控制,采用具有冲突检测的载波监听多点接入方式(CSMA/CD)。多台机器可同步接入以太网,并通过探测是否存在载波来判断以太网是否空闲(CSMA 方式)。当某一节点要发送报文时,首先监听以太网上是否有报文正在发送,若没有,则该节点允许进行报文发送操作。

由于在以太网上进行的报文发送不可能同时到达网络各处,而是有一定的传输时间,因此有可能出现两个节点同时探测到以太网空闲,并同时开始发送。这就导致在以太网上同时有两种电信号交汇,使得每个信号都失去了意义,产生了冲突。

为了有效地处理冲突情况,每个节点在报文发送的同时还监测网络电缆,检查是否有干扰出现,从而实现冲突检测(CD 方式)。若当前发送节点检测到以太网上出现冲突,则当前发送节点放弃本次发送,并采用二进制指数退避策略进行发送控制。即发送者在第一次冲突后延迟一个随机时间;如果第二次发送也产生冲突,则延迟第一次时间的两倍;若第三次发送还冲突,就延迟第一次时间的四倍,以此类推。二进制指数退避策略的思想是:如果网络上出现了多个节点同时发送的情况,则很可能有两个节点选择非常接近的随机时间进行退避,这样发生另一次冲突的可能性很高。通过不断将延迟时间加倍,将这两个节点重新发送的时间间隔显著拉开,从而降低再一次发生冲突的可能性。

2. 以太网硬件地址

就像在计算机中进行 I/O 操作或内存操作需要明确源和目的的地址一样,在以太网上进行各节点间的报文通信也需要为每个节点指定唯一的地址。以太网定义了一个 48 bit(6 字节)寻址方式,每台连接到以太网上的节点都分配到一个唯一的 48 bit 数字作为该节点的地址,即它的以太网地址。

以太网地址是固化在网络芯片中的,以太网芯片制造商购买以太网地址块,在生产网络芯片时按顺序进行分配。一般来说,没有两个以太网地址相同的网络芯片存在(起码在芯片出厂时是这样的)。但网络芯片中的以太网地址是可以更改的,在实际使用时,由于某些特殊需要,可能要将两个或多个网络芯片的以太网地址改成一致。但需要注意,同一时刻在同一个以太网中不允许有以太网地址相同的两个节点存在。

3. 以太网数据传输格式

在以太网上进行各节点间的报文通信时,实际在以太网上传输的是以太网帧。以太网帧有标准的格式要求,如图 7.1 所示。

6 Bytes	6 Bytes	2 Bytes	(46~1 500)Bytes	4 Bytes
目的地址	源地址	帧类型	帧数据	CRC

图 7.1 以太网帧标准格式

以太网帧由目的地址、源地址、帧类型、帧数据、CRC 校验码共 5 个信息单元组成。其中,目的地址是该以太网帧所要发送到目的节点的以太网地址;源地址是发送该以太网帧的节点的以太网地址;帧类型用于标志本报文的类型,常用的有 0x0800(IP 报文),0x0806(ARP 报文),0x8035(RARP 报文);帧数据是该以太网帧携带的数据内容,其数据长度允许在 46 字节至 1 500 字节之间;CRC 是以太网帧的循环冗余校验码。

由于帧数据的长度可变,因此整个以太网帧的长度是可变的,其长度不能小于 64 字节,也不能大于 1 518 字节。

7.1.4 参考模型

为了降低网络通信的复杂性,提高网络应用的扩展能力,一般会采用分层结构在软件层面(或者说应用层面)来组织网络。在这种网络中实现通信操作时,每一节点上的系统应用不直接操作网络硬件接口设备,而是操作其邻近的下一层,然后再由下一层操作下下层,直到最终操作网络硬件接口设备完成具体功能。

在现实生活中,好多系统或事物都是分层结构的。如图 7.2 所示,在哈尔滨的甲通过网上商城向在三亚的乙订购了一箱芒果。乙将芒果装箱后,叫来快递员办好快递手续;快递员将芒果拿走,送交快递公司在三亚的管理中心;管理中心对收到的所有快递按目的地不同进行分拣,然后通过交通运输方式运走。经过各种中转后,这箱芒果被运到哈尔滨,并送到快递公司在哈尔滨的管理中心;管理中心根据快递地址,委派快递员给甲送货,最终这箱芒果交到了甲的手里。

由这一例子可以看到,在整个快递过程中,每一层都只与相邻层发生直接联系,同一层次完成类似的工作,不同层次各有不同的功能。虽然每一层完成的功能相对简单,但各层通过相互协作便可完成复杂的工作。分层结构的优点就是通过将功能相对独立、简单的层次进行

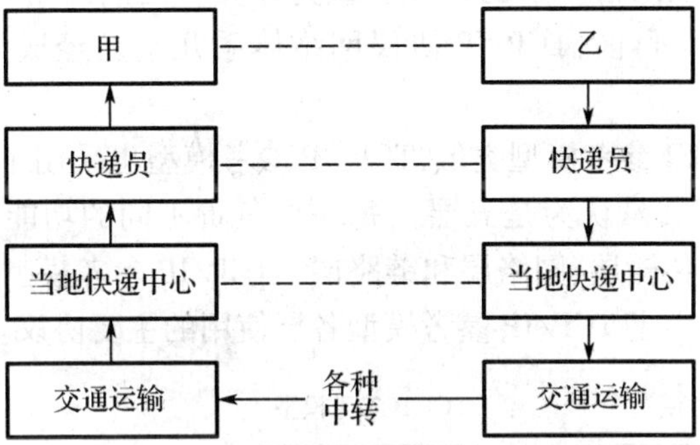

图7.2　现实生活中分层结构的例子

组合,从而实现复杂的过程或功能。

1. OSI 参考模型

开放式系统互联(Open System Interconnect,OSI)参考模型是由国际标准化组织 ISO 给出的一种网络互联模型。该模型定义了网络互联的层次结构、层次之间的相互关系及各层所包含的可能服务,以实现开放系统环境中的互联、互操作和应用的移植。

OSI 参考模型将网络通信划分为七个层次,从上至下分别为应用层、表示层、会话层、传输层、网络层、数据链路层和物理层。其中,应用层为特定类型的网络应用提供访问 OSI 环境的手段;表示层用于处理两个通信系统中交换信息的表示方式,为上层用户解决用户信息的语法问题;会话层在两个节点之间建立端连接,为端系统的应用程序之间提供对话控制机制;传输层为会话层用户提供端到端的可靠、透明和优化的数据传输服务机制;网络层通过寻址来建立两个节点之间的连接,为源端传输层送来的分组选择合适的路由和交换节点,正确无误地按照地址传送给目的端的传输层;数据链路层为网络层提供一个数据链路的连接,在一条有可能出差错的物理连接上进行几乎无差错的数据传输;物理层利用物理传输介质为数据链路层提供物理连接,以便透明地传送数据流。

OSI 参考模型只是描述了一些概念,用来协调进程间通信标准的制定,并没有提供一个可以实现的方法。因此,OSI 参考模型并不是一个标准,而只是一个在制定标准时所使用的概念性的框架。

2. TCP/IP 参考模型

TCP/IP(Transmission Control Protol / Internet Protocol)参考模型起源于20世纪60年代末美国政府资助的一个分组交换网络研究项目——ARPANET 工程,它的设计目的是独立于机器所在的某个网络,在它们之间提供通用的互连。TCP/IP 参考模型是由众多协议规范组成的,因此又称为 TCP/IP 协议网络体系、TCP/IP 协议族或 TCP/IP 协议栈。它提供信息在网络上通信的各种功能和方法，能适应几乎所有的底层通信技术，是一个真正的开放系统。到20世纪90年代，TCP/IP协议网络体系已经发展成为计算机之间最常用的组网形式，并在其基础上产生了互联网技术。目前，TCP/IP协议网络体系几乎已经成为所有操作系统的基本配置。

(1)分层结构。与OSI参考模型类似，TCP/IP参考模型也采用了层次结构的概念。它是一个四层协议系统（也有文献认为是五层），每一层负责不同的功能，对应不同的协议规范。从上到下依次是应用层、传输层、网络层和链路层。TCP/IP参考模型与OSI参考模型的对比如图7.3所示，并同时给出了TCP/IP参考模型各层使用的主要协议。

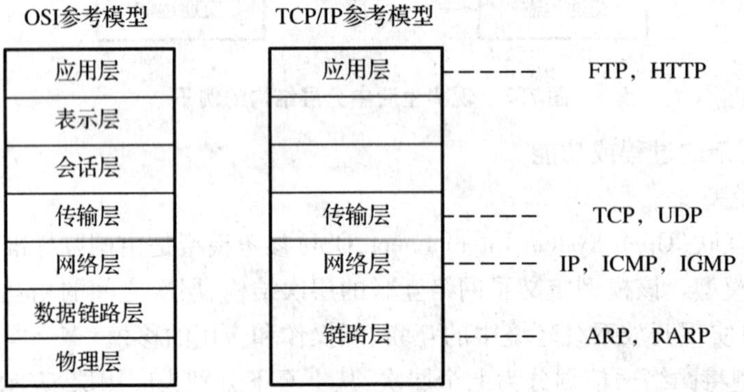

图7.3　参考模型对比图

①应用层。应用层负责处理特定的应用程序细节。它有可能由系统应用直接调用传输层的TCP或UDP实现；也可能由系统应用调用应用层协议，再由应用层协议调用传输层的TCP或UDP实现。FTP，HTTP，TELNET，SMTP等都属于应用层协议。

②传输层。传输层使源端和目的端上的对等实体可以进行会话，即为两个网络节点上的应用程序提供端到端的通信。传输层使用的主要协议有TCP（Transmission Control Protocol，传输控制协议）和UDP（User Datagram Protocol，用户数据报协议）。

③网络层。网络层处理分组在网络中的活动，也称互联网层。网络层使用的主要协议有IP（Internet Protocol，网际协议）、ICMP（Internet Control Message Protocol，控制报文协议）和IGMP（Internet Group Management Protocol，组管理协议）。

④链路层。链路层处理与电缆（或其他传输媒介）的物理接口细节，也称作网络接口层。链路层通常包括设备驱动程序和对应的网络接口，对于某些网络（如以太网）还包括ARP（Address Resolution Protocol，地址解析协议）和RARP（Reverse Address Resolution Protocol，逆地址解析协议）。

2.工作过程

在前面内容中已经了解到，TCP/IP协议栈是一个四层结构的协议系统，那么在进行网络通信时它是如何工作的呢？这里以系统应用直接利用传输层的 TCP 实现数据的发送和接收为例来简要说明 TCP/IP 协议栈的工作过程。

假定以太网上的各节点通过集线器连接。其中，节点 A 使用 TCP 向节点 B 发送数据。如图 7.4 所示，节点 A 用户应用程序在应用层调用 TCP 数据发送函数，将用户数据传入传输层；用户数据在传输层遵循 TCP 规范加上 20 字节的 TCP 首部，形成 TCP 段，传入网络层；TCP 段在网络层遵循 IP 规范加上 20 字节的 IP 首部，形成 IP 数据报，传入链路层；IP 数据报在链路层遵循以太网规范加上 14 字节的以太网首部和 4 字节的以太网尾部，形成以太网帧，然后经物理接口发送到网络上。整个数据的发送过程可以称为“封装”。

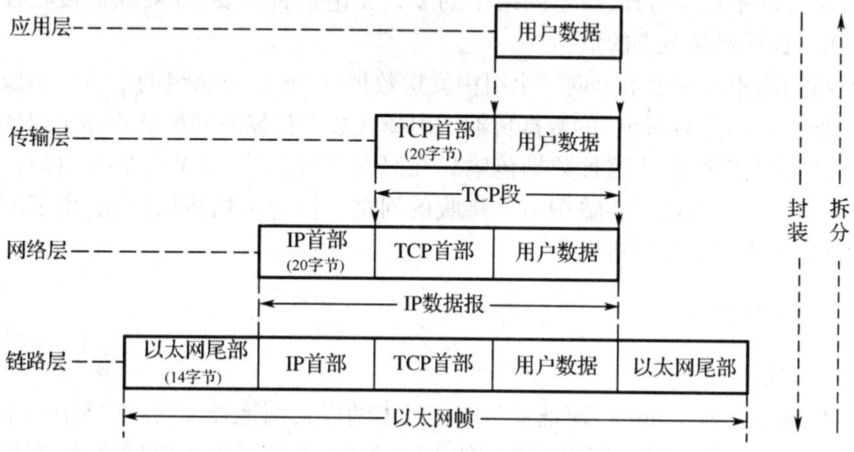

图 7.4　TCP/IP 协议栈工作过程

由于以太网上的各节点通过集线器连接，所以节点 A 发送的以太网帧可以传到任何节点的物理端口。各节点接收该以太网帧并传入链路层，检查以太网帧首部所包含的目的以太网地址是否与自身以太网地址相同，若不同则舍弃，若相同则剥掉以太网帧首部和尾部，将剩余的 IP 数据报传入网络层；然后，在网络层检查 IP 首部所包含的目的 IP 地址是否与本机 IP 地址一致，若不一致则丢弃，若一致则剥掉 IP 首部，将剩余的 TCP 段传入传输层；在传输层检查 TCP 首部所包含的目的端口号，并检查是否有本机应用程序正等待该端口号传入的信息，若没有则丢弃，若有则去掉 TCP 首部，将最终用户数据传给正在等待相应端口号网络信息的应用程序。这样，以太网帧经过以太网地址、IP 地址、端口号的三次匹配后，找到了用户数据的最终目的地。整个数据的接收过程可以称为“拆分”。

7.1.5　网络数据传输基本方式

网络数据的传输一般可分为单播、广播、组播三种基本方式。

单播是指由单一源头发送到单一目的接收者的一种数据传输方式，即“点对点”的数据传输。采用单播的数据传输方式,可以使得网络上的一个节点根据需求不同,向其他多个节点提供不同的数据,容易实现个性化的服务;但若当多个节点需要相同数据时,则采用单播的方式又会无故地消耗掉大量的网络带宽。

广播是指网络中一个节点发出的数据会被无条件地发送至所有节点(无论该节点是否需要),即"一点对所有"的数据传输。例如,有线电视网就是一个典型的广播网络。无论是否打开电视机或者是否收看,所有频道的信号都被传送至电视机(或机顶盒)信号输入端,只需打开电视机(或机顶盒)选择某一个频道,即可将该频道信号还原成画面。由于广播式数据传输方式不用进行网络路径选择,所以其网络成本低廉、维护简单,但同时也有无法针对用户需求提供个性化服务的不足。另外,由于网络中的节点无论是否需要,都被强迫接收处理广播数据,严重增加了这些网络节点的负担。

组播是指网络中的一个节点向一个组中发送数据,所有加入该组的节点均可以接收到组内的所有数据,即"一点对一组"的数据传输。组播式数据传输方式的优点是可以实现类似广播的一对多的数据传输,由于这种数据传输只在组内进行,并且各节点加入组的行为是主动的,因此不会出现广播式数据传输中被动接收的问题。但与单播协议相比,由于组播没有纠错机制,所以发生丢包错包后难以弥补。

7.1.6 网络地址

1. MAC 地址

MAC(Media Access Control)地址就是前面给出的以太网地址,它是网络中用于标志节点的真实物理地址。根据网络数据传输方式的不同,MAC 地址可分为单播地址、广播地址和组播地址。

2. IP 地址

在使用 TCP/IP 协议栈进行网络通信时,网络上的每个节点都被分配了一个唯一的 32 bit 的二进制数(IPV4 版本),称为 Internet 地址或 IP 地址。IP 地址是在各节点网络层对节点进行标志的一个"软地址",可在系统应用中设定。在实际使用中,32 bit 的 IP 地址通常分成 4 段,每段 8 位,使用十进制数字表示,段与段之间用句点隔开,这种表示方法称作"点分十进制表示法(Dotted Decimal Notation)",如 IP 地址 195.1.100.1。

IP 地址由网络号和主机号两部分组成。网络号用于标志某个网络,其位数决定了可以分配的网络数;主机号用于标志网络上的某个节点,其位数决定了网络中最大的主机数。根据 IP 地址中网络号和主机号的定义方法不同,一般可以将 IP 地址分为 A,B,C,D,E 五类,其分类方法如图 7.5 所示。其中,A 类地址对应 127 个网络,每个网络可以容纳 167 772 14 台主机,用于超大型网络;B 类地址对应 16 384 个网络,每个网络可以容纳 65 534 台主机,用于中型网络;C 类地址对应 2 097 152 个网络,每个网络可以容纳 254 台主机,用于较小规模的网络;D 类地址不分网络号和主机号,主要用于表示组播地址;剩余的地址为 E 类地址。

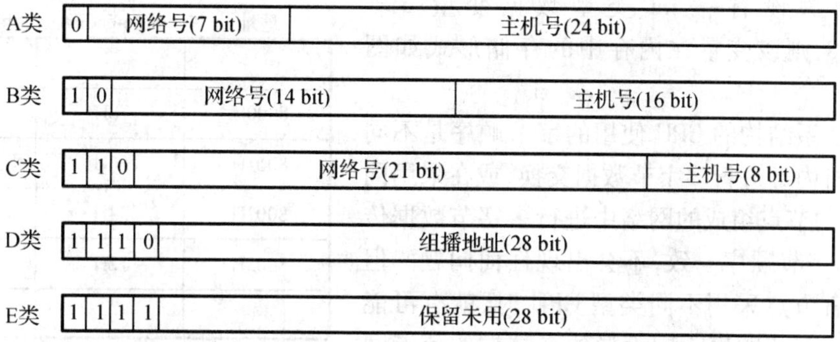

图 7.5　IP 地址分类方法

在 IP 地址中,网络号和主机号的全“0”和全“1”有着特殊的意义。全“0”可以解释为“本”,全“1”可以解释为“所有”。网络号为全“0”的 IP 地址指的是“本”网络;主机号为全“0”的 IP 地址指的是“本”主机;所有位均为“0”的 IP 地址(0.0.0.0)代表当前主机;所有位均为“1”的 IP 地址(255.255.255.255)代表所有网络的所有主机,该地址用于广播使用,由于其不能被路由转发,只能在当前网络中使用,因此被称作“受限广播地址”;主机号为全“1”的 IP 地址指的是网段中的所有主机,该地址也用于广播使用,被称作“定向广播地址”;网络号 127 在 TCP/IP 协议栈中规定不可用于任何网络。其中有一个特别的地址“127.0.0.1”称为环路地址,它将信息通过自身的接口发送后返回。

3. 端口地址

端口地址是一个 16 bit 的地址,也称作端口号。它的功能是区分识别应用层中的不同应用服务,是网络数据由传输层进入应用层的识别地址。

数值为 1 ~ 1023 的端口地址被称作知名端口地址,任何 TCP/IP 协议栈所提供的服务都使用知名端口地址实现(也有些系统服务使用的端口地址超出此范围)。例如,FTP 服务的端口地址默认为 21,SMTP 服务的端口地址默认为 25,POP3 服务的端口地址默认为 110。

在进行网络应用编程时要注意,不能占用已用于其他服务的端口地址,即一个端口地址仅能对应一个应用服务。

7.1.7　网络字节顺序

字节顺序是指占用内存多于一个字节的数据类型(如 short,int 等)在内存中存放的顺序。根据数据存放顺序的不同,一般可分为大端字节(big-endian)顺序和小端字节(little-endian)顺序两种。big-endian 顺序是指多字节数据的高字节存放在内存的低地址处,低字节存放在内存的高地址处;little-endian 顺序是指多字节数据的低字节存放在内存的低地址处,高字节存放在内存的高地址处。

例如，假设有一 int 类型数据变量 a = 0x12345678，则该变量在内存中的存储形式如图 7.6 所示。

地址	little-endian	big-endian
……	……	……
8000H	78H	12H
8001H	56H	34H
8002H	34H	56H
8003H	12H	78H
……	……	……

图 7.6　字节顺序对比

不同体系结构的 CPU 使用的字节顺序是不同的。在单机内部进行多字节数据交换，或在采用同类型 CPU 的节点组成的网络中进行多字节数据传输时，由于字节顺序一致，不会出现任何问题。但当网络中各节点采用不同类型 CPU 时，就有可能因为使用的字节顺序不同而导致在这样的节点间传输多字节数据出现问题。例如，采用 little-endian 顺序的节点计算机 A 发送 int 型数据 0x12345678 给采用 big-endian 顺序的节点计算机 B 时，计算机 B 接到的数据就是 0x78563412。

为了解决这一问题，使得网络中采用不同字节顺序的节点计算机之间可以正确地进行多字节数据的通信，就需要定义一种专门用于网络通信的字节顺序，即网络字节顺序。网络字节顺序采用 big-endian 顺序，任何网络节点在进行网络信息通信时都需要将多字节数据由主机字节顺序转换为网络字节顺序。

7.1.8　UDP 与 TCP

UDP（User Datagram Protocol，用户数据报协议）和 TCP（Transmission Control Protocol，传输控制协议）是位于 TCP/IP 协议栈传输层的两个主要通信协议。在实时嵌入式系统应用的网络开发中，主要是基于 UDP 和 TCP 进行网络编程实现网络通信的。

1. UDP

UDP 提供了在系统应用之间传输数据报的基本机制。它使用网络层的 IP 协议在各网络节点计算机之间传输报文，提供一种简单、不可靠、无连接的数据报交付服务，其报文格式如图 7.7 所示。

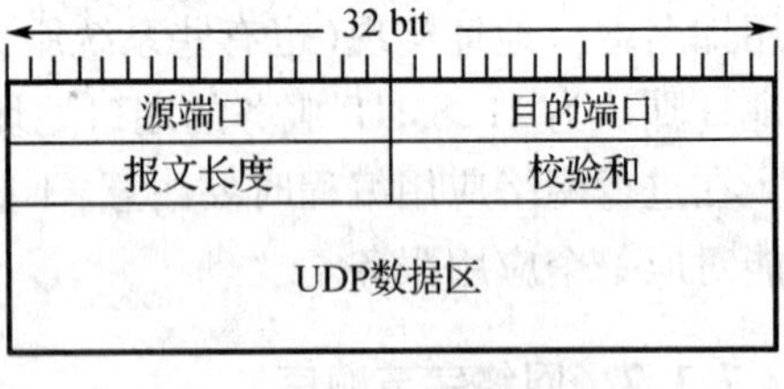

图 7.7　UDP 报文格式

UDP 只是单纯地把称作数据报的分组从一个网络节点计算机发送到另一个网络节点计算机，没有使用确认机制来确保报文到达，没有对传入的报文排序，也不提供反馈信息来控制网络节点计算机之间信息流动的速度。因此，UDP 报文可能会出现丢失、重复或乱序到达的现象。而且，发送端的数据报分组发送速率可能大于接收端的处理速率。

虽然 UDP 有着上述缺点，但由于其使用简单、记录数据发送边界，并且可用于实现广播和组播，因此在很多应用场合下都需要使用 UDP 进行网络通信。网络文件系统 NFS、简单网络管理协议 SNMP、简单文件传输协议 TFTP 等就是基于 UDP 实现的。

2. TCP

TCP 实现了系统应用之间数据流的传输，提供面向连接的、端到端的数据流通信服务，可确保数据双向、可靠、按序的传输，其 TCP 数据段格式如图 7.8 所示。

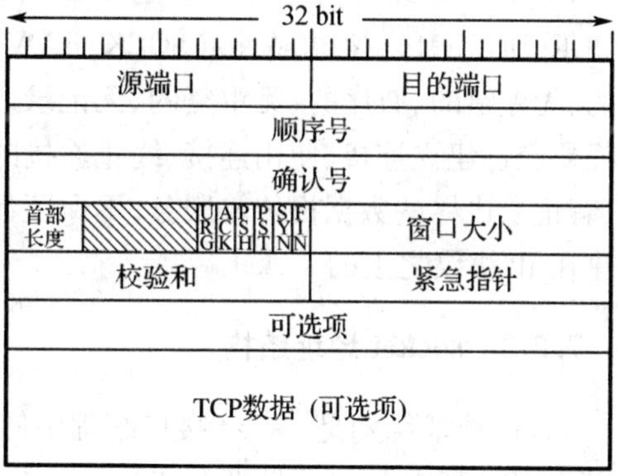

图 7.8　TCP 数据段格式

TCP 采用面向数据流的全双工虚电路连接形式进行有缓冲的传输，具有分组确认、丢失分组重传、重复分组检测、分组排序等功能，可靠性高，可实现流量控制。TCP 适用于连续传输大量数据，并且要求数据的有序性、正确性和可靠性的应用场合。网络通信中的许多服务都是基于 TCP 实现的。

7.2　socket

网络通信是一种非常重要的通信手段，它是在协议的控制下进行的。网络编程就是通过使用网络协议提供的各种服务实现网络通信功能。在系统应用中对于各种网络协议服务的使用都是通过网络编程接口来实现的。目前，比较流行的网络编程接口有 Berkeley 插口 API，TLI，Windows sockets 等，我们常说的 socket 接口就是指 Berkeley 插口 API。目前，socket 接口被广泛使用，并已经成为网络编程的标准接口，在很多操作系统中得到了实现。Windows sockets 就是以 Berkeley 插口 API 为基础设计开发的。VxWorks 系统实现了与 BSD4.4 TCP/IP 兼容的 socket 编程接口。

7.2.1　socket 描述符

在上一章中已经了解到，在进行基本 I/O 操作时，系统通过文件描述符来标志已打开的文件。对于已打开文件的读、写、设置等操作都是通过对文件描述符执行基本的 I/O 操作而实现的。VxWorks 操作系统通过一个全局的文件描述符表来存储所有的文件描述符。

socket 描述符与文件描述符类似，它是操作系统对于网络通信操作的抽象定义，也存储在全局的文件描述符表中。每个打开的 socket 都对应一个整数数值，该整数即为 socket 描述符值，是该 socket 描述符在文件描述符表中的索引号。

7.2.2 socket 类型

VxWorks 系统支持三种类型的 socket，即数据流 socket（SOCK_STREAM）、数据报 socket（SOCK_DGRAM）、裸层 socket（SOCK_RAW）。其中，数据流 socket 基于 TCP 实现，提供有连接的、无差错的、有序的、无重复的、无记录边界的可靠数据流传输服务，每一次完整的数据传输都要经过建立连接、使用连接、终止连接的过程；数据报 socket 基于 UDP 实现，提供无连接的、有记录边界的数据报传输服务，不保证数据可靠、有序、无重复的传输；裸层 socket 是直接构建在 IP 协议之上的 socket。

7.2.3 socket 地址结构

socket 地址结构是 socket 接口编程中使用的最基本、最常用的数据结构，使用“sockaddr_**”命名。其中“**”是变化的，根据不同的协议而不同。在 socket 编程中常用的 IPv4 socket 地址结构为 sockaddr_in，其在 VxWorks 系统中定义的原型如下：

```
struct sockaddr_in
{
    u_char   sin_len;
    u_char   sin_family;
    u_short  sin_port;
    struct   in_addr sin_addr;
    char     sin_zero[8];
};

struct in_addr
{
    u_long s_addr;
};
```

其中，成员 sin_len 为 socket 地址结构的长度；成员 sin_family 为地址族，用于指出通信域的地址表示格式；成员 sin_port 为 16 bit 的端口地址；成员 sin_addr 为 32 bit 的 IP 地址；成员 sin_zero没有使用。需要强调一下的是成员 sin_port 和 sin_addr. s_addr 都应以网络字节顺序的形式存储。

在 socket 编程中，socket 地址结构经常要作为一个参数，以指针的形式被 socket 编程接口函数使用，由于这些接口函数必须能够处理来自所有支持的任何协议族的 socket 地址结构，因此，需要定义一种通用的 socket 地址结构作为传递参数的指针类型。这种通用的地址结构

为 sockaddr,其在 VxWorks 系统中定义的原型如下:

```
struct sockaddr
{
    u_char   sa_len;
    u_char   sa_family;
    char     sa_data[14];
};
```

其中,成员 sa_len 为结构的长度;成员 sa_family 为地址族;成员 sa_data 表示 socket 地址。

7.2.4 socket 编程接口

VxWorks 系统提供了 BSD socket 和 Zbuf socket 两套编程接口。其中,Zbuf socket 编程接口是一个基于 zbuf(zero-copy buffer)抽象数据的 socket 调用的集合。使用该接口实现网络通信时,系统无需在应用程序缓冲区和网络缓冲区之间拷贝数据,从而可以简化网络信息通信流程,提高通信效率。但由于 Zbuf socket 并不是一种标准的网络编程接口,应用并不广泛。相反的,BSD socket 编程接口目前已经成为了实际网络应用开发中最常用的一种编程接口。因此,本小节将主要针对 BSD socket 编程接口进行详细介绍。有关 Zbuf socket 编程接口的相关知识可参考"VxWorks Network Programmer's Guide"。

1. 基本操作接口

(1)socket 接口。socket 接口是进行网络编程时第一个要调用的接口函数。该接口的功能是创建一个指定类型的 socket,建立一个通信端点,该接口原型如下:

```
int socket
(
    int domain,
    int type,
    int protocol
)
```

函数的返回值为 ERROR 或一个整数值。若返回整数值,则代表函数调用成功,返回值为 socket 描述符。

参数 domain 为地址族。该参数的允许值为以"AF_"开头的宏定义,不同宏定义对应不同的地址族类型。例如,宏定义 AF_INET 代表 IPv4 协议、AF_SNA 代表 IBM 的 SNA 协议、AF_DECnet 代表 DECnet 协议。

参数 type 为 socket 的类型,该参数的允许值为 SOCK_STREAM(提供顺序、可靠和基于字节流的双向连接)、SOCK_DGRAM(提供无连接、不可靠的数据报通信)、SOCK_RAW(提供原始网络协议访问)。

参数 protocol 用来指定 socket 的特定协议。一般来说,一个地址族的某一类型 socket 只有一个对应协议。例如,AF_INET 域中,类型为 SOCK_STREAM 的 socket 只支持 TCP 协议,类型为 SOCK_DGRAM 的 socket 只支持 UDP 协议。因此,参数 protocol 一般都填 0。但当使用 SOCK_RAW 类型 socket 时,需要使用参数 protocol 指定明确的协议。参数 protocol 的允许值在"target\h\netinet\in. h"文件中通过宏定义形式给出,宏定义以"IPPROTO_"开头,例如 IPPROTO_TCP。

(2) bind 接口。bind 接口的功能是将一个本地的协议地址和 socket 联系起来,该接口原型如下:

```
STATUS bind
(
    int s,
    struct sockaddr * name,
    int namelen
)
```

参数 s 为待进行 bind 操作的 socket 描述符,由 socket 调用返回。

参数 name 为指向与协议有关的 socket 地址结构的指针。这里以地址族为 AF_INET 的 socket 地址结构为例说明。在填写地址结构时需要注意,端口地址 sin_port 和 IP 地址 sin_addr. s_addr 需要存储为网络字节顺序。另外,若端口地址 sin_port 设置为 0,则代表端口地址由内核自动选择,若设置为非 0,则采用设定值;若 IP 地址 sin_addr.s_addr 设置为通配地址 INADDR_ANY,则代表 IP 地址由内核自动选择,否则采用设定值。如果想让系统监听任何一个本地接口的报文,则需要将 IP 地址 sin_addr. s_addr 设置为 INADDR_ANY。

参数 namelen 为地址结构的长度。

(3) connect 接口。connect 接口的功能是向指定的 socket 发出连接请求,该接口原型如下:

```
STATUS connect
(
    int s,
    struct sockaddr * name,
    int namelen
)
```

函数的返回值为 OK 或 ERROR,分别代表连接成功或失败。

参数 s 为待发起连接请求的本地 socket 描述符。

参数 name 为要连接到的目的端 socket 的地址。

如果目的端 socket 的类型是 SOCK_DGRAM,则 connect 调用并不真正建立连接,而仅仅是指定与本地 socket 接口 s 进行通信的目的端 socket 接口的地址。也就是说,若使用本地 socket 接口 s 进行报文发送,则报文只被发送到 name 所指定的目的端 socket 接口上;若使用本地 socket 接口 s 进行报文接收,则只能收到 name 所指定的目的端 socket 接口向其发送的报文。

SOCK_DGRAM 类型的 socket 接口并不是一定要执行 connect 调用,若没有执行,则需要在每次通过本地 socket 接口 s 进行发送或接收时指定目的端 socket 接口的地址。

如果 socket 是 SOCK_STREAM 类型,则必须执行 connect 调用,从而与 name 所指定的 socket 建立真正连接。

参数 namelen 为地址结构的长度。

(4)listen 接口。listen 接口的功能是设置某一 socket 为可以接受客户端的连接请求(即 connect 接口发起的连接请求)。该接口只用于 TCP 服务器端,其接口原型如下:

```
STATUS listen
(
    int s,
    int backlog
)
```

函数的返回值为 OK 或 ERROR,分别代表设置成功或失败。

参数 s 为设置允许接受连接请求的 socket 描述符。

参数 backlog 为 socket 接口上可以排队等待的连接数的门限值。若超过此门限值,则拒绝新的连接请求。

(5)accept 接口。accept 接口的功能是等待客户端的连接请求(即 connect 接口发起的连接请求)。该接口原型如下:

```
int accept
(
    int s,
    struct sockaddr *addr,
    int *addrlen
)
```

函数的返回值为 ERROR 或 socket 描述符。若连接请求队列非空,则接受连接请求队列中首部的客户端连接请求,然后创建一个新的 socket 接口,用于与该客户端通信;若连接请求队列为空,且本地 socket 接口 s 为非阻塞模式,则返回 ERROR;若连接请求队列为空,且本地 socket 接口 s 为阻塞模式(默认即为阻塞方式),则调用该接口的任务被阻塞,直到有客户端连接请求为止。

参数 s 为等待接受连接请求的 socket 接口,通常称为监听口。它是一个由 socket 接口创建,由 bind 接口绑定,再经过 listen 接口设置的 socket 描述符。该 socket 接口一直存在,直到服务器关闭时才关闭。

参数 addr 为一返回参数,用来返回当前接受的发起连接请求的 socket 地址。

参数 addrlen 用于返回第二个参数的 socket 地址的大小。

(6)shutdown 接口。shutdown 接口的功能是按指定方式来关闭 socket 接口的读通道、写通道或读写通道。该接口原型如下:

```
STATUS shutdown
(
    int     s,
    int     how
)
```

函数的返回值为 OK 或 ERROR,分别代表操作成功或失败。

参数 s 为 shutdown 接口函数所要操作的 socket 描述符。

参数 how 为具体执行的操作。0 代表关闭 socket 接口 s 的读通道、1 代表关闭 socket 接口 s 的写通道、2 代表同时关闭 socket 接口 s 的读写通道。

需要注意的是,shutdown 接口函数并没有真正关闭 socket 接口和释放其占用的资源。

(7)close 接口。close 接口函数的功能是关闭已打开的 socket 接口,终止 TCP 连接。该操作是一个标准的 I/O 调用,其接口原型为 STATUS close(int fd)。

在使用 TCP 协议的网络通信程序中,当客户端或服务器端使用完一个 socket 接口时,需要执行 close 操作来关闭该 socket 接口。如果 socket 描述符有多个访问,则 close 操作会将该 socket 的访问数减 1;当访问数减为 0 时,则释放该 socket。

2. I/O 操作接口

(1)read 和 write 接口。read 和 write 接口是基本的 I/O 操作,可用于对一个已连接的 SOCK_STREAM 类型的 socket 进行网络信息读取和网络信息发送操作。read 和 write 接口的功能和使用方法已在第 6 章中介绍,这里不再说明。

(2)recv 和 send 接口。recv 接口用于从一个已连接的 SOCK_STREAM 类型的 socket 上接收网络信息。其接口原型如下:

```
int recv
(
    FAST int        s,
    FAST char       * buf,
    FAST int        bufLen,
    FAST int        flags
)
```

其中，函数的返回值为 ERROR 或实际接收到的网络信息字节数；参数 s 为用于接收网络信息的已连接的 SOCK_STREAM 类型的 socket 接口；参数 buf 为指向用户接收数据缓冲区的指针；参数 bufLen 为用户接收数据缓冲区的大小；参数 flags 为接收数据的方式，其允许值为 MSG_OOB(接收带外数据)或 MSG_PEEK(检查但不读取到达的数据)。

send 接口用于从一个已连接的 SOCK_STREAM 类型的 socket 上发送网络信息，其接口原型如下：

```
int send
(
    FAST int        s,
    FAST char       * buf,
    FAST int        bufLen,
    FAST int        flags
)
```

其中，函数的返回值为 ERROR 或实际成功发送的网络信息字节数；参数 s 为用于发送网络信息的已连接的 SOCK_STREAM 类型的 socket 接口；参数 buf 为指向待发送数据的缓冲区指针；参数 bufLen 为待发送数据的大小；参数 flags 为发送数据的方式，其允许值为 MSG_DONTROUTE(不需要使用路由表)或 MSG_OOB(发送带外数据)。

(3) recvfrom 和 sendto 接口。recvfrom 接口用于从一个 SOCK_DGRAM 类型的 socket 上接收网络数据报，其接口原型如下：

```
int recvfrom
(
    FAST int                    s,
    FAST char                   * buf,
    FAST int                    bufLen,
    FAST int                    flags,
    FAST struct sockaddr        * from,
```

```
    FAST int                    * pFromLen
)
```

recvfrom 接口的返回值和前四个参数与 recv 接口一致。当 socket 为已连接时，则第五个参数和第六个参数无需使用。

参数 from 为 recvfrom 接口的输出参数。若参数 s 对应的 socket 是无连接的，并且 from 为非空，则输出值为该 socket 所接收到数据报的源 socket 地址。

参数 pFromLen 既是一个输入参数，又是一个输出参数，当用作输入参数时，pFromLen 参数指针中的值为 from 所指向缓冲区的大小；当用作输出参数时，pFromLen 参数指针中的值为 from 中存放的 socket 地址的实际大小。

sendto 接口用于从一个 SOCK_DGRAM 类型的 socket 发送网络数据报。其接口原型如下：

```
int sendto
(
    FAST int                    s,
    FAST caddr_t                buf,
    FAST int                    bufLen,
    FAST int                    flags,
    FAST struct sockaddr        * to,
    FAST int                    tolen
)
```

sendto 接口的返回值和前四个参数与 send 接口一致。当 socket 为已连接时，则第五个参数和第六个参数无需使用。

当 socket 为无连接时，参数 to 为指向目的 socket 接口地址结构的指针，参数 tolen 为目的 socket 接口地址结构的大小。

(4) recvmsg 和 sendmsg 接口。recvmsg 和 sendmsg 接口用于从一个 SOCK_DGRAM 类型的 socket 上接收或发送网络数据报，其功能与 recvfrom 接口和 sendto 接口基本一致，接口原型分别如下：

```
int recvmsg
(
    int                 sd,
    struct msghdr       * mp,
    int                 flags
```

```
)
int sendmsg
(
    int                 sd,
    struct msghdr       * mp,
    int                 flags
)
```

参数 sd 为数据报接收或发送所使用的本地 socket;参数 flags 与 recv 和 send 接口中的相应参数一致;参数 mp 为一 msghdr 类型结构体,用于存储目的(源)socket 地址、接收数据缓冲区的指针、待发送数据缓冲区的指针等信息。

3. 其他操作接口

(1)选项操作接口。VxWorks 系统提供了两个 socket 选项操作接口 setsockopt( )和 getsockopt( ),分别用来设置和获取 socket 接口的选项值,其接口原型如下:

```
STATUS setsockopt
(
    int         s,
    int         level,
    int         optname,
    char        * optval,
    int         optlen
)
STATUS getsockopt
(
    int         s,
    int         level,
    int         optname,
    char        * optval,
    int         * optlen
)
```

函数的返回值为 OK 或 ERROR,分别代表设置(获取)操作的成功或失败。

无论对于 setsockopt 接口还是 getsockopt 接口,前三个参数均为输入值。其中,参数 s 是待执行设置(获取)选项值操作的 socket 接口;参数 level 是选项级别,在 VxWorks 系统中支持的级别有 SOL_SOCKET,IPPROTO_IP 和 IPPROTO_TCP;参数 optname 是需要设置(获取)的套接字选项,采用不同的宏定义表示。

参数 optval 是指向存储设置(获取)选项值的缓冲区;参数 optlen 是 optval 所指向缓冲区的长度值。在 getsockopt 接口调用时,optval 和 optlen 均作为传址参数,用于返回对应选项的设置值和长度;在 setsockopt 接口调用时,optval 和 optlen 均作为传值参数,用于输入对应选项的具体设置值和长度。

参数 optname 对应的套接字选项宏定义较多也较复杂,并且根据 socket 类型的不同,可进行设置(获取)的选项内容也不同。此处不作详细介绍,可参考 socket 网络编程相关的书籍。

(2)字节顺序转换操作接口。在介绍网络字节顺序时已经知道,当网络上的节点计算机进行数据通信时,由于各节点计算机的主机字节顺序可能不同,因此需要统一采用网络字节顺序进行网络上的数据传输。也就是说,发送节点在发送网络数据之前需要先进行主机字节顺序到网络字节顺序的转换,而接收节点在收到网络数据之后也需要进行网络字节顺序到主机字节顺序的转换。

VxWorks 系统提供了四个字节顺序转换操作接口,其接口原型和功能见表 7.1。

表 7.1 字节顺序转换操作接口及功能

操作接口	功能描述
UINT16 ntohs (UINT16 x)	将 2 字节数据由网络字节顺序转换为主机字节顺序
UINT32 ntohl (UINT32 x)	将 4 字节数据由网络字节顺序转换为主机字节顺序
UINT16 htons (UINT16 x)	将 2 字节数据由主机字节顺序转换为网络字节顺序
UINT32 htonl (UINT32 x)	将 4 字节数据由主机字节顺序转换为网络字节顺序

(3)地址转换操作接口。地址转换操作接口用于实现对以太网地址的各种处理。VxWorks 系统提供了多个与地址转换操作相关的接口,其接口原型和功能描述见表 7.2。

表 7.2 地址转换操作接口及功能

操作接口	功能描述
u_long inet_addr(char * inetString)	将字符串形式的点分十进制 IP 地址 inetString 转换为整型数形式的网络地址,并作为函数返回值返回
int inet_lnaof(int inetAddress)	通过整型数形式的网络地址 inetAddress 获取本主机所在网段的主机号
void inet_makeaddr_b (int netAddr, int hostAddr, struct in_addr * pInetAddr)	将参数 netAddr 表示的网络号和参数 hostAddr 表示的主机号进行组合,得到一个 IP 地址,通过参数 pInetAddr 返回

表7.2(续)

操作接口	功能描述
struct in_addr inet_makeaddr(int netAddr, int hostAddr)	与 inet_makeaddr_b 接口的功能一致,将得到的 IP 地址直接通过返回值返回
int inet_netof(struct in_addr inetAddress)	通过整型数形式的网络地址 inetAddress 获取该地址所在网段的网络号,并作为返回值返回
void inet_netof_string (char * inetString, char * netString)	从参数 inetString 给出的 IP 地址中提取字符串形式的网络号,并通过参数 netString 返回。例如 inet_netof_string ("90.0.0.2", netString) 调用后,netString 为"90.0.0.0"
u_long inet_network (char * inetString)	将参数 inetString 给出的字符串形式的网络号转换为整型数形式并返回
void inet_ntoa_b(struct in_addr inetAddress, char * pString)	将参数 inetAddress 中存储的整型数形式的网络地址转换为字符串形式的 IP 地址,并通过参数 pString 返回
char * inet_ntoa(struct in_addr inetAddress)	与 inet_ntoa_b 函数的功能一致,将得到的 IP 地址作为函数返回值返回
STATUS inet_aton(char * pString, struct in_addr * inetAddress)	与 inet_addr 函数功能一致,将得到的整型数形式的网络地址通过参数 inetAddress 返回

(4)信息查询操作接口。信息查询操作接口提供了存储和访问网络主机信息的相关功能。VxWorks 系统提供了多个与信息查询操作相关的接口,其接口原型和功能描述见表 7.3。

表7.3 信息查询操作接口及功能

操作接口	功能描述
void hostTblInit (void)	初始化网络主机列表结构
STATUS hostAdd(char * hostName, char * hostAddr)	将参数 hostName 给出的主机名和参数 hostAddr 给出的主机 IP 地址作为一组对应项,增加到本地主机列表中
STATUS hostDelete(char * name, char * addr)	从主机列表中删除一个主机项
int hostTblSearchByName(char * name)	通过主机名在主机列表中寻找对应的主机,并返回该主机整型数形式的网络地址

表 7.3(续)

操作接口	功能描述
STATUS hostTblSearchByAddr(int addr, char * name)	通过整型数形式的网络地址在主机列表中寻找对应的主机,并通过参数 name 返回该主机的主机名
int hostGetByName(char * name)	功能与 hostTblSearchByName 接口类似。如果在本地主机列表中没有发现对应名字的主机,并且 DNS 库被配置,则向 DNS 服务器发送主机 IP 地址请求
STATUS hostGetByAddr(int addr, char * name)	功能与 hostTblSearchByAddr( ) 接口类似。如果在本地主机列表中没有发现对应参数 addr 地址的主机,并且 DNS 库被配置,则向 DNS 服务器发送主机名请求
int sethostname(char * name, int nameLen)	设置主机名
int gethostname(char * name, int nameLen)	获取主机名

7.3 常用的网络通信服务模式

7.3.1 简单数据通信服务模式

简单数据通信服务模式是一种最简单的网络通信方式。如图 7.9 所示,对于采用该模式的任意网络节点来说,其所进行的网络通信操作就是单纯的发送网络数据或接收网络数据。发送和接收操作完全是根据网络节点的信息需求进行的,两种操作之间没有任何的逻辑关联。

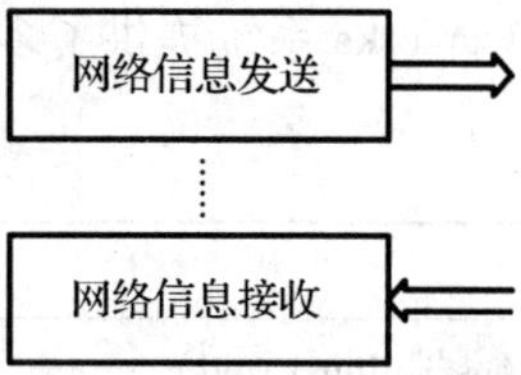

图 7.9 简单数据通信服务模式

一般来说,简单数据通信服务模式主要是基于 UDP 实现的,可根据需要采用单播、广播、组播等方式,用于进行单纯的数据传输。

7.3.2 基本请求/应答服务模式

基本请求/应答服务模式是在简单数据通信服务模式的基础上增加了命令的传输、响应过程。如图 7.10 所示,网络节点可根据需要向目的节点发送请求,目的节点接收到请求后进行响应操作,并向源节点回复响应结果(数据或指令)。在基本请求/应答服务模式中,网络节点所扮演的角色是根据需求和运行情况灵活变化的。对于任意网络节点来说,既可以作为请求方,也可以作为应答方;对于单一网络节点来说,既可以当前时刻作为请求方,也可以下一时刻转变为应答方。

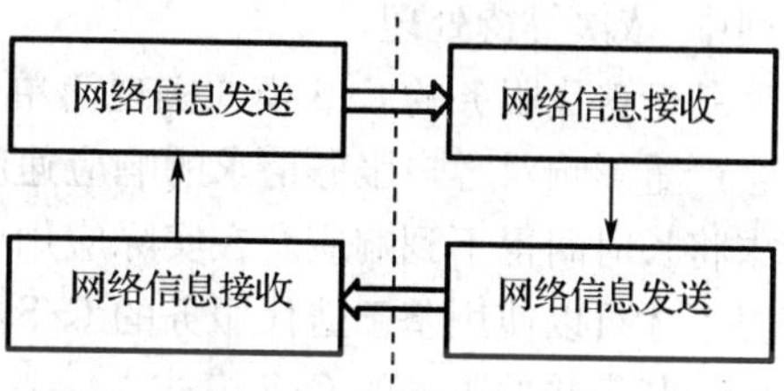

图7.10　基本请求/应答服务模式

基本请求/应答服务模式主要用于网络节点间有简单的请求、应答交互操作要求的场合,既可基于UDP实现,又可基于TCP实现。

7.3.3　客户/服务器服务模式

客户/服务器(Client/Server,C/S)模型是一种典型的网络服务模型。该模型描述的是被服务和服务的关系,即客户为被服务对象,服务器为提供服务的一端。服务器等待客户的请求,并根据其请求内容为其服务。前面给出的“基本请求/应答服务模式”就可以看作客户/服务器模型的最简单实现。

在实际网络系统中,客户与服务器之间的关系是多对多的关系,即一个客户可以同时向多个服务器请求,一个服务器也可以同时为多个客户服务。在客户/服务器模型中,客户端的实现方法和流程基本一致,但服务器端的实现方式有较大差别。

1.基于迭代服务的C/S模式

基于迭代服务的C/S模式如图7.11所示。在该模式下,服务器端采用阻塞的socket,通过调用accept接口阻塞在等待客户端连接请求的操作上。当有客户执行连接请求时,服务器解除阻塞状态,为该客户提供所需服务。当服务结束后,服务器再次调用accept接口等待下一客户请求。

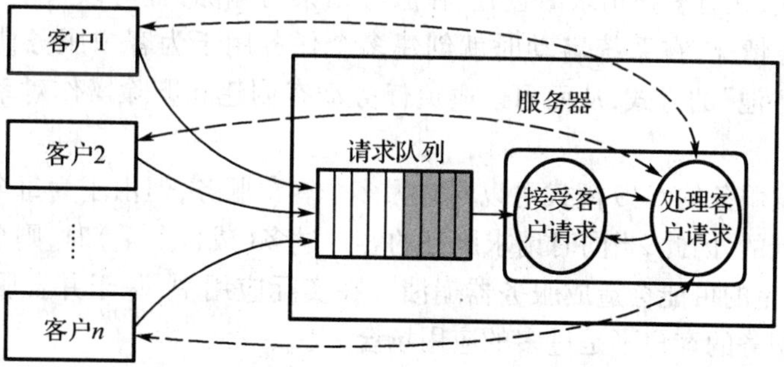

图7.11　基于迭代服务的C/S模式

在这种服务模式下,服务器端使用一个任务接收和处理所有客户的请求。在同一时刻,服务器只能为一个客户服务。当有多个客户请求服务器服务时,请求被放入服务器端的请求队列中，依次等待处理。

基于迭代服务的C/S模式实现简单，但由于该模式在同一时刻只能为一个客户服务，因此会严重影响对客户服务请求的响应速度。如果有一个客户一直占用服务器，则其他客户的请求将长时间得不到响应。在实际应用中，只有在客户数量不多、请求不频繁、服务不复杂的情况下才可以使用基于迭代服务的C/S模式。

2. 基于并发服务的C/S模式

基于并发服务的C/S模式如图7.12所示。在该模式下，服务器端采用阻塞的socket，通过调用accept接口阻塞在等待客户端连接请求的操作上。当有客户执行连接请求时，服务器解除阻塞状态，接受请求，并使用新任务为客户提供服务；而原任务则再次调用accept接口，阻塞等待下一客户请求。

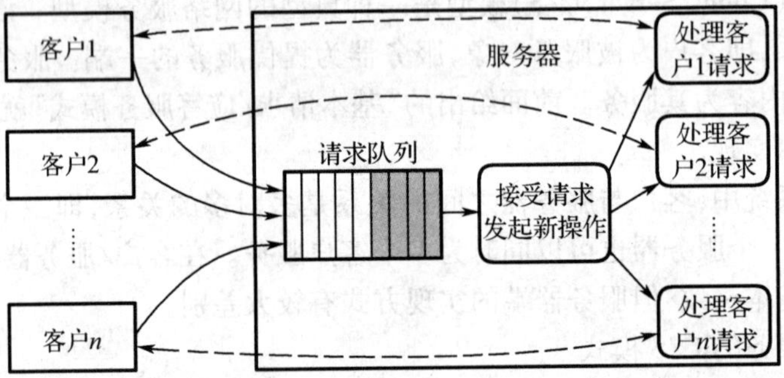

图7.12 基于并发服务的C/S模式

在这种服务模式下，服务器端使用单一的任务接受客户的请求，使用其他任务为客户提供一对一的服务，从而实现了多客户的并发服务。对于为客户提供服务的任务来说，可以采用动态创建的方式，在有客户请求时创建，在服务结束时删除；也可以采用“任务池”的方式，根据网络实际服务情况，在系统启动时就创建多个任务用于为客户服务使用。在实际应用中，建议采用“任务池”的方式，从而可以避免任务动态创建和删除操作对系统资源和时间的消耗。

虽然基于并发服务的C/S模式可以同时为多个客户服务，但由于为每个客户的服务都是通过独立任务实现的，因此，当同时请求服务的客户过多(成百上千)时，则会严重占用服务器的系统资源，更严重的可能会造成服务器崩溃。在实际应用中，基于并发服务的C/S模式只适用于同时请求服务的客户不是过多的应用场合。

3. 基于事件驱动的C/S模式

基于事件驱动的C/S模式如图7.13所示。在该模式下，服务器端采用非阻塞的socket，调用select接口阻塞响应多个socket的可读和可写事件(客户端的connect操作也会在服务器端触发一个可读事件)，从而可以在服务器端的一个任务中实现对所有客户的连接请求接收、

TCP 数据接收、TCP 数据发送等操作，既实现了对多客户的并发处理，又解决了系统资源占用的问题。

当使用一个任务为所有客户提供服务时，若客户端所请求的服务较复杂，则会由于占用服务器时间较长而导致服务器对其他客户请求响应的不及时。因此，在基于事件驱动的 C/S 模式中，对于所请求的服务较复杂的客户端使用独立的任务为其服务（如图 7.13 中的客户 n）。

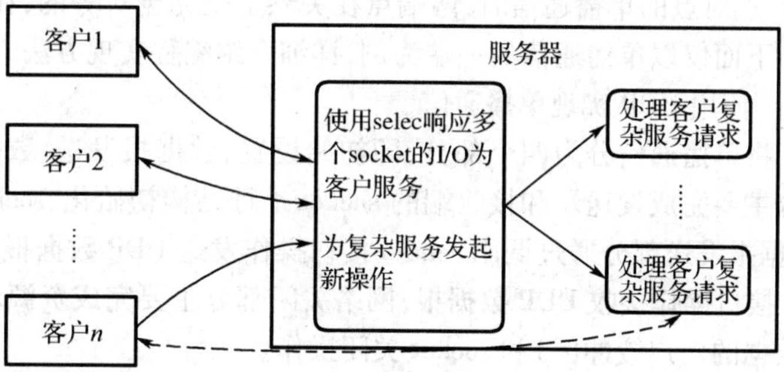

图 7.13　基于事件驱动的 C/S 模式

7.4　基于 UDP 的网络通信

7.4.1　UDP 基本编程模式

UDP 提供的是一种不可靠、无连接的数据报通信服务，其客户/服务器的概念比较模糊，各通信端关系对等。因此，UDP 常用于单播、广播或组播方式下的简单数据通信或基本请求/应答式通信。使用 UDP 实现网络通信的基本编程模式如图 7.14 所示。

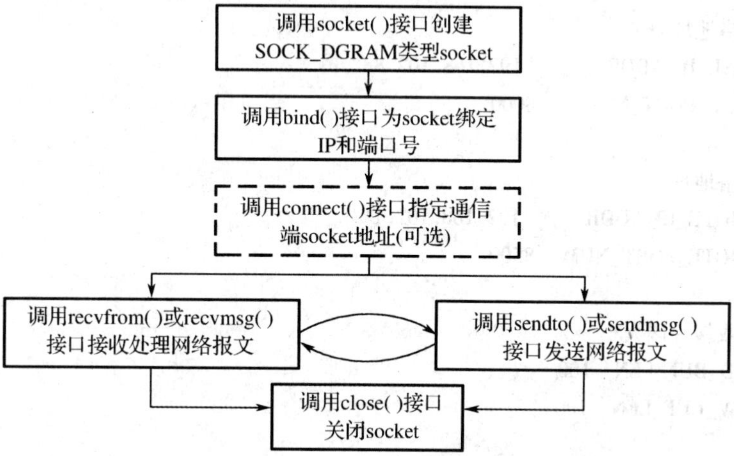

图 7.14　UDP 基本编程模式

使用 UDP 进行网络通信的系统应用一般都是通过 socket 创建、socket 地址绑定、通信端 socket 地址连接(可选操作)、数据交换、socket 关闭这五个步骤实现的。这是一个基本的操作使用流程,实际的网络编程实现要根据系统需求灵活实现。

7.4.2 单播通信

基于 UDP 进行点对点的单播通信时,两端点在关系上是完全对等的,在实现方法和流程上是基本一致的。下面仅以单播通信的一端为例,详细介绍编程实现方法。

程序示例 7.1 使用 UDP 实现单播通信

程序示例 7.1 将单播通信分为四个部分,即初始设置、数据报发送、数据报接收、网络关闭。初始设置部分主要完成发送端和接收端的 socket 地址结构初始化、socket 创建、socket 地址绑定等操作;数据报发送部分通过调用 sendto 接口操作发送 UDP 数据报;数据报接收部分通过调用 recvfrom 接口操作接收 UDP 数据报;网络关闭部分主要完成资源释放(如用于存储发送数据或接收数据的用户缓冲区)和 socket 关闭操作。

整个程序首先进行 UDP 初始化操作,然后发送 5 次测试报文,再等待接收 5 次测试报文,最后关闭网络。

```
#include "vxWorks.h"
#include "stdio.h"
#include "inetLib.h"
#include "string.h"
#include "stdlib.h"
#include "sockLib.h"

/* 本地网络地址 */
#define LOCAL_IP_ADDR        "192.168.102.88"
#define LOCAL_PORT_NUM       8000

/* 远端网络地址 */
#define REMOTE_IP_ADDR       "192.168.102.1"
#define REMOTE_PORT_NUM      8500

/* 发送接收缓冲区大小 */
#define SEND_BUF_LEN   100
#define RECV_BUF_LEN   100

int sockFd;
```

```
int sockAddrLen;
struct sockaddr_in local;
struct sockaddr_in remote;
char *sendBuf = NULL, *recvBuf = NULL;

void udpTest(void);
STATUS udpInit(void);
int udpSend(char *pSendBuf, int sendLen);
int udpRecv(char *pRecvBuf, int bufLen, struct sockaddr *pFrom, int *pFromLen);
void udpClose(void);

/* udp 单播通信测试 */
void udpTest(void)
{
    struct sockaddr_in from;
    int i = 0, lenSend = 0, lenRecv = 0, fromLen = 0;

    /* 初始设置 */
    if(udpInit() == ERROR)
    {
        printf("udp init failed!\n");
    }

    /* 报文发送测试 */
    for(i = 1; i <= 5; i++)
    {
        sprintf(sendBuf, "udp send test[%d]!", i);

        lenSend = udpSend(sendBuf, strlen(sendBuf));

        printf("send udp datagram ---- %s\n", sendBuf);
        printf("udp datagram len ---- %d\n\n", lenSend);
    }

    /* 报文接收测试 */
    for(i = 1; i <= 5; i++)
    {
```

```
        fromLen = sizeof (struct sockaddr);

        lenRecv = udpRecv(recvBuf, RECV_BUF_LEN,
                          (struct sockaddr *)&from, &fromLen);

        recvBuf[lenRecv] = '\0';

        printf("recv udp datagram ---- %s\n", recvBuf);
        printf("udp datagram len ---- %d, ip ---- %s, portNum ---- %d\n\n",
               lenRecv, inet_ntoa(from.sin_addr), ntohs(from.sin_port));
    }

    /* 网络关闭 */
    udpClose();
}

/* udp 初始设置操作 */
STATUS udpInit(void)
{
    /* 分配用户发送和接收缓冲区 */
    if((sendBuf = (char *)malloc(SEND_BUF_LEN)) == NULL)
    {
        printf("send buffer malloc failed!\n");
        return ERROR;
    }

    bzero(sendBuf, SEND_BUF_LEN);

    if((recvBuf = (char *)malloc(RECV_BUF_LEN)) == NULL)
    {
        printf("recv buffer malloc failed!\n");
        return ERROR;
    }

    bzero(sendBuf, RECV_BUF_LEN);

    /* 创建 socket 接口 */
```

```
    if((sockFd = socket(AF_INET, SOCK_DGRAM, 0)) == ERROR)
    {
        printf("open socket failed!\n");
        return ERROR;
    }

    /* 提取 socket 地址结构长度 */
    sockAddrLen = sizeof(struct sockaddr_in);

    /* 初始化本地 socket 地址 */
    bzero ((char *) &local, sockAddrLen);

    local.sin_family = AF_INET;
    local.sin_len = (u_char)sockAddrLen;
    local.sin_port = htons(LOCAL_PORT_NUM);
    local.sin_addr.s_addr = INADDR_ANY;

    /* 初始化远端 socket 地址 */
    bzero ((char *) &remote, sockAddrLen);

    remote.sin_family = AF_INET;
    remote.sin_len = (u_char)sockAddrLen;
    remote.sin_port = htons(REMOTE_PORT_NUM);
    remote.sin_addr.s_addr = inet_addr(REMOTE_IP_ADDR);

    /* 绑定本地 socket 地址到 socket 接口 */
    if((bind(sockFd, (struct sockaddr *)&local, sockAddrLen)) == ERROR)
    {
        close(sockFd);
        printf("bind socket failed!\n");

        return ERROR;
    }
    return OK;
}

/* udp 数据报发送操作 */
```

```
int udpSend( char * pSendBuf, int sendLen)
{
    int tempLenSend = 0;

    if( ( tempLenSend = sendto ( sockFd, ( caddr_t) pSendBuf, sendLen, 0,
                    (struct sockaddr * )&remote, sockAddrLen) )  ==  ERROR)
    {
        printf( "udp send failed!\n" );
    }

    return tempLenSend;
}

/* udp 数据报接收操作 */
int udpRecv( char * pRecvBuf, int bufLen, struct sockaddr * pFrom, int * pFromLen)
{
    int tempLenRecv = 0;

    if( ( tempLenRecv = recvfrom( sockFd, pRecvBuf, bufLen, 0, pFrom,
                    pFromLen) )  ==  ERROR)
    {
        printf( "udp recv failed!\n" );
    }

        return tempLenRecv;
}

/* udp 网络关闭操作 */
void udpClose( void)
{
    free( sendBuf);
    free( recvBuf);

    close( sockFd);
}
```

上述代码作为 UDP 单播通信的一端运行于 VxWorks 系统上,其 IP 地址为 192.168.102.

88，端口号为 8000；另一端基于 Windows 系统，使用“TCP/UDP Socket 调试工具”实现，其 IP 地址为 192.168.102.1，端口号为 8500。

编译并下载程序示例 7.1，在 shell 中键入 sp udpTest，以任务形式执行函数 udpTest( )，VxWorks 端显示结果如下：

```
send udp datagram ---- udp send test[1]!
udp datagram len ---- 17
send udp datagram ---- udp send test[2]!
udp datagram len ---- 17
send udp datagram ---- udp send test[3]!
udp datagram len ---- 17
send udp datagram ---- udp send test[4]!
udp datagram len ---- 17
send udp datagram ---- udp send test[5]!
udp datagram len ---- 17
```

Windows 系统端的“TCP/UDP Socket 调试工具”接收到 VxWorks 系统端发送的 UDP 报文，显示结果如图 7.15 所示。

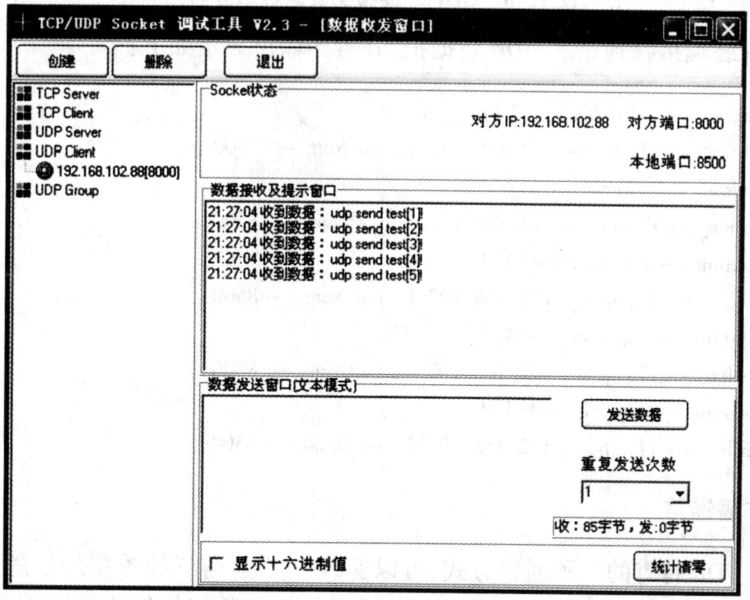

图 7.15　UDP 单播报文接收显示界面

使用“TCP/UDP Socket 调试工具”向 VxWorks 系统端发送 5 次 UDP 数据报，界面显示如

图 7.16 所示。

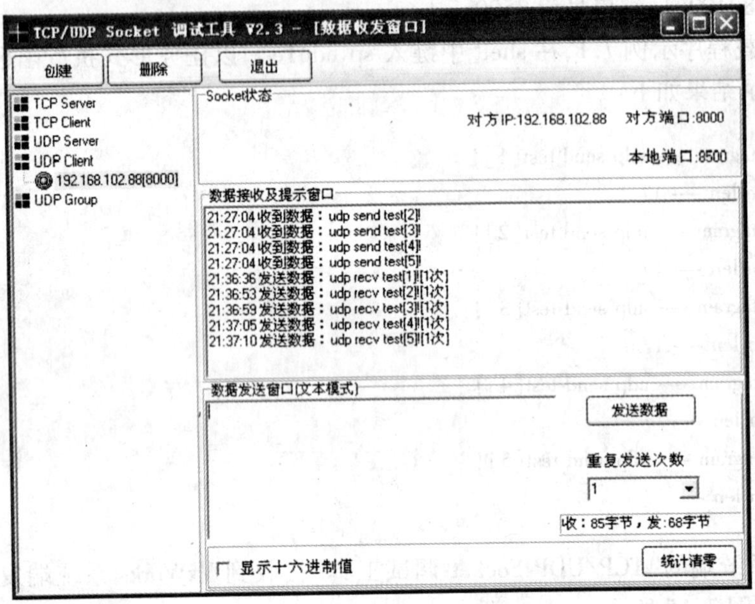

图 7.16　UDP 单播报文发送显示界面

VxWorks 系统端接收到 5 次 UDP 数据报,并打印输出显示如下:

```
recv udp datagram ---- udp recv test[1]!
udp datagram len ---- 17, ip ---- 192.168.102.1, portNum ---- 8500
recv udp datagram ---- udp recv test[2]!
udp datagram len ---- 17, ip ---- 192.168.102.1, portNum ---- 8500
recv udp datagram ---- udp recv test[3]!
udp datagram len ---- 17, ip ---- 192.168.102.1, portNum ---- 8500
recv udp datagram ---- udp recv test[4]!
udp datagram len ---- 17, ip ---- 192.168.102.1, portNum ---- 8500
recv udp datagram ---- udp recv test[5]!
udp datagram len ---- 17, ip ---- 192.168.102.1, portNum ---- 8500
```

7.4.3　广播通信

“广播”是 UDP 特有的一种通信方式,可以实现“一对所有”的数据报发送。在基于 UDP 实现广播通信时,数据报接收的实现方法与单播通信中的数据报接收是一致的,而数据报的广播发送需要进行以下两步操作:

(1) 调用 secsockopt 操作,设置 socket 的广播选项(默认情况下禁止);

(2)在进行数据报发送操作时,指定目的 IP 地址为广播地址。

由于广播通信会引起网络上任意主机的被动接收,从而增加网络节点计算机的负担,因此在实际网络通信设计时要谨慎使用广播通信方式。

下面仅以广播通信的数据报发送端为例,详细介绍编程实现方法。

程序示例 7.2 使用 UDP 实现广播通信

程序示例 7.2 在程序示例 7.1 的基础上改进得到。去掉程序示例 7.1 中的数据报接收代码,调用 setsockopt 操作将 socket 接口设置为允许广播发送,向广播地址 192.168.102.255 发送 5 次广播报文。

```
#include "vxWorks.h"
#include "stdio.h"
#include "inetLib.h"
#include "string.h"
#include "stdlib.h"
#include "sockLib.h"

/* 本地网络地址 */
#define LOCAL_IP_ADDR       "192.168.102.88"
#define LOCAL_PORT_NUM      8000

/* 广播网络地址 */
#define REMOTE_IP_ADDR      "192.168.102.255"
#define REMOTE_PORT_NUM     8500

/* 发送缓冲区大小 */
#define SEND_BUF_LEN        100

int sockFd;
int sockAddrLen;
struct sockaddr_in local;
struct sockaddr_in remote;
char *sendBuf = NULL;

void udpBroadCastTest (void);
STATUS udpInit(void);
int udpSend(char *pSendBuf, int sendLen);
```

```
void udpClose(void);

/* udp 广播通信测试 */
void udpBroadCastTest(void)
{
    int i = 0, lenSend = 0;

    /* 初始设置 */
    if(udpInit()  ==  ERROR)
    {
        printf("udp init failed!\n");
    }

    /* 广播报文发送测试 */
    for(i = 1; i <= 5; i++)
    {
        sprintf(sendBuf, "udp broadcast send test[%d]!", i);

        lenSend  =  udpSend(sendBuf, strlen(sendBuf));

        printf("send udp datagram ---- %s\n", sendBuf);
        printf("udp datagram len ---- %d\n\n", lenSend);
    }

    /* 网络关闭 */
    udpClose();
}

/* udp 初始设置操作 */
STATUS udpInit(void)
{
    int optval  =  1;

/* 分配用户发送缓冲区 */
if((sendBuf = (char *)malloc(SEND_BUF_LEN))  ==  NULL)
{
    printf("send buffer malloc failed!\n");
```

```
    return ERROR;
}

bzero(sendBuf, SEND_BUF_LEN);

/* 创建 socket 接口 */
if((sockFd = socket(AF_INET, SOCK_DGRAM, 0)) == ERROR)
{
    printf("open socket failed!\n");
    return ERROR;
}

/* 提取 socket 地址结构长度 */
sockAddrLen = sizeof(struct sockaddr_in);

/* 初始化本地 socket 地址 */
bzero ((char *) &local, sockAddrLen);

local.sin_family = AF_INET;
local.sin_len = (u_char)sockAddrLen;
local.sin_port = htons(LOCAL_PORT_NUM);
local.sin_addr.s_addr = INADDR_ANY;

/* 初始化远端 socket 地址 */
bzero ((char *) &remote, sockAddrLen);

remote.sin_family = AF_INET;
remote.sin_len = (u_char)sockAddrLen;
remote.sin_port = htons(REMOTE_PORT_NUM);
remote.sin_addr.s_addr = inet_addr(REMOTE_IP_ADDR);

/* 绑定本地 socket 地址到 socket 接口 */
if((bind(sockFd, (struct sockaddr *)&local, sockAddrLen)) == ERROR)
{
    close(sockFd);
    printf("bind socket failed!\n");
```

```
        return ERROR;
    }

    /* 设置 socket 允许广播操作 */
    setsockopt(sockFd, SOL_SOCKET, SO_BROADCAST, &optval, sizeof(optval));

    return OK;
}

/* udp 数据报发送操作 */
int udpSend(char *pSendBuf, int sendLen)
{
    int tempLenSend = 0;

    if((tempLenSend = sendto(sockFd, (caddr_t)pSendBuf, sendLen, 0,
                             (struct sockaddr *)&remote, sockAddrLen)) == ERROR)
    {
        printf("udp send failed!\n");
    }

    return tempLenSend;
}

/* udp 网络关闭操作 */
void udpClose(void)
{
    free(sendBuf);

    close(sockFd);
}
```

上述代码作为 UDP 广播通信的一端运行于 VxWorks 系统上，其本地 IP 地址为 192.168.102.88，端口号为 8000，进行广播发送时的目的 IP 地址为 192.168.102.255，端口号为 8500；另一端基于 Windows 系统，使用"TCP/UDP Socket 调试工具"接收广播数据报，并同时使用 Wireshark 软件捕获网络报文，其 IP 地址为 192.168.102.1，端口号为 8500。

搭建好测试环境，运行程序示例 7.2，Windows 端软件"TCP/UDP Socket 调试工具"接收到的 UDP 广播报文显示如图 7.17 所示。

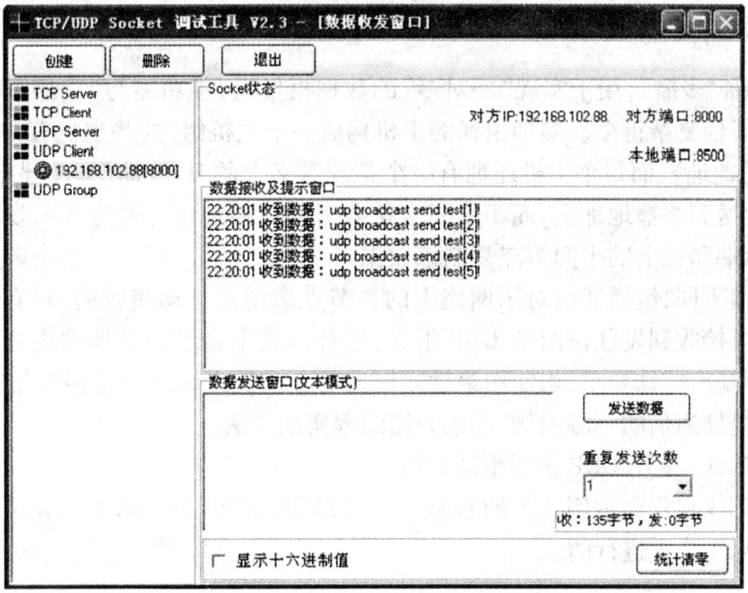

图 7.17　UDP 广播报文接收显示界面

使用 Wireshark 软件捕获 VxWorks 系统端发送的广播报文，软件显示界面如图 7.18 所示。

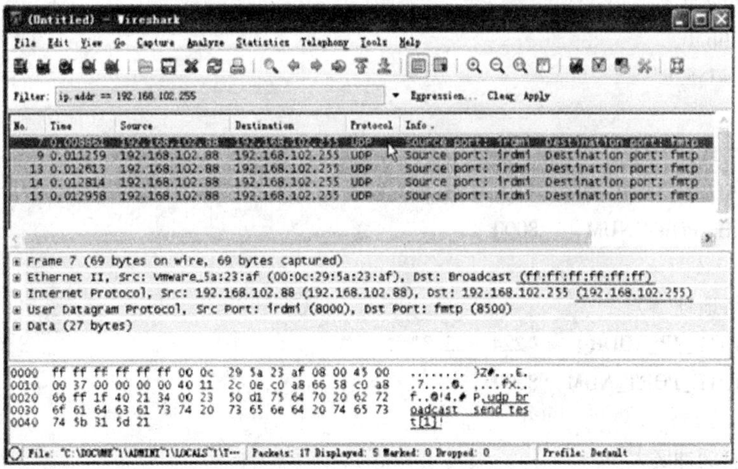

图 7.18　Wireshark 软件捕获 UDP 广播报文显示界面

由图 7.18 可以看到，在广播报文中，目的以太网地址为广播以太网地址 ff:ff:ff:ff:ff:ff，目的 IP 地址为子网广播地址 192.168.102.255，第一个 UDP 广播报文中的用户数据内容为 udp broadcast send test[1]!。

7.4.4 组播通信

“组播”也称“多播”,用于实现“一对多”的数据报发送,其功能与“广播”类似,但其实现机制要比广播通信复杂得多。参加组播的主机构成一个主机组,这些主机有一个共同的主机组地址(即组播地址),而每个主机还拥有一个常规意义上的IP地址(即单播地址)。组播通信时,分组被发送到组播地址上,而不是每个接收者的单播地址。发送者只发送一个数据复制,源端到目标端路径上的中间节点复制该数据。

与广播通信不同,组播通信对于网络上的各节点来说是主动接收的,只有主动加入组的节点计算机才可接收到发往该组的UDP报文,这种方式不会增加其他网络节点计算机的负担。因此,若不是有特殊要求,均使用组播通信实现一对多的UDP数据报发送。

下面仅以组播通信的一端为例,详细介绍编程实现方法。

程序示例7.3 使用UDP实现组播通信

程序示例7.3在程序示例7.1的基础上改进得到。UDP报文的发送和接收操作都是针对组播地址224.1.2.3进行的。

```
#include "vxWorks.h"
#include "stdio.h"
#include "inetLib.h"
#include "string.h"
#include "stdlib.h"
#include "sockLib.h"

/* 本地网络地址 */
#define LOCAL_IP_ADDR       "192.168.102.88"
#define LOCAL_PORT_NUM      8000

/* 组播网络地址 */
#define REMOTE_IP_ADDR      "224.1.2.3"
#define REMOTE_PORT_NUM     8500

/* 发送接收缓冲区大小 */
#define SEND_BUF_LEN        100
#define RECV_BUF_LEN        100

int sockFd;
int sockAddrLen;
```

```
struct sockaddr_in local;
struct sockaddr_in remote;
char *sendBuf = NULL, *recvBuf = NULL;
struct ip_mreq mcAddr;

void udpMultiCastTest (void);
STATUS udpInit(void);
int udpSend(char *pSendBuf, int sendLen);
int udpRecv(char *pRecvBuf, int bufLen, struct sockaddr *pFrom, int *pFromLen);
void udpClose(void);

/* udp 组播通信测试 */
void udpMultiCastTest(void)
{
    struct sockaddr_in from;
    int i = 0, lenSend = 0, lenRecv = 0, fromLen = 0;

    /* 初始设置 */
    if(udpInit() == ERROR)
    {
        printf("udp init failed!\n");
    }

    /* 组播报文发送测试 */
    for(i = 1; i <= 5; i ++)
    {
        sprintf(sendBuf, "udp multicast send test[%d]!", i);

        lenSend = udpSend(sendBuf, strlen(sendBuf));

        printf("send udp datagram ---- %s\n", sendBuf);
        printf("udp datagram len ---- %d\n\n", lenSend);
    }

    /* 组播报文接收测试 */
    for(i = 1; i <= 5; i ++)
    {
```

```
        fromLen = sizeof (struct sockaddr);

        lenRecv = udpRecv(recvBuf, RECV_BUF_LEN,
                          (struct sockaddr *)&from, &fromLen);

        recvBuf[lenRecv] = '\0';

        printf("recv udp datagram ---- %s\n", recvBuf);
        printf("udp datagram len ---- %d, ip ---- %s, portNum ---- %d\n\n",
               lenRecv, inet_ntoa(from.sin_addr), ntohs(from.sin_port));
    }

    /* 网络关闭 */
    udpClose();
}

/* udp 初始设置操作 */
STATUS udpInit(void)
{

    /* 分配用户发送和接收缓冲区 */
    if((sendBuf = (char *)malloc(SEND_BUF_LEN)) == NULL)
    {
        printf("send buffer malloc failed!\n");
        return ERROR;
    }

    bzero(sendBuf, SEND_BUF_LEN);

    if((recvBuf = (char *)malloc(RECV_BUF_LEN)) == NULL)
    {
        printf("recv buffer malloc failed!\n");
        return ERROR;
    }

    bzero(sendBuf, RECV_BUF_LEN);
```

```
/* 创建 socket 接口 */
if((sockFd = socket(AF_INET, SOCK_DGRAM, 0)) == ERROR)
{
    printf("open socket failed!\n");
    return ERROR;
}

/* 提取 socket 地址结构长度 */
sockAddrLen = sizeof(struct sockaddr_in);

/* 初始化本地 socket 地址 */
bzero ((char *) &local, sockAddrLen);

local.sin_family = AF_INET;
local.sin_len = (u_char)sockAddrLen;
local.sin_port = htons(LOCAL_PORT_NUM);
local.sin_addr.s_addr = INADDR_ANY;

/* 初始化远端 socket 地址 */
bzero ((char *) &remote, sockAddrLen);

remote.sin_family = AF_INET;
remote.sin_len = (u_char)sockAddrLen;
remote.sin_port = htons(REMOTE_PORT_NUM);
remote.sin_addr.s_addr = inet_addr(REMOTE_IP_ADDR);

/* 绑定本地 socket 地址到 socket 接口 */
if((bind(sockFd, (struct sockaddr *)&local, sockAddrLen)) == ERROR)
{
    close(sockFd);
    printf("bind socket failed!\n");

    return ERROR;
}

/* 设置组播路由 */
mRouteAdd(REMOTE_IP_ADDR, LOCAL_IP_ADDR, 0xffffff00, 0, 0);
```

```
    /* 设定并加入多播组 */
    mcAddr.imr_multiaddr.s_addr = inet_addr(REMOTE_IP_ADDR);
    mcAddr.imr_interface.s_addr = inet_addr(LOCAL_IP_ADDR);

    if(setsockopt(sockFd, IPPROTO_IP, IP_ADD_MEMBERSHIP,
                  (char *)&mcAddr, sizeof(struct ip_mreq)) == ERROR)
    {
        close(sockFd);
        printf("add group failed!\n");

        return ERROR;
    }

    return OK;
}

/* udp 数据报发送操作 */
int udpSend(char *pSendBuf, int sendLen)
{
    int tempLenSend = 0;

    if((tempLenSend = sendto(sockFd, (caddr_t)pSendBuf, sendLen, 0,
                             (struct sockaddr *)&remote, sockAddrLen)) == ERROR)
    {
        printf("udp send failed!\n");
        perror("");
    }

    return tempLenSend;
}

/* udp 数据报接收操作 */
int udpRecv(char *pRecvBuf, int bufLen, struct sockaddr *pFrom, int *pFromLen)
{
    int tempLenRecv = 0;
```

```
    if((tempLenRecv = recvfrom(sockFd, pRecvBuf, bufLen, 0, pFrom, pFromLen)) == ERROR)
    {
        printf("udp recv failed!\n");
    }
    return tempLenRecv;
}

/* udp 网络关闭操作 */
void udpClose(void)
{
    free(sendBuf);
    free(recvBuf);

    /* 离开多播组 */
    setsockopt(sockFd, IPPROTO_IP, IP_DROP_MEMBERSHIP,
               (char *)&mcAddr, sizeof(struct ip_mreq));

    close(sockFd);
}
```

上述代码作为 UDP 组播通信的一端运行于 VxWorks 系统上,组播通信 IP 地址为 224.1.2.3,端口号为 8500;另一端基于 Windows 系统,使用"TCP/UDP Socket 调试工具"接收、发送组播数据报,并同时使用 Wireshark 软件捕获网络报文。

搭建好测试环境,运行程序示例7.3。首先,VxWorks 系统端向组播地址发送5个 UDP 报文,提示如下:

```
send udp datagram ---- udp multicast send test[1]!
udp datagram len ---- 27
send udp datagram ---- udp multicast send test[2]!
udp datagram len ---- 27
send udp datagram ---- udp multicast send test[3]!
udp datagram len ---- 27
send udp datagram ---- udp multicast send test[4]!
udp datagram len ---- 27
send udp datagram ---- udp multicast send test[5]!
udp datagram len ---- 27
```

Windows 系统端"TCP/UDP Socket 调试工具"接收到 5 个 UDP 报文,其显示界面如图 7.19所示。

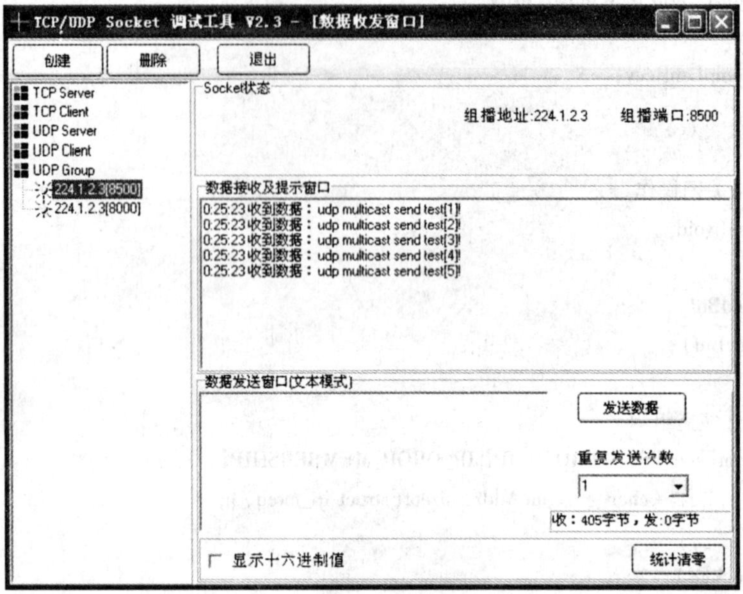

图 7.19 UDP 组播报文接收显示界面

使用"TCP/UDP Socket 调试工具"向组播地址发送 5 次 UDP 数据报,软件显示界面如图 7.20 所示。由于 Windows 系统端加入了组"224.1.2.3",因此由"TCP/UDP Socket 调试工具"向组播地址发出的数据报又被该软件立即接收。

VxWorks 系统端从组播地址接收到 5 次 UDP 数据报,其显示结果如下:

```
recv udp datagram ---- udp multicast recv test[1]!
udp datagram len ---- 27, ip ---- 192.168.102.1, portNum ---- 8000
recv udp datagram ---- udp multicast recv test[2]!
udp datagram len ---- 27, ip ---- 192.168.102.1, portNum ---- 8000
recv udp datagram ---- udp multicast recv test[3]!
udp datagram len ---- 27, ip ---- 192.168.102.1, portNum ---- 8000
recv udp datagram ---- udp multicast recv test[4]!
udp datagram len ---- 27, ip ---- 192.168.102.1, portNum ---- 8000
recv udp datagram ---- udp multicast recv test[5]!
udp datagram len ---- 27, ip ---- 192.168.102.1, portNum ---- 8000
```

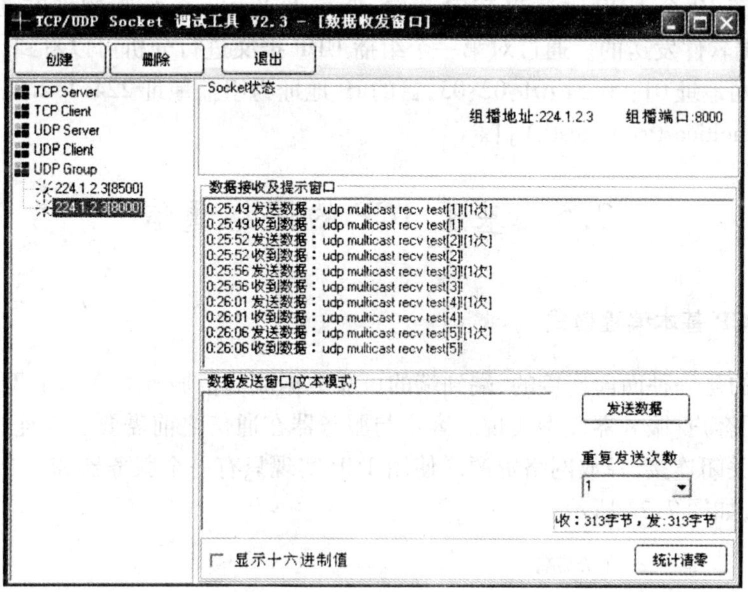

图 7.20　UDP 组播报文发送显示界面

使用 Wireshark 软件捕获 VxWorks 系统端发送的组播报文，软件显示界面如图 7.21 所示。

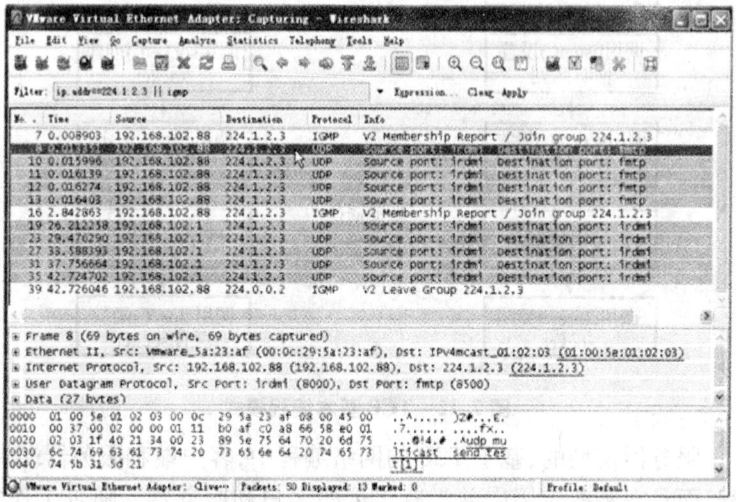

图 7.21　Wireshark 软件捕获 UDP 组播报文显示界面

在图 7.21 中共有 13 个报文，其中 3 个 IGMP 报文，10 个 UDP 组播报文。在 3 个 IGMP 报文中，前 2 个是 VxWorks 系统端加入多播组时发送的，最后 1 个是 VxWorks 系统端离开多播组时发送的。在 10 个 UDP 组播报文中，前 5 个是 VxWorks 系统端软件发送的，后 5 个是 Windows 系统端软件发送的。通过对第一个组播 UDP 报文进行分析可以看到，目的以太网地址为组播以太网地址 01:00:5e:01:02:03，目的 IP 地址为组播地址 224.1.2.3，报文中的数据报内容为 udp multicast send test[1]!。

7.5 基于 TCP 的网络通信

7.5.1 TCP 基本编程模式

TCP 提供的是一种面向连接的、端到端的可靠数据流通信服务。在基于 TCP 的网络编程中，一般都采用客户/服务器模型实现。客户与服务器在通信之前需要建立连接，在数据传输完成之后需要关闭连接，释放网络资源。使用 TCP 实现只有一个服务器和一个客户的最基本网络编程模式，如图 7.22 所示。

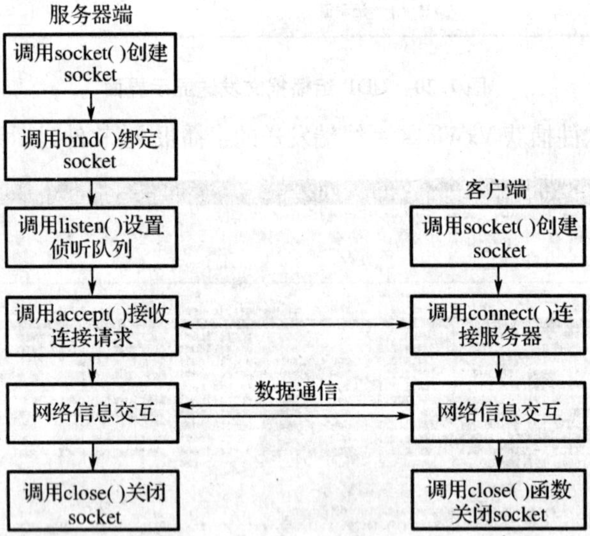

图 7.22 TCP 基本编程模式

在采用客户/服务器模型的、基于 TCP 的网络编程中，客户端和服务器端有着完全不同的角色和工作流程，而且在某些应用中并没有永远的客户和服务器。随着工作的变化，当前的客户在下一时刻可能会转变成服务器，而当前的服务器也有可能在下一时刻转变为客户。

一般来说，客户端的工作流程相对简单。在图 7.22 中，客户端通过 connect 接口向服务器端发起连接请求，在连接成功后即开始向服务器端请求服务，并进行网络信息通信。服务器端的工作流程根据服务器的服务模式不同而有较大区别,图7.22只是给出了一个最简单、最基本的服务器工作流程,在实际的应用实现中可能要远比上述过程复杂得多。

本小节后面内容介绍的TCP客户端和TCP服务器端的程序示例只针对图7.22所给出的单客户、单服务器的最基本网络编程模式进行实现。

7.5.2 TCP 客户端

TCP客户端的工作流程比较简单,一般都是由socket创建、向服务器发起连接请求、网络信息交互、socket关闭这四个步骤组成的。下面通过程序示例给出TCP客户端的简单程序实现。

程序示例7.4 TCP客户端程序实现

程序示例7.4给出了一个简单的TCP客户端程序实现。首先创建SOCK_STREAM类型socket,然后向服务器端发出连接请求,请求成功后,客户端向服务器端发送5次TCP信息,然后再接收5次TCP信息,最后关闭socket并退出程序。

```
#include "vxWorks.h"
#include "stdio.h"
#include "inetLib.h"
#include "string.h"
#include "stdlib.h"
#include "sockLib.h"

/* 服务器端网络地址 */
#define SERVER_IP_ADDR      "192.168.102.1"
#define SERVER_PORT_NUM     8000

STATUS tcpClientTest(void)
{
    int sockFd = 0;
    int sockAddrLen = 0, lenRecv = 0, i = 0;
    struct sockaddr_in server;
    char sendBuf[100], recvBuf[100];

    /* 创建流套接字 */
    if((sockFd = socket(AF_INET, SOCK_STREAM, 0)) == ERROR)
    {
        printf("open socket failed!\n");
```

```
    return ERROR;
}

/* 提取 socket 地址结构长度 */
sockAddrLen = sizeof(struct sockaddr_in);

/* 初始化服务器端 socket 地址 */
bzero ((char *) &server, sockAddrLen);

server.sin_family = AF_INET;
server.sin_len = (u_char)sockAddrLen;
server.sin_port = htons(SERVER_PORT_NUM);
server.sin_addr.s_addr = inet_addr(SERVER_IP_ADDR);

/* 连接 TCP 服务器 */
if(connect(sockFd, (struct sockaddr *)&server, sockAddrLen) == ERROR)
{
    printf("connect TCP server failed!\n");
    close(sockFd);
    return(ERROR);
}

/* TCP 报文发送测试 */
for(i=1; i<=5; i++)
{
    sprintf(sendBuf, "tcp client info send test[%d]!", i);

    write(sockFd, sendBuf, strlen(sendBuf));
}

/* TCP 报文接收测试 */
for(i=1; i<=5; i++)
{
    lenRecv = read(sockFd, recvBuf, sizeof(recvBuf));

    recvBuf[lenRecv] = '\0';
```

```
        printf( "recv tcp stream ---- %s, len ---- %d\n", recvBuf, lenRecv);
    }

    close( sockFd);
}
```

上述代码作为TCP客户端运行于VxWorks系统上;TCP服务器端基于Windows系统,使用“TCP/UDP Socket调试工具”实现。搭建好测试环境,运行程序示例7.4。TCP客户端首先向TCP服务器端发送5次TCP信息,TCP服务器端(“TCP/UDP Socket调试工具”)显示界面如图7.23所示。虽然TCP客户端循环进行了5次TCP信息发送操作,但在TCP服务器端是一次性接收到所有信息的。这就是SOCK_STREAM类型socket与SOCK_DGRAM类型socket的主要区别之一。SOCK_STREAM类型socket是以数据流形式发送和接收的,不保留数据记录边界;而SOCK_DGRAM类型socket是以报文形式发送和接收的,保留数据记录边界。

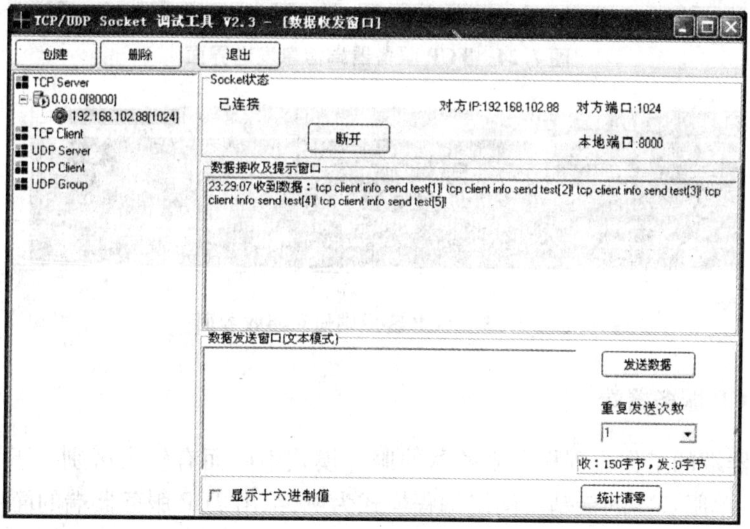

图7.23 TCP服务器端信息接收界面

在“TCP/UDP Socket调试工具”的数据发送窗口输入待发送信息“tcp client info recv test[1]!”,选择重复次数为5,点击发送数据。如图7.24和图7.25所示,TCP服务器向TCP客户端连续发送了5次信息,但TCP客户端是将这5次发送的信息分3次接收到的。在“TCP/UDP Socket调试工具”数据发送窗口再次输入待发送信息“tcp client info recv test[2]!”,选择重复次数为5,点击发送数据。TCP客户端接收到2次发送的信息后程序退出。

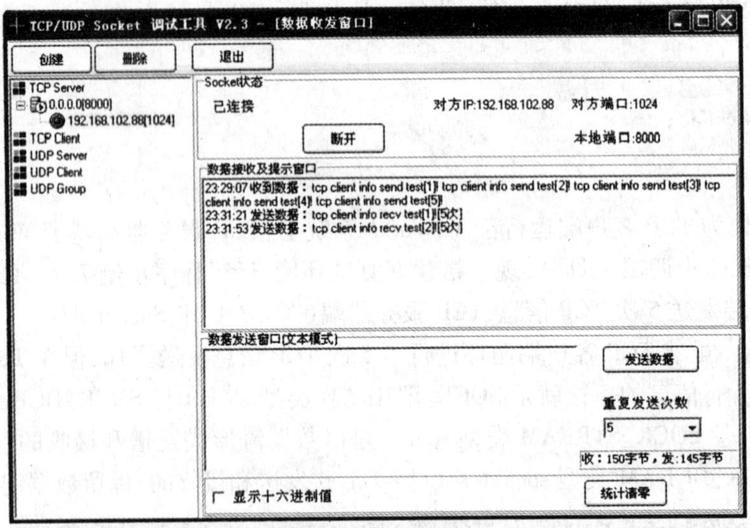

图 7.24 TCP 服务器端信息发送界面

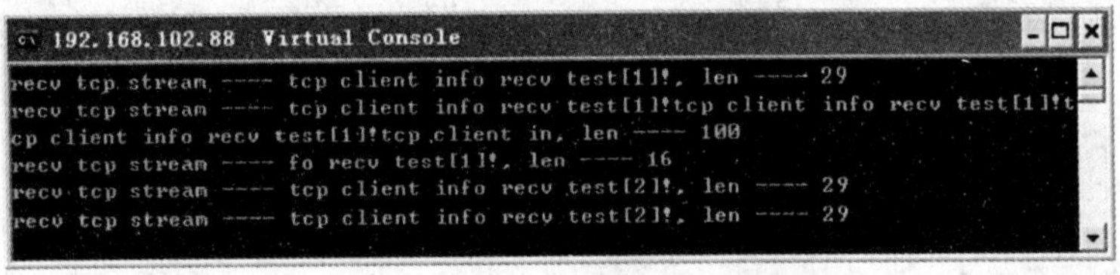

图 7.25 TCP 客户端信息接收界面

7.5.3 TCP 服务器端

TCP 服务器端的工作流程根据服务器的服务模式不同而有较大区别。下面仅以图 7.22 给出的单客户、单服务器的最基本网络编程模式为例，给出 TCP 服务器端的简单程序实现。

程序示例 7.5 TCP 服务器端程序实现

程序示例 7.5 给出了一个简单的 TCP 服务器端程序实现。服务器首先进行 socket 创建、socket 绑定、侦听队列设置等操作，然后阻塞等待接收客户端的连接请求。客户端连接成功后，服务器首先接收客户端发送的信息，然后将接收到的信息再转发回客户端，如此重复 5 次，最后关闭套接字并退出程序。

```
#include "vxWorks.h"
#include "stdio.h"
#include "inetLib.h"
```

```
#include "string.h"
#include "stdlib.h"
#include "sockLib.h"

/* 服务器端网络地址 */
#define SERVER_IP_ADDR        "192.168.102.88"
#define SERVER_PORT_NUM       8000

STATUS tcpServerTest(void)
{
    int sockFd = 0, newSockFd = 0;
    int sockAddrLen = 0, lenRecv = 0, i = 0;
    struct sockaddr_in server, client;
    char buf[100];

    /* 创建流套接字 */
    if((sockFd = socket(AF_INET, SOCK_STREAM, 0)) == ERROR)
    {
        printf("open socket failed!\n");
        return ERROR;
    }

    /* 提取 socket 地址结构长度 */
    sockAddrLen = sizeof(struct sockaddr_in);

    /* 初始化服务器端 socket 地址 */
    bzero ((char *) &server, sockAddrLen);

    server.sin_family = AF_INET;
    server.sin_len = (u_char)sockAddrLen;
    server.sin_port = htons(SERVER_PORT_NUM);
    server.sin_addr.s_addr = inet_addr(SERVER_IP_ADDR);

    /* 绑定服务器 socket 地址到 socket 接口 */
    if(bind(sockFd, (struct sockaddr *)&server, sockAddrLen) == ERROR)
    {
        close(sockFd);
```

```
        printf("bind socket failed!\n");
        return ERROR;
    }

    /* 设置侦听队列为 10 */
    if(listen(sockFd, 10) == ERROR)
    {
        close(sockFd);
        printf("bind socket failed!\n");
        return ERROR;
    }

    /* 阻塞等待接收客户端连接请求 */
    if((newSockFd = accept(sockFd, (struct sockaddr *)&client, &sockAddrLen)) == ERROR)
    {
        close(sockFd);
        printf("accept TCP client connect failed!\n");
        return(ERROR);
    }

    printf("tcp client connection OK!\n");
    printf("tcp client IP ---- %s PortNum ---- %d!\n",
            inet_ntoa(client.sin_addr), ntohs(client.sin_port));

    /* 使用 newSockFd 与 TCP 客户端进行信息接收和发送测试 */
    for(i = 1; i <= 5; i ++)
    {
        lenRecv = read(newSockFd, buf, sizeof(buf));

        buf[lenRecv] = '\0';

        write(newSockFd, buf, strlen(buf));
    }

    close(newSockFd);

    close(sockFd);
```

```
}
```

上述代码作为 TCP 服务器端运行于 VxWorks 系统上;TCP 客户端基于 Windows 系统,使用"TCP/UDP Socket 调试工具"实现。搭建好测试环境后,首先运行程序示例 7.5,启动 TCP 服务器,然后在 TCP 客户端"TCP/UDP Socket 调试工具"上点击"连接",TCP 服务器端在控制台窗口给出以下提示信息:

```
tcp client connection OK!
tcp client IP ---- 192.168.102.1    PortNum ---- 2113
```

在 TCP 客户端"TCP/UDP Socket 调试工具"上依次向服务器发送 5 次信息,服务器每接收到 1 次信息后就立即转发回给客户。"TCP/UDP Socket 调试工具"显示界面如图 7.26 所示。

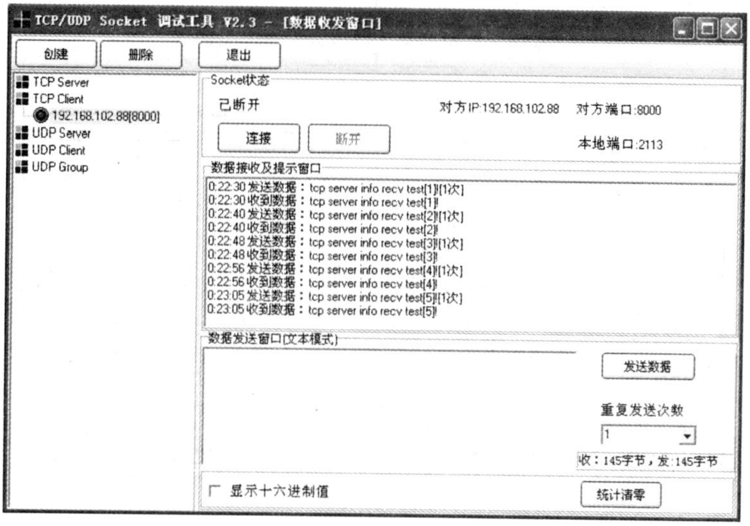

图 7.26　TCP 客户端信息显示界面

TCP 服务器完成 5 次信息接收和转发后,关闭连接,释放网络资源并退出程序。

第 8 章　软件框架设计

8.1　软件框架结构

实时嵌入式系统应用软件是由多个任务和多个中断服务程序组成的，其软件框架结构如图 8.1 所示。

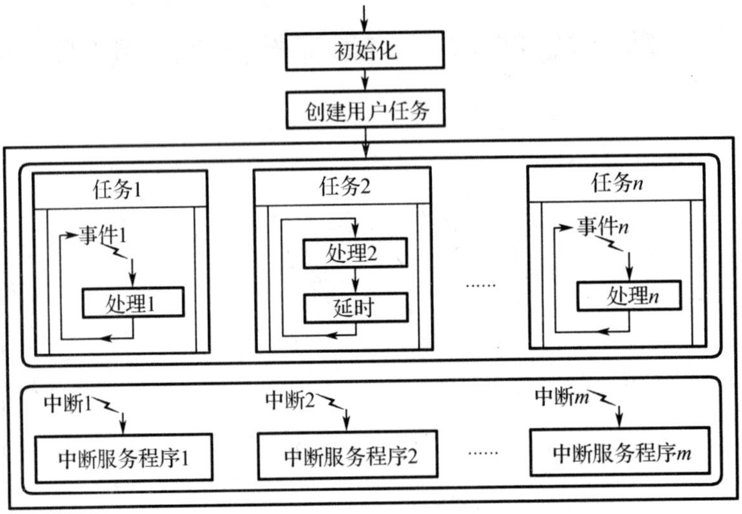

图 8.1　实时嵌入式系统软件框架

在实时嵌入式系统启动过程中，当完成操作系统加载后，即调用应用程序入口函数，开始启动用户应用程序。用户应用程序首先完成硬件初始化、中断服务程序初始化以及一些必要的资源初始化（如内存分配、内核对象初始化、参数初始化等），然后即调用任务发起函数创建并启动多个用户任务。

在实时嵌入式系统运行过程中，整个应用软件表现为多个中断服务程序和多个并发执行任务的集合。其中，每个中断服务程序均是一个函数，在外部中断信号的触发下被执行；而每个任务则是一个无限循环体，这个无限循环体并不是真正意义上的死循环，而是通过调用阻塞操作（例如获取信号量、获取消息队列中消息等）或延时操作使任务长时间处于阻塞状态或延时状态。在这种状态下，各任务将不需要使用 CPU 资源。只有当由于事件触发或延时到达而使任务由当前状态转变为就绪状态时,这些任务才会在系统多任务内核的调度下获取 CPU 资源,并执行必要的操作。

8.2 中断服务程序设计

8.2.1 硬件设备操作模式

在实时嵌入式系统应用中,对于硬件设备的操作通常是通过"任务轮询""中断服务程序""中断服务程序 + 任务"这三种方式实现的。

1. 任务轮询

"任务轮询"模式是使用一个任务定时循环来查询硬件的状态(如"有数据进入""可发送""硬件故障"等),并根据当前状态和应用需要执行相应的硬件处理操作。

这种硬件设备操作模式的突出优点是简单、容易编码实现。但由于对硬件的响应是通过定时循环查询方式实现的,因此无法保证响应的实时性;此外当硬件设备无需进行操作时,任务也进行定时循环的查询,消耗了 CPU 资源,降低了 CPU 的利用率。因此,"任务轮询"模式常用于对硬件操作实时性没有很高要求的应用场合。

2. 中断服务程序

"中断服务程序"模式是使用单纯的中断服务程序完成与硬件相关的所有操作。这种模式的突出优点是硬件事件的响应速度快,但由于中断服务程序往往都要求设计尽可能简短、执行速度快,因此无法用来实现复杂、耗时的操作。一般来说,当硬件操作比较简单时,采用"中断服务程序"模式实现硬件设备操作是比较理想的选择。

3. 中断服务程序 + 任务

"中断服务程序 + 任务"模式是使用中断服务程序完成与硬件相关的必要操作(如通过硬件设备 IO 口读或写数据),然后采用行为同步手段告知与该中断服务程序相关联的任务,并由这个任务处理后续的复杂操作(如输入数据解析或输出数据准备)。这种模式既保证了系统对于硬件事件的快速响应,又可以实现复杂、耗时的操作。因此,在实时嵌入式系统应用中常常会使用"中断服务程序 + 任务"模式进行硬件设备操作。

但需要说明的是,上述优点并不能表明"中断服务程序 + 任务"模式要优于"中断服务程序"模式,因为采用行为同步操作在中断服务程序与任务之间进行事件传递也是需要一定时间的。如果硬件操作比较简单,其处理时间小于或等于行为同步操作的时间,那么采用"中断服务程序"模式直接处理硬件设备操作将是一个更好的选择,其执行速度要快于"中断服务程序 + 任务"模式的执行速度。

8.2.2　中断服务程序设计原则

中断服务程序是系统中优先级最高、操作层次最低的调度单元。即便是最低优先级的中断服务程序也要比最高优先级的任务有着更高的调度级别；在中断服务程序执行过程中，任何任务都不能执行。因此，对于中断服务程序有着非常严格的要求——程序要尽可能简洁、执行速度要尽可能快。若中断服务程序占用过多的CPU执行时间，则会长时间阻塞所有任务执行和低优先级中断的响应，有可能导致系统不稳定或出现不可预期的错误。

下面来讨论一下从中断触发到中断服务结束的时间。影响整个中断响应执行时间的因素主要有以下四点：

(1)中断被禁止的时间；

(2)更高优先级中断的响应执行时间；

(3)CPU停止当前工作，切换至相应中断服务程序的时间；

(4)当前中断的中断服务程序执行时间。

由上述四点因素可以看到：

(1)因素1是由于系统应用禁止了中断而引起的。为了尽量缩短中断响应执行时间，在系统应用中要尽量不执行禁止中断的操作；若必须执行，也要尽可能地减少中断禁止的时间。

(2)因素3是由实时嵌入式操作系统的自身性能决定的，在系统应用中不可控。

(3)因素2和因素4都是要求中断服务程序的执行时间要尽可能短，这是与中断服务程序设计直接相关的。

总结上述内容可以发现，中断服务程序设计的根本原则就是要求其执行时间尽可能短。从程序设计实现的角度可以归纳为以下四点原则。

原则1：中断服务程序中只进行与硬件设备直接相关的必要操作。

原则2：避免在中断服务程序中使用浮点操作。

原则3：禁止调用任何可能会引起阻塞的操作函数。

原则4：中断服务程序必须尽可能简短、高效。

8.2.3　中断服务程序结构

中断服务程序是一个单次执行的函数，其基本程序结构如图8.2所示。

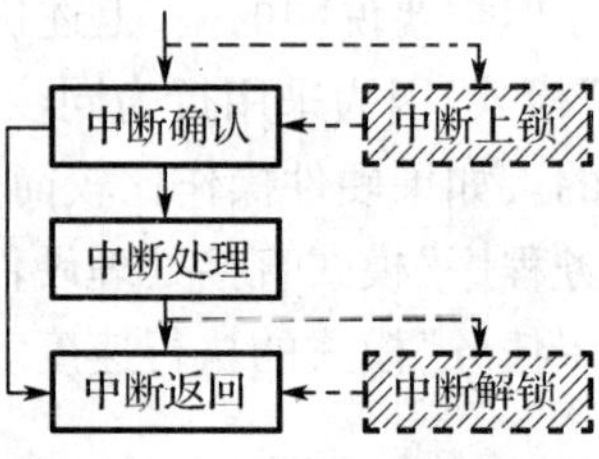

图8.2　中断服务程序结构

(1)中断上锁：可选操作。当中断服务程序禁止被其他中断嵌套时，则需要在进入中断服务程序后执行该操作。

(2)中断确认：读取相应寄存器，确认是否有中断请求，避免虚假中断的影响；若为虚假中断，则直接执行中断返回。若一个中断源被多个设备共享，则需判断确定产生该中断的具体设备。

(3)中断处理:根据所产生中断的类型(如发送中断、接收中断、故障处理中断等)完成必要的处理操作。若采用"中断服务程序+任务"模式,则还需向关联任务传递事件,执行行为同步操作。

(4)中断解锁:可选操作,与之前的中断上锁操作对应。

(5)中断返回:清除中断并返回,使系统返回到被中断之前的位置继续执行。

8.2.4 中断服务程序与任务间通信

当采用"中断服务程序+任务"模式实现对硬件设备的操作时,则需要在中断服务程序与任务之间进行通信。这里的通信包括行为同步和数据通信两部分内容。

中断服务程序与任务间通信如图8.3所示。一般来说,当使用中断服务程序读取硬件设备数据,使用关联任务处理已读取数据时,需要同时进行行为同步和数据通信操作。此时,中断服务程序是行为同步的"触发方"和数据通信的源,而关联任务则是行为同步的"被触发方"和数据通信的目的地。

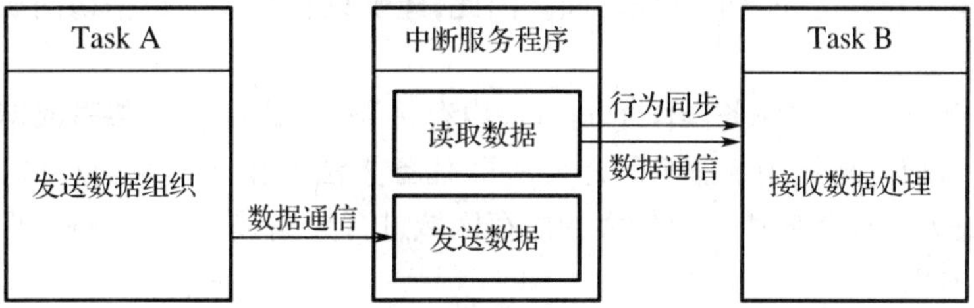

图8.3 中断服务程序与任务间通信

当使用任务组织待发送数据,使用中断服务程序发送数据时,只需要进行由关联任务到中断服务程序的数据通信操作。此时,中断服务程序发送数据的中断信号往往是通过在关联任务中使能硬件设备的发送中断而触发的。

1. 行为同步

中断服务程序与关联任务之间的行为同步操作可以使用内核对象来完成,比如可以使用信号量、异步信号、事件等内核对象来进行单纯的行为同步,也可以使用消息队列或管道等内核对象在进行行为同步的同时完成数据通信。

2. 数据通信

在中断服务程序与关联任务之间进行数据通信,也就是说要在二者之间实现对共享数据的访问操作,这就需要特别注意避免引起共享数据的访问冲突问题。

当使用关联任务组织待发送数据,使用中断服务程序发送数据时,往往是在关联任务组织数据结束后才使能硬件设备的发送中断;随后触发中断服务程序执行数据发送操作。在这种方式下,关联任务的数据组织和中断服务程序的数据发送是串行执行的,因此不会出现共享数据访问冲突的问题。目前可以采用常用的共享内存、消息队列、管道等方式进行数据通信。

当使用中断服务程序读取硬件设备数据,使用关联任务处理已读取数据时,数据通信问题则变得复杂得多。例如,当关联任务正在处理已读取数据时,又有新数据进入,则触发了中断服务程序抢占关联任务的执行,再次开始硬件设备数据读取操作,从而引起了共享数据的访问冲突问题。

那么,共享数据的访问冲突是如何引起的呢? 可以从下面两个方面考虑:

(1)对共享数据的操作不是原子操作;

(2)中断服务程序和关联任务操作了同一块内存区。

“对共享数据的操作不是原子操作”——这是引起共享数据访问冲突的本质原因。因此,可以考虑将非原子操作变成原子操作,从而解决这一问题。具体解决方法就是在关联任务操作共享数据时禁止中断。虽然这种方法可以从根本上解决中断服务程序和关联任务间的共享数据访问冲突问题,但由于禁止中断后,系统将禁止中断响应和任务切换,严重影响系统中所有中断服务程序和其他任务的响应时间。因此,建议只有在共享数据访问操作非常简单时才使用该方法。

“中断服务程序和关联任务操作了同一块内存区”——这是引起共享数据访问冲突的直接原因。因此,可以考虑让中断服务程序和关联任务无法操作同一块内存区,从而解决这一问题。具体解决方法就是使用一块较大的内存区域进行数据缓冲,避免每次操作都对所有共享数据区进行访问。

例如,使用一块较大的环形缓冲区(或消息队列、管道)作为共享数据区。当中断服务程序从硬件设备读取数据时,则存入该环形缓冲区(或消息队列、管道);而关联任务则从环形缓冲区(或消息队列、管道)读出数据,并进行相应处理。

在使用该方法时需要注意:必须保证从内存区读取数据的平均速度要大于向内存区写入数据的平均速度,否则即使有再大的内存区也不够用。例如,假设中断服务程序向内存区写入数据的平均速度为 200 B/s,而关联任务从内存区读出数据的平均速度为 100 B/s,则每一秒钟都有 100 字节数据来不及被处理。所以,即使内存区再大也有被存满的时候。

当满足上一条件时还需要注意:有可能出现在某一时间段,内存区数据的写入量要大于读出量。因此要确保内存区尺寸足够大,可以存储最恶劣情况下的所有写入数据。否则,将会出现内存区满,无法写入新数据,从而导致数据丢失。

8.3 任务设计

8.3.1 任务划分

任务划分是实时嵌入式系统应用软件框架设计中的重要工作。它既是一门技术，也是一门艺术。任务划分是否合理将直接影响软件的可靠性、健壮性、可扩展性等诸多性能。这就好比建筑的框架结构设计一样，如果框架结构不合理，即使在内部设计、装修等细节工作上花费再多的心思，但整个建筑的质量也是不可靠的。

对于任务的划分方法来说，并没有一套绝对的、公认的原则。不同的人设计同样的系统，可能会给出不同的任务划分方案；即使对于同一个人来说，如果采用的系统应用实现方法不同，也可能会得到不同的任务划分结果。

一般来说，任务划分可以分为任务分解和任务综合两部分工作。任务分解主要是依据一些基本原则将实时嵌入式系统应用分解为多个相对独立的任务；而任务综合则是在任务分解的基础上依据一定的原则对多个任务进行适当的综合，从而达到更好的效果。

下面将分别给出任务分解和任务综合过程中所遵循的一般原则。

1. 任务分解

（1）并发性要求。实时嵌入式系统应用中的多个任务是在多任务内核的调度下并发执行的，这是任务的特性之一。因此可以依据并发性要求，将实时嵌入式系统应用软件中的并发过程分解为多个任务。

（2）功能独立性要求。在实时嵌入式系统应用中，每个任务一般都被设计为完成一项或一类相近的功能或操作，各任务所完成的功能或操作不同。因此可以依据功能独立性原则，将实时嵌入式系统应用软件分解为多个功能上相互独立的多个任务。

（3）外部设备关联性要求。实时嵌入式系统往往需要通过外部设备输入或输出信息，可以将与外部设备数据输入、输出相关的功能或操作独立为任务。

（4）重要性要求。在任务分类中已经介绍过，按任务的重要程度可以分为关键任务和非关键任务。关键任务是在系统应用的必要时机必须得到运行的机会，即使遗漏一次也不行。针对这一要求，可以从实时嵌入式系统应用软件中将重要的功能或操作剥离出来，独立成任务。

（5）实时性要求。实时性是实时嵌入式系统所需具备的重要特性。在一个实时嵌入式系统应用软件中，有一些功能或操作需要在被触发后可以快速地响应执行。对于这类功能或操作，为了满足其实时性要求，可以独立成任务。

（6）触发条件独立性要求。在实时嵌入式系统应用中，几乎所有的任务都是受事件触发而执行的。不同的事件代表不同的含义，例如定时到达事件、数据输入事件、计算请求事件等。对于同一类事件来说，也可能会细分为多个，例如1秒定时到达事件、10毫秒定时到达事件等。因此，可以根据触发事件的不同，对实时嵌入式系统应用软件进行任务分解。

2. 任务综合

完成任务分解后，实时嵌入式系统应用软件可能已经被划分成了多个零散的小任务。过多的任务将会占用更多的系统内存资源，同时会带来更多的任务切换操作，从而占用更多的CPU资源。此外，当任务过多时，也会导致任务间过多的数据耦合、控制耦合、特征耦合等，从而增加了系统的复杂度，降低了系统的可靠性。因此，在完成任务分解后，还需要遵循一定的原则进行适当的任务综合。

(1)触发条件相同要求。可以将触发条件(包括定时到达事件、数据输入事件、计算请求事件等所有触发事件)相同的任务进行综合，从而减少任务数量，并且避免相同触发事件的多次分发。

(2)功能内聚要求。可以将功能一致或相近的任务进行综合，例如，假设有一个实时嵌入式系统应用软件通过两个独立串口接收处理数据，数据的更新速率为1次/秒。在任务分解过程中，依据外部设备关联性要求使用两个任务分别对应两个串口的数据接收处理。但这两个任务的功能是相似的，并且其实时性不高，重要性基本一致，因此可以考虑合并为一个任务，同时为两个串口服务。

(3)逻辑关联性要求。可以根据任务之间的逻辑关联性，将逻辑关系紧密的任务进行综合，从而减少任务间的耦合关系，降低耦合深度。

(4)简单任务综合要求。这里所说的简单任务是指功能操作简单、实时性不高的非关键任务。对于这类任务来说，虽然不满足上述要求，但也可以从减少任务数量的角度进行适当综合。例如，可以将一个每1秒定时执行的简单任务和一个每0.1秒定时执行的简单任务进行综合；将任务的触发条件设定为0.1秒定时到达事件，每次触发任务执行时均调用0.1秒定时到达的操作，累计10次后调用1秒定时到达的操作。

“实时性”和“重要性”是进行实时嵌入式系统应用软件任务划分所需遵循的重要原则。在进行任务综合时，还需同时考虑实时性和重要性的要求。例如，对于介绍“功能内聚要求”时给出的例子来说，若两个串口数据接收处理任务的实时性要求或重要性要求差别很大，则还需独立的任务进行服务，不能进行任务综合。

此外，上述给出的任务分解和任务综合原则并不是相互独立的，并且也没有严格的先后顺序。根据实际的系统应用和实现方法不同，上述原则并不一定永远正确，还需设计开发人员在参考上述原则的基础上，具体问题具体分析。

8.3.2 任务优先级分配

在VxWorks系统中，多任务调度是根据任务优先级进行的。因此，在完成任务划分后，还需要为每个任务明确优先级。在前面的内容中已经介绍过，VxWorks系统有256个任务优先级(0～255号)。在实时嵌入式系统应用软件中建议为任务分配100号之后的优先级,并且建议不要连续分配,在优先级之间要留有一定的富余,以便将来对应用软件进行功能扩展时使用。

总体来说,任务优先级分配的最终目标是使整个系统的效益最大化。根据效益的评估方法不同,优先级分配的原则也不同。对于实时嵌入式系统来说,实时性就是系统的最重要特性,也是进行任务优先级分配的首要目标。下面给出实时嵌入式系统应用软件中进行任务优先级分配所需遵循的一般原则。

(1)实时性要求。按已划分任务的实时性要求进行任务优先级分配,对实时性要求高的任务应分配高的任务优先级。

需要强调一下的是,在任务划分时所说的重要性并不等价于实时性。重要性只说明其功能或操作较关键,但不一定有明确的实时性要求。对于任务优先级分配来说,还是应以实时性为主。但一般来说,重要性较高的关键任务往往也是实时任务。

(2)中断相关性要求。在进行任务划分时,虽然与中断服务程序相关联的任务未必有明显的实时性要求,但一般来说,这些关联任务也都是需要实时处理的;否则,如果关联任务的优先级太低,则可能会长时间无法响应中断到达的触发事件或无法及时处理中断接收的设备数据,从而导致丢失对中断触发事件的响应或引起数据丢失。

(3)任务等待时间最短要求。任务等待时间最短是指从整个系统的角度出发,使所有任务的总等待时间最短,从而提高系统的整体效益。换句话来说,也就是要求依据任务的执行速度分配任务优先级。执行速度快的任务应分配较高的优先级,执行速度慢的任务应分配较低的优先级。例如,任务 Task A 的执行时间为1秒,任务 Task B 的执行时间为10秒。若 Task A 的优先级低,则 Task B 先执行,两任务的总等待时间为10秒;若 Task A 的优先级高,则两任务的总等待时间仅为1秒。

8.3.3　任务结构

在实时嵌入式系统应用软件中,任务一般都被设计成为一个循环执行的程序。对于“静态”(软件运行过程中一直存在)的任务,一般为一个无限循环体,不能返回,不能退出;而对于“动态”(动态创建和删除)的任务,则往往是一个有限循环体,当不再需要时可以自行删除。

一般来说,任务的结构按其执行方式可以分为自循环执行结构和事件触发执行结构两类。虽然也可以将单次执行的操作独立为任务,但并不建议在程序设计时这样使用。对于系统启动过程中的单次操作可以在创建用户任务之前作为函数调用,而系统运行过程中的一些单次操作则可直接并入其他任务中。

1. 自循环执行结构

自循环执行结构就是指一个任务自行循环完成所需执行的所有操作。自循环执行结构任务的示意图如图8.4所示。

这种任务一般都是由自循环执行操作和延时操作两部分组成。其中,自循环执行操作即为任务自身功能的操作,而延时操作则用于定时和释放 CPU 资源。最典型的采用自循环执行结构的任务就是在第 5 章中给出的单任务周期定时执行操作。

```
自循环执行结构任务
初始设置
while(TRUE)
{
    自循环执行操作;
    ......
    延时操作;
}
```

图 8.4 自循环执行结构任务

2. 事件触发执行结构

事件触发执行结构是实时嵌入式系统应用软件中任务的主要结构形式。采用这种结构的任务的执行是受外部事件触发的。这种触发事件可能来自于中断服务程序,也可能来自于其他任务;可能是定时到达事件,也可能是数据输入事件、计算请求事件等。事件触发执行结构任务的示意图如图 8.5 所示。

这种任务一般都是由等待触发事件和触发执行操作两部分组成。其中,等待触发事件可能是等待接收信号量、等待接收事件、等待接收消息队列中消息、等待接收管道中消息、等待接收 socket 数据或使用 select 机制阻塞等待在多个描述符(如文件描述符和 socket 描述符)的读写操作上;而触发执行操作则是任务的具体功能,在接收到触发事件后执行。

```
事件触发执行结构任务
初始设置
while(TRUE)
{
    等待触发事件;
    触发执行操作;
    ......
}
```

图 8.5 事件触发执行结构任务

8.3.4 任务间的通信

任务与任务间的通信关系主要包括行为同步、资源互斥共享、数据通信三种。行为同步可以简单地理解为触发事件的发送与接收;资源互斥共享就是对多个任务间的共享资源进行互斥保护,避免出现访问冲突问题;数据通信就是在任务间进行数据的发送和接收。一般来说,在进行任务间数据通信的同时就需要进行资源互斥共享,二者是同时并存的。

在 VxWorks 系统中,任务与任务间的通信主要是通过表 8.1 中所列的几种方法实现的。

表 8.1 VxWorks 系统中的任务间通信方法

方 法	实现的功能
二进制信号量	行为同步、资源互斥
互斥信号量	资源互斥
计数信号量	资源互斥
中断上锁	资源互斥

表8.1(续)

方 法	实现的功能
任务上锁	资源互斥
消息队列	行为同步、资源互斥保护下的数据通信
管道	行为同步、资源互斥保护下的数据通信
异步信号	行为同步
事件	行为同步
socket	资源互斥保护下的数据通信
信号量 + 共享内存	资源互斥保护下的数据通信
中断上锁 + 共享内存	资源互斥保护下的数据通信
任务上锁 + 共享内存	资源互斥保护下的数据通信

对于上表中给出的各种方法,在前面的章节中已经分别进行了详细介绍,此处不再另作说明。

8.3.5 任务设计中的几点问题

1. 资源互斥方法的选用问题

通过前面的内容已经知道,进行资源互斥的方法主要有中断上锁、任务上锁和信号量,下面对这三种资源互斥方法进行对比说明。

(1)中断上锁。中断上锁是一种层次最低、最彻底的互斥方法。它禁止一切中断响应和任务切换,实现对CPU的独占访问,是一种绝对的互斥保护。中断上锁的突出优点是速度快,多数处理器都能用一条指令完成中断的上锁或解锁操作。此外,它还是在中断服务程序和任务之间进行资源互斥共享的唯一方法。

但由于中断上锁的影响范围较大,阻止了系统对所有外部事件的响应,若使用不当可能会影响整个系统的正常工作,因此不建议作为一种通用的互斥方法使用。

(2)任务上锁。任务上锁也就是禁止任务调度,这是一种任务级的互斥手段。在使用这种互斥方法时,系统中的所有任务不进行调度切换,当前任务的执行不会被其他任何任务抢占,但无法阻止中断的响应和执行。与中断上锁相比,任务上锁的作用范围更小,只涉及系统中的所有任务,但执行上锁或解锁操作的时间要更长。

(3)信号量。信号量是一种影响范围最小的互斥方法,它仅对共享资源进行互斥保护,只会影响需要获取同一信号量的任务的调度执行,而中断服务程序和其他任务则完全不受影响。

对比上述三种资源互斥方法,信号量的影响范围最小,中断上锁的执行速度最快,且可应用于中断服务程序与任务之间。因此,对于任务间的资源互斥,建议使用信号量方法实现。而对于中断服务程序与任务之间的资源互斥,可参考本章8.2.4中的内容。无论具体选用哪一种资源互斥方法,都要求互斥操作的时间尽可能短,以避免对系统实时性造成影响。

2. 共享函数设计问题

共享函数是指可以被多个任务同时调用执行而不会出错的函数。一般来说,可以使用两种方法来满足对于共享函数的同时调用执行这一要求。一种方法就是将共享函数看作公共资源,在调用时使用资源互斥方法进行保护,从而避免该函数多实例地同时执行;另一种方法就是将共享函数设计为可重入函数。

若共享函数的代码较少,执行速度快,则可以考虑采用第一种方法。若不满足这些要求,则必须将共享函数设计为可重入函数。

在进行可重入函数设计时可以主要考虑以下三点原则:

(1)可重入函数不能调用不可重入函数;

(2)可重入函数尽量不使用全局资源;

(3)若必须使用全局资源,则需确保对全局资源的操作为原子操作,或对全局资源的操作有互斥保护。

3. 任务动态创建与删除问题

在实时嵌入式操作系统中,任务的创建和删除都是非常耗时的操作,而且任务删除还是一个非常危险的不可靠操作。在任务删除前,需要释放掉该任务占用或相关的所有资源(例如内存资源、信号量资源、关联任务等),否则将可能会导致任务死锁、系统停止等严重错误。

鉴于上述原因,虽然实时嵌入式操作系统允许在系统正常工作过程中动态地创建和删除任务,但并不建议这样使用。在实际进行应用软件设计时,可以考虑在系统启动时创建所有需要的任务。这种使用"静态"任务的方法需要占用更多的内存资源,但可以有效地解决动态创建和删除任务所带来的问题。

4. 同优先级任务间调度策略问题

当任务使用相同优先级时,即默认了这些任务的完成先后顺序是无所谓的。那么,对于"独占CPU"和"时间片轮转"这两种同优先级任务间的调度策略应该如何选择呢?

"独占CPU"调度策略的应用效果是:各任务依据其在就绪队列中的排队顺序依次占用CPU资源,直到任务执行结束为止。各任务执行结束的顺序与其在就绪队列中的排队顺序一致。"时间片轮转"调度策略的应用效果是:各任务依据其在就绪队列中的排队顺序依次占用CPU资源相等的时间,并重复执行,直到任务结束为止。各任务执行结束的顺序与该任务所需执行的时间相关,所需执行时间越少,则任务越早被执行结束。

在第3章中介绍"时间片轮转"调度策略时已经分析讨论过:由于任务切换会占用CPU时间,而"时间片轮转"调度策略会引起更多的任务切换,因此会降低CPU的利用率。时间片选取越小，对 CPU 的利用率越低；时间片选取越大，对 CPU 的利用率越高。当时间片为无穷时，采用“时间片轮转”调度策略时的 CPU 利用率与采用“独占 CPU”调度策略时的 CPU 利用率一致。

因此，从降低 CPU 利用率这方面来考虑，建议使用“独占 CPU”调度策略，而不要使用“时间片轮转”调度策略。

参考文献

[1]刘利强,邢向明,刘广.嵌入式软件技术[M].哈尔滨:哈尔滨工程大学出版社,2009.

[2]周航慈,吴光文.基于嵌入式实时操作系统的程序设计技术[M].北京:北京航空航天大学出版社,2006.

[3]BRUCE P D.嵌入式与实时系统开发——使用UML、对象技术、框架与模式[M].柳翔,译.北京:机械工业出版社,2005.

[4]KRISHNA C M,SHIN K G.实时系统[M].戴琼海,译.北京:清华大学出版社,2004.

[5]SIMON D E.嵌入式系统软件教程[M].陈向群,译.北京:机械工业出版社,2005.

[6]Qing Li.嵌入式系统的实时概念[M].王安生,译.北京:北京航空航天大学出版社,2004.

[7]MICBAEL B, ABTBONY M. Programming Embedded Systems[M].南京:东南大学出版社,2007.

[8]孔祥营,柏桂枝.嵌入式实时操作系统 VxWorks 及其开发环境 Tornado[M].北京:中国电力出版社,2002.

[9]孔祥营,张保山,俞烈彬.VxWorks 驱动及分布式编程[M].北京:中国电力出版社,2007.

[10]康一梅.嵌入式软件设计[M].北京:机械工业出版社,2008.

[11]罗蕾.嵌入式实时操作系统及应用开发[M].北京:北京航空航天大学出版社,2011.

[12]唐寅.实时操作系统应用开发指南[M].北京:中国电力出版社,2002.

[13]桑楠.嵌入式系统原理及应用开发技术[M].北京:高等教育出版社,2008.

[14]张大波.嵌入式系统[M].北京:电子工业出版社,2008.

[15]王勇.嵌入式系统原理与设计[M].杭州:浙江大学出版社,2007.

[16]沈连丰,宋铁成,叶芝慧.嵌入式系统及其开发应用[M].北京:电子工业出版社,2005.

[17]王志英.嵌入式系统原理与设计[M].北京:高等教育出版社,2007.

[18]晨风.嵌入式实时多任务软件开发基础[M].北京:清华大学出版社,2004.

[19]罗国庆.VxWorks 与嵌入式软件开发[M].北京:机械工业出版社,2003.

[20]周启平,张杨.VxWorks 下设备驱动程序及 BSP 开发指南[M].北京:中国电力出版社,2004.

[21]王学龙.嵌入式 VxWorks 系统开发与应用[M].北京:人民邮电出版社,2003.

[22]陈翌,田捷,王金刚.嵌入式软件开发技术[M].北京:国防工业出版社,2003.

[23]李方敏.VxWorks 高级程序设计[M].北京:清华大学出版社,2004.

[24]WIND R. VxWorks 程序员指南[M].王金刚,译.北京:清华大学出版社,2003.

[25]WIND R. VxWorks BSP 开发人员指南[M]. 王金刚,译. 北京:清华大学出版社,2003.
[26]WIND R. Tornado 用户指南[M]. 王金刚,译. 北京:清华大学出版社,2004.
[27]COMER D E. 用 TCP/IP 进行网际互连 第一卷:原理、协议与结构,4 版[M]. 林瑶,译. 北京:电子工业出版社,2001.
[28]吴礼发. 网络程序设计教程[M]. 北京:北京希望电子出版社,2002.
[29]GAY W W. 实战 Linux Socket 编程[M]. 詹俊鹄,译. 西安:西安电子科技大学出版社,2002.
[30]TANENBAUM A S. 计算机网络,3 版[M]. 熊桂喜,译. 北京:清华大学出版社,1999.
[31]JONES M T. 嵌入式系统 TCP/IP 应用层协议[M]. 路晓村,译. 北京:电子工业出版社,2003.